GW00697014

FOLIO BIOGRAPHIES
ouvrage dirigé par
GÉRARD DE CORTANZE

Mozart

par

Jean Blot

Gallimard

Crédits photographiques :

1 : Corbis / Ali Meyer. 2 : Leemage / Photo Josse. 3 : University of Glasgow / Hunterian Museum & Art Gallery. 4, 12, 13 : The Art Archive / Alfredo Dagli Orti. 5 : The Art Archive / Gianni Dagli Orti. 6 : Agence Bernand – Enguérand / Pascal Gély. 7 : Corbis / Austrian Archives. 8, 9 : Leemage / Heritage Images. 10 : Corbis / The Art Archive. 11 : Leemage / Fototeca. 14 : Dist. RMN – BPK – Jörg P. Anders. 15 : akg - images / Gilles Mermet.

Longtemps haut fonctionnaire à l'ONU et à l'Unesco, secrétaire international du Pen Club et président du Centre français, Jean Blot est l'auteur d'une trentaine de livres, parmi lesquels de nombreux romans (*Les Enfants de New York*, Gallimard, 1959 ; *Les Cosmopolites*, Gallimard, 1976, prix Valéry-Larbaud ; *Ivan Gontcharov ou le réalisme impossible*, L'Âge d'homme, 1984, Grand Prix de la Critique ; *Le Juif Margolin*, Plon, 1998 ; *Une vie à deux*, roman autobiographique, Éditions du Rocher, 2008 ; *Affaire de cœur*, Éditions P.-G. de Roux, 2012), des récits (*La Montagne sainte*, Albin Michel, 1984, prix de l'Académie française ; *Retour en Asie*, Balland, 1995 ; *Le soleil se couche à l'est*, Éditions du Rocher, 2005 ; *Tout sera paysage*, Gallimard, 2015) et des essais consacrés au roman (*Le Roman, poésie de la prose*, Honoré Champion, 2010) ou à Ossip Mandelstam, Albert Cohen, Vladimir Nabokov, Moïse, Alexandre Blok...

« *Mon petit, jouer Mozart est très simple. As-tu déjà tenu un oiseau dans ta main ?*
As-tu écouté son cœur battre ? C'est comme ça qu'il faut jouer Mozart. »

ALFRED CORTOT
à son élève, une amie

Aux origines

Une vie ? C'est une énigme. Elle doit le rester. On ne peut la résoudre. Seulement la décrire. Elle naît dans un lieu : ici, Salzbourg ; à une date : 27 janvier 1756 ; dans une famille : les Mozart.

Le lieu : autrichien depuis le Congrès de Vienne. L'histoire de Salzbourg remonte aux Romains, à la *colonia* fondée par Hadrien et portant son nom ou celui de *Juvavum*, sur le bord de la rivière appelée aujourd'hui Salzach. Grâce à ses richesses minières, au sel dont elle porte le nom, la colonie prospère mais cette prospérité attire les convoitises des Goths qui la pillent, des Huns qui, sous Odoacre, gendre d'Attila, la détruisirent en 476. La civilisation ne reviendra sur les bords de la Salzach que trois siècles plus tard quand Théo de Bavière fera don de ses ruines à Rupert, évêque de Worms, qui fonde un monastère et évangélise la population. Salzbourg est l'œuvre d'un christianisme militant, conquérant, qui refoule l'esprit barbare vers les montagnes et les forêts, et que Charlemagne consacre en 803 en l'élevant au rang d'archevêché. Quatre siècles plus tard, en 1278, Rodolphe de Habsbourg nomme l'archevêque prince souverain de l'Empire.

La ville médiévale va changer d'esprit et de visage au XVIe siècle, et en particulier sous le règne de l'archevêque Wolf Dietrich von Raitenau qui, apparenté aux Médicis et voulant rivaliser avec eux, décide de transformer sa principauté, sise aux confins des Alpes, en une seconde Rome et d'imposer un visage ou un masque italien à sa vieille cité germanique. L'incendie, qui détruisit la vénérable église gothique, lui permit de construire le Dom où Wolfgang Amadeus sera baptisé et dont la majesté, les vastes dimensions, les proportions, le marbre font que l'on reconnaît en lui le chef-d'œuvre de l'art italien au nord des Alpes. Wolf Dietrich fit raser la place pour y planter le décor à la fois naïf et raffiné, aux pudiques couleurs que Wolfgang devait découvrir et que l'on admire encore, riche en trouvailles d'architectes et de sculpteurs qui font signe au badaud. Un siècle plus tard, un autre archevêque, Johann Ernst, appelle à Salzbourg, pour compléter le paysage de la ville par les formes et dans l'esprit d'un baroque dont il était le maître, le plus célèbre sculpteur et architecte autrichien : Fischer von Erlag. On lui doit l'église de la Trinité et la CollegienKirche dont le style italianisant et la virtuosité, sans plus de respect pour les matériaux, la pierre et son génie que pour le dogme catholique qu'ils doivent illustrer, paraissent emprunter davantage aux formes musicales qu'à celles issues du regard. Mozart enfant, de la cuisine de l'appartement familial à la Getreidegasse, pouvait apercevoir la vaste coupole si harmonieuse sur fond de rochers de la collegien-kirche et ses anges de la corniche qui paraissent non pas monter au ciel, mais n'ayant pas encore pris pied, en descendre. Dans son adolescence et tout le temps de son séjour à la Marktplatz, il ne pouvait sortir sans saluer sur sa droite l'église de la Trinité qui, avec sa coupole grise entre ses deux tours blanches, paraît construite telle une sonate en trois mouvements et garde, mais en silence, la grâce et la sécheresse du menuet.

Quant au gouvernement archiépiscopal, il ne paraît avoir été ni plus doux, ni plus miséricor-dieux qu'un autre, provoquant entre le peuple et la noblesse des conflits pour aboutir en 1525 à une véritable guerre civile, dite « guerre des pay-sans ». Les relations avec la papauté et avec Rome demeurent particulièrement étroites. Soumis à l'archevêque et, par son intermédiaire à la hiérar-chie catholique, Salzbourg, dans la tourmente pro-voquée par les guerres de Religion, devient un champion de la Contre-Réforme. Quelque vingt ans avant la naissance de Mozart, en 1732, l'ar-chevêque von Firmian expulse ou contraint à l'exil près de trente mille protestants. Si la principauté avait su se tenir à l'écart de la guerre de Trente Ans, elle se trouva impliquée dans la guerre de Succession de 1742-1743 et plus encore dans celle de Sept Ans qui commence l'année de la naissance de Mozart : 1756. Il en résulte des disettes et une chute de la population dont un recensement révé-lait en 1771 que quinze pour cent avaient besoin d'une assistance sociale… La ville de Salzbourg à cette date — Mozart a quinze ans — ne compte que seize mille habitants.

À Salzbourg, la pierre même paraît chanter et la noble géométrie de Rome se défait en musique. Dans le roc qui domine la ville et son cimetière, on croit entendre la basse du Commandeur ou celle de Neptune sortant ici de la rivière et, dans les coupoles aériennes, les murs ventrus comme gorges pigeonnantes, quelque chose fait écho à Suzanne sous les marronniers. Rome des Alpes, mais où la richesse des lignes fait valser la géométrie et étourdit le projet romain pour le mettre en musique et faire de sa renaissance un opéra. La ville médiévale survit cependant, mais intériorisée, tournée vers elle-même. Qu'elle se cache entre les maisons dans des passages couverts et secrets ou se dévoile dans des rues étroites, sombres mais couronnées de soleil, son dessin est mélodie, sa couleur, harmonie, sa mesure, les enseignes aux façades suspendues. La montagne est partout, posant ici et là sa patte énorme et, même cachée, partout présente. On est aux portes de la Bavière. On se veut en Italie. On la dirait proche, non derrière la barrière des Alpes mais de l'autre côté de la montagne.

À quatre cent vingt mètres d'altitude, l'air est frais, accueille le son et le transmet comme enrobé de sagesse à l'oreille du musicien. La Salzach, rarement bleue, plutôt grise, mais étincelante et comme tourmentée quand fondent les glaces, paresseuse ou même douloureuse dans la chaleur de l'été, divise la ville en Kapuzineberg sur la rive

droite et Munchsberg sur la gauche. L'enfant a dû
venir ici écouter chanter le fleuve et rêver. S'il le-
vait les yeux, il voyait les forêts gravir les pentes
de la montagne jusqu'à mille sept cents mètres,
ensuite les pâturages, enfin les glaciers et, au-delà,
le ciel qui domine la ville et paraît venir du Sud et
en garder la nostalgie. Partout devant le regard de
l'enfant, l'Alpe déployait ses voiles pour masquer
l'Italie, et faire croire ou rêver que sa voix et son
chant, son marbre, ses accents, ses vocalises étaient
juste derrière l'horizon.

Dans son livre qui demeure le maître ouvrage
sur Mozart, Alfred Einstein rappelle que « l'on
n'a pas manqué de comparer la musique de Mozart à ce paysage [...] et il n'est rien de plus facile
que d'établir un rapport entre le côté mélodique
de la musique de Mozart, son sens de la forme,
l'harmonie profonde et grave de ses œuvres et ce
décor riant dont un sombre arrière-plan redouble
encore la grâce[*1] ». Toutefois, comme le note aussi
Einstein, on ne manquerait pas de trouver dans la
région ou les contrées avoisinantes, maints paysages qui ressembleraient autant à la musique du
Salzbourgeois. Il faut s'en souvenir pour ne pas
établir de trop faciles rapports entre le visible et
l'ouïe. S'ils existent, ils sont plus complexes
qu'une influence immédiate ou qu'un reflet. En
particulier chez Mozart dont on a noté souvent
l'absence de sensibilité au paysage — qu'il fût le
sien ou celui de l'étranger. Mais s'il est vrai qu'on

* Les notes bibliographiques sont regroupées en fin de volume, p. 385.

ne trouve pas trace de paysages dans ses lettres, n'est-ce pas que pour lui fleuve et montagne, Italie visitée ou rêvée se métamorphosaient pour s'intérioriser et se graver, non en mots, mais en sons, non en phrases, mais en chants ou mélodies ? Dans les notes de la gamme, les accords de l'harmonie, les constructions précaires du contrepoint, il cherchait et trouvait la belle ville souriante et sage, accueillante, affable même, mais gardant un fond de sévérité ou de maladresse crispée. Elle lui disait par les sons et leur enchaînement ce qu'elle ne cesse de rappeler au visiteur, à savoir qu'il est un enfant et que, pour l'amuser, elle ne craindra pas de se transformer en jouets et friandises ou même de grimacer un peu. Les clochers ont des silences de vieilles filles ; les hôtels ressemblent aux bourgeois dont les proportions, que barrent les chaînes d'or de l'oignon, annoncent la richesse ; les rues jouent tel un filou dans l'ombre et se figent au premier rayon de soleil. Un reste de pain d'épice demeure dans la pierre ; un peu de sucre candi, au coin des toits. On les retrouvera dans le galimatias *musicorum* où l'enfant fit ses premiers pas.

Il y a le cimetière, situé aux limites de la ville, au pied du rocher nu ; et à son côté une taverne dont les lumières filtrées par le verre épais ressemblent aux braises d'un feu mourant. Quand on en sort, ayant un peu bu, on dirait qu'elles font signe. On ne peut refuser le raccourci que le cimetière propose pour raccompagner Michael Haydn, frère malheureux de Joseph, grand musicien lui aussi, mais grand buveur et vite pris de boisson —

titubant. Quand on l'a déposé à sa porte de l'autre côté du cimetière, et que l'on en revient, pour peu que l'on ait la conscience lourde ou l'imagination vive, on peut craindre de voir sur son chemin, entre les tombes, les étranges monuments qui portent casques et cuirasses esquisser des mouvements et, dans la nuit et le silence, hocher de la tête ou même prendre la parole comme ils le firent un soir, j'en jurerais, où éméché, Wolfgang Amadeus cherchait à regagner la Marktplatz. Mieux vaut alors ne pas leur répondre.

Une date : 1756. On ne saurait ici entreprendre une étude de l'histoire du monde allemand et de sa situation au XVIIIᵉ siècle. Il suffit de rappeler que la guerre de Trente Ans l'avait ravagé de telle sorte qu'il accusait une génération de retard au plan économique autant qu'au plan des idées sur ses voisins européens : France et Angleterre. Sans doute, et comme le note justement Timothée Picard, il est aussi faux de parler d'Allemagne que de parler d'Autriche dès lors que l'on veut qualifier l'entité géographique et historique à laquelle appartient Mozart. Sans doute est-il plus vrai néanmoins de parler d'Autriche parce que celle-ci est, par substance et vocation, cosmopolite, qu'à l'époque son empire comprenait l'Italie, reine de la musique, et que l'un des mérites de Mozart sera de fondre l'inspiration italienne et germanique en cette musique universelle qui porte son nom.

Les Mozart sont d'Augsbourg, aujourd'hui allemande, ville libre, administrée par ses bourgeois mais comprise cependant dans le Saint Empire dont l'empereur, désigné par neuf princes électeurs, règne sur cinquante États hétéroclites. Augsbourg est dans la mouvance de cette suzeraineté, comme l'est Salzbourg où la famille Mozart devait s'implanter et s'illustrer. Quelque deux cents kilomètres séparent les deux villes et ce sont pourtant, à certains égards, des mondes différents : l'une bourgeoise — et l'on verra Wolfgang Amadeus souffrir de l'insolence grossière de sa classe dirigeante —, l'autre aristocratique — et l'insolence y est moins grossière, mais pire encore.

Ces villes illustrent les pentes opposées d'un monde germanique qui, en cette première moitié du siècle, ne paraît encore éprouver ni inquiétude identitaire ni vocation nationale. Un pied dans la métaphysique et l'autre dans le commerce, il prospère et se ruine alternativement en des guerres fratricides inspirées à parts inégales par l'intérêt des princes et la religion de leurs sujets. En effet, privé ou libéré de son carcan féodal et n'ayant pas encore découvert la passion nationale, l'esprit collectif — ou tout ce qui en l'individu l'engendre et le nourrit — s'investit dans la religion. De ce fait, elle est promue au premier rôle dans ce monde germanique qu'elle fragmente, morcelle, avant de le diviser en deux puissances dont les affrontements deviendront le moteur de son histoire. Par ses efforts pour surmonter le divorce religieux et ramener à des cas de conscience les guerres fratricides, Augsbourg est devenue un haut lieu. Ayant connu sous la domination de sa bourgeoisie, et notamment celles des Fugger et Walser, banquiers et créanciers des Habsbourg, un bel épanouissement, elle est choisie par l'empereur Charles Quint pour siège de la déclaration dite « déclaration d'Augsbourg » par laquelle les luthériens formulaient leurs points de désaccord avec la papauté et définissaient leur culte. Elle préparait ainsi, en 1530, la paix d'Augsbourg qui, en 1555, cherchera à établir la liberté religieuse. On peut penser que ce passé et son héritage furent, autant que la réaction aux excès de Firmian à Salzbourg, l'une des sources de l'esprit de tolérance dont les Mozart feront preuve.

Les Mozart, père et fils, connaîtront deux règnes : celui de Marie-Thérèse, celui de son fils Joseph II. La mère qui dut céder la Silésie à son puissant et protestant voisin, Frédéric II, inflexible et bornée, eut seize enfants dont dix lui survécurent. Catholique fervente, intolérante, elle devait cependant tenir compte de l'engagement maçonnique de son époux, l'empereur François Ier. On la verra jouer dans la vie des Mozart un rôle ambigu, tantôt favorable, tantôt contraire et surtout positif par sa mort opportune. Restée veuve en 1765, elle partage le pouvoir avec son fils aîné, l'empereur Joseph II, un personnage singulier, assez actif et décidé pour avoir laissé son nom à son système de gouvernement : le joséphisme.

Enfant des Lumières, lecteur des philosophes, il se veut leur ami. Parvenu au pouvoir, décidé à illustrer le rôle de despote éclairé, il cherche à mettre en œuvre leurs idées. Il commence, et c'est le domaine où il réussira le mieux, à s'affranchir de la tutelle de Rome pour promouvoir la tolérance religieuse. Il demeure — comme le seront aussi ses sujets, les Mozart — catholique, bien qu'il ait à la suite de son père fréquenté, semble-t-il, quelque loge maçonnique. En ces décennies, si la foi demeure inébranlable, la religion est devenue une question de famille ou une affaire d'État. Au-delà ou en deçà des Lumières, la tolérance promue par Joseph est inspirée et guidée par la politique. Le principe *Cujus regio, ejus religio*, qui avait mis un terme aux guerres de Religion, menaçait l'intégrité d'un empire catholique où les protestants étaient nombreux. Le siècle avait été marqué par des émigrations qui l'appauvrissaient en hommes, en biens, en culture. Le but essentiel de Joseph est de défendre le nombre de ses sujets et leur richesse qui comptent pour lui plus que l'orthodoxie de leur foi. Il y tient d'autant plus qu'il a mesuré les risques encourus par l'Empire.

Si Frédéric de Prusse, son rival, a su s'emparer de la riche et populeuse Silésie et s'y maintenir, c'est bien parce qu'il a trouvé dans la population protestante de cette province autrichienne un allié naturel et sûr. Or cette conquête, douloureuse en soi pour l'Autriche, donne encore à Frédéric un pouvoir qui fait de la Prusse la rivale de l'Empire pour la direction du monde germanique. De cette rivalité de leurs États, Joseph — long jeune homme malheureux en amour (il aime sa femme, Isabelle de Parme, qui ne l'aime pas et meurt quelques années après leur mariage), malheureux dans ses réformes (il choisit pour épitaphe : « Ci-gît celui qui échoua dans toutes ses entreprises ») — fait une rivalité personnelle. Il veut égaler Frédéric et démontrer qu'il sait appliquer mieux que lui la formule qui a illustré le roi de Prusse, « Le prince n'est pas le maître de ses sujets, mais seulement leur premier serviteur ».

Joseph sert son peuple de son mieux. On a calculé que, au cours de son règne, le nombre de lois et édits promulgués se sont succédé au rythme de trois par semaine. Il veut mettre un terme au régime de servage dans l'Empire et commence par supprimer la corvée. Il favorise le développement intellectuel en supprimant la censure. Il cherche à unifier l'administration et institue une bureaucratie qui va durer aussi longtemps que l'Empire et assurer sa cohésion. Il maintient un pouvoir absolu, mais afin de promulguer des réformes rationnelles et libérales et pour assurer le bien-être populaire. Il en résulte une sorte de populisme impérial dont la principale faiblesse est qu'il cherche à s'appuyer sur une classe moyenne qui n'existe pas encore.

S'il parvient à rivaliser avec Frédéric dans le rationalisme d'État, il rêve aussi de l'égaler sur le champ de bataille, de rétablir sa primauté dans le monde germanique et de recouvrer la Silésie. C'est dire qu'il lui faut une grande armée. Ses réformes, mais surtout la reconstitution de la puissance militaire de l'Empire, coûtent fort cher. Pour faire face à ces dépenses, Joseph réduit drastiquement le budget de la Cour. Les musiciens, et en particulier Mozart, seront les victimes de cette politique.

Une vie, c'est une famille. La mère qui mettait au monde Wolfgang Amadeus venait d'avoir trente-six ans. Ce fils était son septième enfant et sera le dernier. Cinq étaient morts en bas âge, un drame qui, à l'époque, tant il était fréquent, paraissait naturel. On le supportait avec stoïcisme. Nulle trace de déchirement, de mélancolie, pas même un souvenir chez Anna Maria Pertl, devenue Mozart, ni chez Leopold, son mari, au moins dans la correspondance qui nous est parvenue. Les mêmes deuils aussi nombreux seront le lot du fils, Wolfgang Amadeus, sans l'accabler davantage. Ce stoïcisme, ou cette indifférence, doit surprendre chez des parents aussi affectueux que les Mozart aînés et plus encore chez l'un des êtres les plus sensibles qui fût jamais : leur fils. Il trouve son explication, autant dans l'état déplorable d'une hygiène qui faisait que seul un nouveau-né sur trois survivait, que dans la foi du charbonnier en Dieu, son omniprésence et omnipotence, mais aussi dans l'immortalité de l'âme. Il en résulte une conception de la vie et de la mort qui, dans ses certitudes, est devenue si étrangère qu'il devient difficile de la retrouver. Il le faut pourtant puisque c'est elle qui va inspirer l'enfant qui vient de naître et le génie qu'il doit devenir — lui — et avant lui, sa mère, Anna Maria Pertl.

Née dans une bourgade proche de Salzbourg, Anna Maria Pertl est la cadette de trois filles issues de Wolfgang Nikolaus Pertl et d'Eva Altman. Anna Maria épouse en 1747, en la cathédrale de Salzbourg, Leopold Mozart. Le couple, formé probablement bien avant sa consécration, fut heureux comme en témoigne la lettre de Leopold écrivant le 21 novembre 1772 : « C'est aujourd'hui la fête de notre mariage. Il y a maintenant vingt-cinq ans que nous eûmes la bonne idée de nous marier. Il est vrai que cette idée, nous l'eûmes un bon nombre d'années plus tôt. Mais les bonnes choses requièrent du temps[2]. » Le couple s'installe dans un appartement au troisième étage d'un immeuble situé au 9 de la Getreidegasse, appartenant à un négociant de la ville, Johann Lorenz Haguenauer, qui deviendra l'ami de la famille et le correspondant de son chef. Là naquirent les sept enfants dont survécurent le quatrième, une fille Maria Anna, dite Nannerl, née le 30 juillet 1751, et le dernier-né, cinq ans plus tard — le 27 janvier 1756 — Wolfgang Amadeus.

Anna Maria appartient, comme son mari, à une famille musicienne, son père bien que magistrat, étant choriste et devenant maître de chant à l'église Saint-Pierre. Elle a aimé la musique et a su la goûter et la juger. Elle participe activement aux grandes tournées entreprises par la famille — et fréquente les princes, les cours et même l'impératrice avec laquelle elle parle maladies infantiles.

Pendant le périple italien de Leopold et de son fils, en 1770 et 1771, elle restera à Salzbourg avec sa fille Nannerl. En revanche, en 1777, quand l'archevêque Colloredo aura refusé à son vice-*Ka-*

pellmeister, Leopold, l'autorisation de s'absenter, c'est elle qui devra, contre son gré et contre la volonté d'un Wolfgang de vingt ans, accompagner son fils en qualité de chaperon à Mannheim et Paris. Elle ne reviendra pas de ce voyage, mourant à Paris où elle est enterrée en l'église Saint-Eustache, le 4 juillet 1778.

Femme mystérieuse derrière la banalité que lui imposent l'époque et son milieu, dont la vie paraît partagée — comme il convient — entre les promenades, les messes et les tâches domestiques. Elle porte un vif intérêt aux potins de Salzbourg et s'enquiert de leur développement dès qu'elle est obligée de quitter la ville. Des horizons limités ? Sans doute, mais qui ne font que répondre aux critères qu'une civilisation masculine a élaborés pour estimer la réussite personnelle. La santé des enfants, l'humeur du mari, les incidents dans la vie quotidienne de sa famille et de celle de ses amis la préoccupent davantage que le renouvellement des formes musicales ou la solution des crises politiques.

Femme soumise au milieu et à l'époque, elle considère que la décision appartient au mari : « Tu peux décider... Ce que tu voudras me conviendra[3]. » Femme aimante, elle supporte mal d'être séparée de son mari et, à peine quitté Salzbourg, déclare qu'il lui manque et qu'elle est inquiète : « Je suis déjà tout angoissée. Pourvu que tu ne sois pas malade... Écris vite[4]. » Elle garde pourtant un talent pour le bonheur et demande à son mari dont elle connaît le caractère sombre :

« ... ne te fais pas de soucis et chasse de ta tête toute idée sombre. Tout finira par s'arranger. Nous avons une vie charmante[5]. » Elle sait être heureuse ; elle voudrait aussi savoir se couper en deux pour être « également avec vous à Salzbourg[6] ». Et dès qu'il s'agit de ce dont elle est responsable, la santé de la famille, elle retrouve toute son autorité pour gronder son mari : « Je ne suis pas heureuse de ta lettre. La toux ne me plaît pas car elle dure trop. Tu devrais être remis... Prends je t'en prie[7]... », etc.

Rien de bien original encore dans ses rapports avec son fils. En bonne mère, elle désapprouve les liaisons qu'il cherche à nouer. « Quand Wolfgang fait une nouvelle connaissance, il voudrait aussitôt lui donner son bien et son sang[8]. » Fidèle à son rôle, elle se plaint de ne pas être écoutée et de ne pas avoir le droit de faire des objections. Fière de son fils, elle est enchantée par ses succès : « Wolfgang est ici si célèbre et aimé que c'est à peine croyable[9] ! » Bien sûr, elle se plaint qu'il la délaisse : « Je ne vois pas Wolfgang de tout le jour et vais complètement oublier l'usage de la parole[10]. »

Pourtant, dans le style de ses lettres, au-delà de la banalité des thèmes, on découvre une vitalité pareille à celle dont jouira son fils, qui illuminera sa correspondance et sans doute sa vie. Le ton, le style de la mère sont ceux du fils. Ils se taquinent. Il lui reproche sa paresse pour écrire. En retour, elle se plaint : « Mon fils préfère toujours être chez d'autres que chez moi[11]. » Une chaude affection apparaît dont on aime croire qu'elle a su, tel un liquide amniotique, protéger contre les exigences et le caractère difficile du père, le fils et sa joie de vivre. Il lui est sincèrement attaché comme le prouve la lettre qu'il adresse à l'abbé Bullinger, ami de la famille, pour l'informer de la maladie et ensuite de la mort de sa mère. Il trouve des accents déchirants — « prié de toutes mes forces Dieu pour la guérison de ma chère mère ». Qu'on retienne cette formule qui mérite de devenir l'épitaphe maternelle : « ... comme une lumière qui s'éteint ». Il écrit encore : « Dieu me l'avait donnée. Il pouvait la reprendre[12]. »

À la lecture des lettres de la mère, on en vient à lui attribuer l'ardente vitalité du fils, à croire que c'est d'elle qu'il tient son courage et sa santé morale que rien ne peut abattre. Sa verve surprend et, même si Anna Maria partage le goût désolant des Mozart pour la pétomanie, recommandant à son mari de « péter au lit que ça craque[13] ! », elle séduit le lecteur. On interroge le visage trop long que le nez trop fort paraît entraîner vers l'avant ; sous le front trop haut, trop lisse ou désert, les yeux sont petits, bien faits, brillants, mais en retrait comme pour taire la flamme ou l'énigme qu'ils dérobent au monde des hommes ou à l'entendement. Sur le portrait que l'on garde d'elle au Mozarteum de Salzbourg, peint en 1770 par Maria Rosa Hagenower, on imagine mal qu'elle ait pu former avec son mari, bien plus convaincant dans le rôle, le couple dont on disait qu'il était le plus beau de la ville[*]. C'est une dame, sans doute, blonde aux yeux noirs, au long cou d'oiseau, couronnée par une coiffure qui relève de l'architecte plus que du coiffeur, un peu trop dame pour ne pas trahir sa crainte de ne l'être pas assez et révéler la modestie de ses origines ; trop femme cependant pour ignorer qu'elle domine le jeu de la vie à la seule condition de ne jamais le laisser paraître. Marcelline peut-être ? Il me semble la reconnaître dans le sextuor des *Noces de Figaro* ou, mieux encore, dans l'aria vengeresse du dernier acte, *Il capro e la capretta* (que l'on coupe souvent et bien à tort), par lequel elle exprime le courage féminin dans sa noblesse et sa solide gaieté... Excellente épouse, mère excellente... Faut-il que l'humanité soit ingrate pour que l'on n'ose avouer pareils mérites sans un signe de dérision, une grimace de commisération, alors que c'est en ces femmes que l'espèce a trouvé la santé morale et physique qui la soutient encore !

Tout autre le père. Autant la mère paraît simple, enjouée dans sa simplicité, saine dans ses limites, autant Leopold Mozart paraît complexe et douloureux. Tourmenté par l'ambition, il garde dans l'amertume une générosité vraie. Les contradictions de son caractère expliquent celles que l'on relève dans les jugements dont il est l'objet,

---

* Répondant à un questionnaire en 1792, Maria Anna Nannerl écrivait : « Les deux parents Mozart formaient à leur époque le plus beau couple de Salzbourg. » *Correspondance*, Paris, Flammarion, traduite de l'allemand par Geneviève Geffrey, vol. VI.

moins de la part des contemporains, qui s'accordent dans le respect mais se plaignent de l'orgueil et de l'ironie, que des historiens qui ont entrepris — et tous pour l'unique raison qu'il était le père de son fils — de faire son portrait.

Les uns voient en lui l'imprésario avide qui exploite son enfant. On ne lui a pas pardonné d'avoir estimé à cinquante ducats les pertes occasionnées par la scarlatine de Wolfgang dont on pouvait craindre qu'elle ne fût fatale à l'enfant. On l'accuse d'avoir compromis la santé de son fils, et même écourté ses jours, par les voyages et les tournées auxquels il l'a contraint. Dans son opposition au mariage du jeune homme, comme dans ses efforts pour le garder auprès de lui et le faire revenir à Salzbourg, on veut voir la preuve de son égoïsme et la dureté de son cœur. Il paraît ne s'intéresser qu'à lui-même et à son fils, dans la seule mesure où il peut le servir.

À quoi l'on répond que Leopold garde le mérite insigne d'avoir découvert le génie et de l'avoir formé. Loin de se poser en rival, étant lui-même un musicien de valeur, il a mobilisé une énergie admirable pour développer le talent et les connaissances de l'enfant, pour le reconnaître et le faire connaître. Il a organisé son succès. Il l'a rendu célèbre dans toute l'Europe. Pour se consacrer à cette tâche, il a oublié son ambition personnelle. Bref, Leopold a accepté d'être le père et de s'en contenter. Dans les lettres que l'on garde de lui, les preuves abondent de l'amour qu'il porte à son

« Wolfel » et des larmes que le mérite et les succès de son enfant lui font répandre.

La vérité, on la trouve sans doute moins à mi-chemin que dans la somme des opinions antagonistes. Cupide, envieux, égoïste, Leopold fut en même temps le meilleur et le plus épris des pères. En le suivant, on apprendra beaucoup sur la grandeur et la misère de la paternité. Rarement, sans doute, le rôle de père fut aussi bien illustré. Un rôle ou un destin ? Leopold l'assume mieux que quiconque. Il a su l'imposer à son fils. Jusqu'à sa mort qui ne précède que de quatre ans celle de Wolfgang Amadeus, il reste le personnage central dans la vie de celui-ci. Il aura compté plus que tout autre dans la formation et le développement de sa psyché. Parce que Leopold fut un père exceptionnellement doué pour son rôle, Amadeus sera et restera *le* fils. Mais ce rôle-là, il le portera jusqu'au génie, c'est-à-dire de telle sorte que chacun pourra y reconnaître sa vocation filiale — ou plutôt, et ce sera notre thèse, la vocation filiale d'un Occident chrétien formateur de nos sensibilités.

Bel homme et bien pris — le plus bel homme de Salzbourg selon certains —, le père est plus grand et plus beau que ne le sera le fils. Dans le portrait attribué à Pietro Antonio Lorenzoni, on le dirait habité par une suffisance inquiète et menacée. Le grand front est à l'image de l'intelligence que l'on trouve dans le regard méprisant, un mépris qui déforme aussi la bouche, au pli ironique, et prête au menton une autorité rebutante. L'élégance domine. Elle est trop accusée pour être naturelle. C'est là le portrait d'un seigneur à n'en point douter — mais d'un seigneur dont la valeur n'est pas reconnue et qui devine qu'elle ne le sera jamais. Sa seigneurie est fragile. On comprend à je ne sais quel trait qu'il a peur. Ni son intelligence dont il est sûr, ni sa science démontrée, ni son habileté et son énergie évidente, ni même son élégance affichée, preuve de son aisance matérielle, ne savent le protéger. À tout moment ce seigneur modèle peut être retransformé en valet.

Cette fragilité, cette inquiétude sont personnelles. Mais elles appartiennent aussi à une époque que Leopold illustre et dont son fils va comprendre et exprimer l'esprit. Figaro s'annonce dans des consciences dont le projet intime se transforme de la recherche du salut en combat de la réussite. Le barbier de Séville beaucoup plus que le philosophe deviendra le personnage central du siècle — en ce sens au moins qu'un bien plus grand nombre de contemporains s'identifieront à lui ou serviront de modèle à son portrait. Or, né en 1719, Leopold n'a que dix ans de plus que Beaumarchais, c'est-à-dire que le barbier de Séville. Le nom dont il hérite — Mozart — et que son fils va illustrer signifie : « homme de la mousse » — c'est-à-dire celui qui habite les régions humides où elle prospère. Les Mozart ont été paysans, mercenaires, maçons. Le père de Leopold est relieur, et sa mère, Anna Maria Salzer, fille d'un tisserand. Il appartient à cette petite bourgeoisie qui ne garde son indépendance qu'à la condition de renoncer à toute ambition sociale. Dans leur livre sur Mozart, les Massin citent une annonce parue à l'époque à Vienne et demandant pour une maison de maître un laquais sachant bien jouer du violon et capable d'accompagner des sonates de piano difficiles. Leopold sera de ceux-là.

On sait peu de choses de son enfance. Fils aîné, il ne se souviendra plus tard que de la duplicité dont il dut faire preuve dès son plus jeune âge. Son parrain, Johann Georg Gabler, chanoine de la cathédrale d'Augsbourg, ayant su deviner l'intelligence de son filleul et ses dons, veillait à son éducation musicale dans les chorales locales et à sa formation intellectuelle, notamment en grec, latin, logique et théologie, dans le collège bénédictin de Saint-Ulrich. L'enfant devine que son parrain espère faire de lui un prêtre, et que c'est à cet espoir qu'il doit ses faveurs et le privilège d'une formation dont il comprend la valeur et qui éveille son ambition. Mais la prêtrise lui répugne. Son esprit rebelle refuse la discipline du sacerdoce. Il décide de tromper son parrain, y parvient et, dans ses souvenirs, s'en vante : « Plus de science et de calcul pour subsister seulement qu'on n'en a mis depuis cent ans à gouverner toutes les Espagne[14] », dira Figaro.

À l'âge de seize ans, son père venant de mourir, Leopold quitte son collège et Augsbourg et se fait inscrire à l'université de Salzbourg — dont Saint-Ulrich dépend. Là sa conduite devient singulière. On a supposé que son refus du sacerdoce avait conduit le parrain et la famille à lui couper les vivres. Il se serait vu contraint de quitter l'université. Mais c'est pour *absentéisme* qu'en 1739 — il a vingt ans — le jeune ambitieux est renvoyé de l'université. Il n'a paru que trois fois en un semestre. Voilà qui s'accorde mal avec l'ambition qu'il nourrit ! Il ne tarde pas, en 1740, à obtenir le poste de valet de chambre et violoniste chez le comte de Thurn, chanoine de la cathédrale de Salzbourg. Dès l'année suivante, il dédie à ce « soleil paternel » qui l'aurait sauvé des « ténèbres de la nécessité » six sonates.

La mort prématurée de Johann Georg Mozart laissait la famille de Leopold dans une situation critique : une veuve et cinq orphelins dont le plus jeune n'avait pas huit ans. Loin de briguer le rôle de chef de famille qui lui revient, Leopold laisse à sa mère et à son frère cadet Franz Aloys, le soin de sauver l'affaire familiale et reste à Salzbourg où il entre, en 1743, comme quatrième violoniste à l'orchestre de la cour du prince-archevêque. Pourtant, il veut garder ses liens avec sa ville natale et, le 12 décembre 1747, soumet au Conseil d'Augsbourg une requête en vue de conserver la bourgeoisie que, en raison de son absence prolongée, il craignait de perdre. Si sa demande mérite de retenir l'attention, c'est qu'elle est un tissu de fausses déclarations, d'autant plus surprenantes qu'elles paraissent gratuites. Leopold déclare que son père est en vie alors qu'il est mort depuis plus de dix ans ; qu'il a terminé ses études alors qu'on l'a expulsé de l'université ; qu'il va épouser une riche héritière de Salzbourg alors qu'il vient d'épouser une femme sans dot, le mois précédent... Néanmoins, il obtiendra gain de cause.

Il aura plus de difficultés avec sa mère. Elle refuse de lui verser en avance d'hoirie la somme qu'elle a accordée à ses autres enfants lors de leur mariage — soit 350 florins correspondant au salaire annuel de Leopold à l'époque. Il cherche à obtenir cette somme dont il considère qu'elle lui est due en prétendant qu'elle est nécessaire à l'édition de son *Essai sur une méthode approfondie du violon* (qui va assurer sa notoriété), mais dont les frais sont déjà couverts. Quand il comprend qu'il n'aura pas gain de cause, il rompt toute relation avec sa mère. Maynard Salomon[15] croit lire, dans les relations difficiles de Leopold avec son fils parvenu à la maturité, comme une image retrouvée et inversée de celles que Leopold avait entretenues avec sa mère, qu'il ne devait plus revoir. Il est vrai qu'il adresse à Wolfgang les reproches — que celle-ci aurait pu lui adresser avec beaucoup plus de raisons — d'abandon matériel et moral. En revanche, il va renouer ses liens avec son frère cadet, Franz Aloys, dont la fille deviendra la « Cousinette » que les lettres salaces de son cousin, Amadeus, rendront célèbre.

On a cité quelques exemples de la conduite incohérente de Leopold pour illustrer son caractère d'autant plus difficile qu'il vit à une époque où la réussite est devenue une nécessité sociale sans pour autant devenir une possibilité pratique. L'amertume qu'inspirèrent à Leopold Mozart les privilèges des hommes sans valeur, préfigure celle de Figaro sans se métamorphoser en une rébellion. Sa colère rentrée et impuissante contre l'ordre établi est illustrée par un incident dramatique survenu en 1753. Leopold est cité devant le tribunal de Salzbourg, accusé d'avoir publié des textes calomniateurs qui mettent en cause deux citoyens éminents de la ville. Le pamphlet est déchiré en public. Le coupable a le choix : les excuses ou la prison. Il a le bon sens de choisir les excuses. C'est-à-dire l'humiliation. Le mystère du libelle demeure. Il mettait en jeu la réputation de Leopold et sa carrière. Il risquait l'expulsion. Pourquoi ?

On s'en doute : il n'y a pas de réponse. C'est là le secret d'une personnalité. Il fait sa densité, son opacité. Mais quelle que soit l'originalité troublante de cet homme si généreux et si cupide, si amer et si prêt aux enthousiasmes enfantins, si rebelle et habité par une piété conformiste et un respect des usages les plus conventionnels, si révolté par les privilèges mais si désireux de fréquenter les privilégiés et avide de relations flatteuses, on doit cependant reconnaître en lui le *père*. Aux yeux du fils, le père doit paraître amer. C'est qu'il a vécu. Frustré ? Quel homme d'âge mûr a-t-il réalisé toutes ses ambitions ? Habité ou tenté par le mensonge ? Qui a pu survivre sans connaître le compromis ? Il reste à apprendre ses mérites.

Ils sont grands. Ses études ont fait de lui un « musicien instruit » — ce que ne sera jamais son fils génial. Son intérêt pour la peinture et l'architecture, ses voyages et le profit qu'il en a tiré lui donnent une supériorité intellectuelle qui s'impose à ses collègues. Elle lui inspire aussi une suffisance que ceux-ci supportent mal — une fausse assurance, des jugements agressifs. Il est misanthrope :

les hommes sont tous des coquins, ses collègues tous des ivrognes et son maître un tyran. Mais pour son fils, cette supériorité ou suffisance peut être rassurante, en lui permettant de refouler loin de la conscience ses intuitions des défauts et faiblesses paternels.

Leopold demeure un musicien honorable auquel l'essai sur l'enseignement du violon déjà évoqué assure, à en croire Alfred Einstein, « une petite place dans toute l'histoire de la musique[16] ». Il fut deux fois le père d'un génie. Il l'a engendré ; il l'a formé. Wolfgang Amadeus n'eut jamais autre maître ni autre école. Leopold le fit connaître en son temps. Il le fit connaître à la postérité par ses lettres et c'est à sa correspondance que nous devons une part majeure de l'image que nous gardons du fils. Elle complétera celle du père. Nommé compositeur de la Cour, il espère succéder au maître de chapelle salzbourgeois Johann Eberlin mais, à la mort de celui-ci, un autre lui est préféré : il doit se contenter des titre, fonction et traitement de vice-maître de chapelle. Son propre développement musical est entravé, pour citer de nouveau Alfred Einstein, parce qu'il correspond « aux décennies difficiles où le caractère élégiaque et la noblesse du vieux style classique tels qu'on les trouve représentés par Corelli, Bach, Haendel, Vivaldi, se sclérosent, pour ainsi dire, et où le nouveau style "galant" commence de s'imposer[17] ».

Leopold n'est jamais parvenu à trouver le juste équilibre entre les deux tendances. Ce qui fut refusé au père sera donné au fils.

L'enfant prodige

Donc c'était le 27 janvier. Il neigeait à Salzbourg. On le dit. On aimerait le croire, imaginer le ciel sombre qui descend pour bénir le nouveau-né et dont chaque flocon — muet dans son vol, attendant de lui la grâce d'être transformé en son et en note de telle sorte que la chute silencieuse devienne un magnificat — descend et se fait blancheur. Au ciel et sur les toits, et en particulier sur le toit de la belle maison de la Getreidegasse où, au troisième étage vit, depuis dix ans, le couple Mozart. C'est dimanche. Et donc deux fois fête !

Cet enfant est le dernier d'une famille de sept dont cinq, on l'a dit, sont morts au berceau. Une sœur l'attend qui entre dans sa cinquième année : Maria Anna dite Nannerl. Musicienne, virtuose, cantatrice, on la voit à douze ans dans l'aquarelle de Carmontelle (conservée au château de Chantilly), faisant face à son père au violon et à son frère de sept ans, dont les pieds ne touchent pas terre, au clavecin. Pâle, les traits fins, le visage tout en longueur, aride, couronné de nattes blondes, elle tient une partition à la main. Quelque temps,

elle est la rivale de son frère : on les présente ensemble et leur père parlent d'eux — à égalité —
comme de deux prodiges. Très vite, elle sera éclipsée par Wolfgang. Leopold encourage son fils à la
composition, non sa fille, dont il comprend qu'elle
n'a pas le talent créateur. Elle deviendra en revanche une virtuose du clavecin. Il faut rendre hommage au père d'avoir conduit les relations familia-
les de telle sorte qu'il ne paraît y avoir eu ni
jalousie ni rivalité, et que jusqu'au mariage du fils
et son départ définitif de Salzbourg, son entente
avec sa sœur, comme en témoignent les *post-
scriptum* qu'il ajoute à son adresse aux lettres au
père, restera, entre « ma *cagnalia* de sœur » et
« mon guignol de frère », affectueuse et enjouée.
Devenue par mariage baronne d'Empire, Maria
Anna von Berchtold zu Sonnenburg rédigera des
notes pour la biographie de feu le compositeur
Wolfgang Mozart. Feu le compositeur !...

Il vient de naître !

On doit à Nannerl la première scène embléma-
tique sur laquelle s'ouvre sa vie ; la première que
l'on doit imaginer, retenir et graver au fronton de
cette existence si brève, mais dont l'écho ne
s'éteint pas. Ayant découvert le talent de sa fille
de sept ans, Leopold entreprend de lui enseigner le
clavecin. Le petit garçon s'approche. Qu'on l'imagine fasciné par ce qu'il entend, les yeux grands
ouverts, ronds d'étonnement et ne comprenant
pas, pas plus que nous ne le ferions, non le son ni
l'harmonie, mais cet écho qu'ils trouvent en lui,
qui l'ensorcellent, le médusent. Il s'arrête. il s'ap-

proche. Un instant encore la fascination. Ensuite les larmes et la colère, parce que les mots manquent, manquent une première fois, manqueront toujours. Et que cette béance ici découverte, c'est par la musique qu'il cherchera toujours à la combler. Elle n'aura pas d'autre exigence, pas d'autre sens... Pour l'heure, l'enfant est là, tempête — au pied de l'instrument, sa tête au niveau du clavecin inaccessible qui produit le mystère et le transcrit en sons. Le blondinet de trois ans exige, se lamente... « Et moi ! » Écoutez les reniflements plaintifs, voyez les grosses larmes impuissantes, c'est Mozart. On lui cède bien sûr... Le moyen de faire autrement ? Et puis c'est drôle. Drôle de hisser ce petit bonhomme séchant ses larmes encore chaudes, drôle de voir ses menottes sur le clavier... Mais qu'est ceci ? Il ne quitte plus le clavier. « Il s'amusait souvent, longuement à rechercher les tierces qu'il produisait toujours avec le contentement d'un enfançon dévorant une pâtisserie[1]... », écrit Nannerl qui ajoute : « Dans sa quatrième année, son père commença, pour ainsi dire en se jouant, à lui enseigner au clavier quelques menuets[2]. »

On croit les entendre. On croit voir l'enfant attiré, fasciné, hypnotisé par la musique dont il ignore ce qu'elle est, d'où elle vient mais où il a déjà reconnu son destin. Ainsi se forme le mythe. Il ne faut pas le craindre, mais le reconnaître et le célébrer. Que l'histoire soit des hommes ou de l'homme, le mythe n'en est pas l'ornement. Il en est le sens. Mieux : la vérité. Elle n'est pas sans danger. On ne doit pas s'y complaire. Ici on court le risque, à trop aimer l'enfant, d'oublier l'homme et de répéter la bévue de Stendhal affirmant que l'enfance est la partie la plus extraordinaire de la vie de Mozart.

Il faut rappeler pourtant combien sont rares les grands hommes qui ont une enfance, j'entends qui ont une existence enfantine, qui ont existé comme enfant — et ont su marquer leur temps ou nos mémoires par leur enfance. À dire vrai, je n'en connais aucun. On les croise le plus souvent à l'âge où, tel Jésus de Nazareth, on subvertit les synagogues ou, tel Alexandre, on dompte les chevaux. Quel grand homme autre que Wolfgang a-t-on connu ou imaginé à trois ans ? Ce livre est une biographie, c'est-à-dire l'histoire d'une vie mais qui implique pourquoi cette vie est devenue une histoire. La présence d'une enfance dans l'ensemble d'une vie, y compris la vie posthume, est un élément essentiel, un caractère marquant, une spécificité de celle-ci. On apprend en l'observant l'effet ambigu, à la fois sanctifiant et corrupteur, d'une telle présence et l'ombre qu'elle fait peser sur une existence. Expérience d'autant plus précieuse qu'elle est plus rare. Mozart est le seul enfant prodige à ma connaissance qui soit entré dans l'histoire de telle sorte que, on en conviendra, à moins que quelque apocalypse ne vienne frapper l'humanité de surdité, rien ne pourra l'en chasser.

L'enfance est un âge de Mozart. Elle est aussi un masque. On peut craindre qu'elle nous masque le génie. On peut espérer, en revanche, que ce génie pourra nous révéler une enfance qui est moins un âge qu'une valeur, une qualité d'âme ou — même ! — une vision et une conception du monde.

Si c'est bien la première fois que surgit dans la mémoire collective et s'impose l'image d'un enfant en bas âge, une question va se poser dès qu'on l'entendra — et il ne fallait jamais le contraindre mais au contraire le distraire de la musique, assurent les témoins : qu'aime-t-on de l'enfant ou de la musique ? La musique parce qu'elle a conservé ou révélé l'enfance ; l'enfance seulement parce qu'elle a inspiré la musique et, en venant l'habiter, a permis son développement particulier, mozartien. Si l'on a tant de peine à se détacher de Mozart enfant, à l'imaginer adulte, si l'on voit si bien le petit animal rampant vers le clavecin, comme hypnotisé, et moins bien le franc-maçon ou le maître triomphant de Prague, c'est que par l'image de l'enfant prodige s'opère la transmutation de l'âge en valeur. On peut penser que cette image ne nous habite si bien que parce qu'elle habitait aussi Mozart. Il l'a portée en lui, il en fut marqué. Il y revenait non comme à un souvenir, mais comme à une inspiration à laquelle il restait fidèle, ou comme à une servitude, mieux une malédiction : cet infantilisme dont, à en croire les contemporains et sa correspondance, il ne fut jamais tout à fait libéré. On peut penser, Mozart étant le plus fin des psychologues comme ses opéras devaient le démontrer, qu'il avait conscience de ce dilemme et se trouvait déchiré entre la sauvegarde des valeurs de l'enfance, sa vocation de fils dans son innocence, sa pureté et le refus du narcissisme enfantin et des faux paradis qu'il offre à la mémoire, pour engendrer et nourrir une stérile nostalgie.

Tandis que le petit prodige improvise déjà quelque menuet ou sonate comme il le fait sans doute dans l'aquarelle de Carmontelle, on peut encore se demander si cette image, qui puise sa force dans le fait qu'elle a habité Mozart comme elle nous habite, et qu'il n'a pas mieux que nous su chasser si bien que, comme nous, il n'est jamais parvenu à se voir tout à fait adulte, si cette image donc ne s'est pas trouvée renforcée, pour lui, comme pour nous, par l'art qui l'avait choisi et par lequel il parvient jusqu'à nous. La musique est d'enfance comme valeur et esprit. Antérieure au langage dans la biographie autant que dans la sensibilité, elle en refuse la discipline et exalte dans la psyché les valeurs du sentiment. « Soyez comme ces petits... » surtout pour la raison que ces petits n'agissent et ne pensent que par la loi du cœur. L'image de Mozart enfant est d'autant plus impérieuse qu'elle a trouvé pour survivre le langage le plus adéquat à sa conservation et à sa domination.

Aussi ou, surtout, cet enfant est charmant. On ne résiste pas mieux à sa séduction que le firent ses parents et contemporains. Les anecdotes abondent. Le premier concerto : Wolfgang à quatre ans est surpris par son père en train de couvrir de taches d'encre et de pâtés curieusement répartis une partition. Leopold commence par rire de ce petit singe qui l'imite et finit par pleurer, deux larmes d'admiration et de joie, quand il reconnaît dans les pâtés les notations, par cet enfant qui ne sait encore pas écrire, d'une véritable composition musicale[*]. Sa bonne volonté est inlassable. Tant que durait la musique, il était tout entier dans la musique, à en croire la sœur Nannerl, et, si l'on ne l'en arrachait pas, il était capable de rester au piano, jour et nuit, à composer. L'affection de l'enfant égale son zèle. Le père se souvient : « Quand tu étais petit, tu n'allais jamais au lit sans avoir chanté, debout sur ta chaise, *Oragnia figatafa*, en m'embrassant à plusieurs reprises et en finissant par le bout du nez. Tu me disais alors : "quand tu seras vieux, je te mettrai bien à l'abri sous un globe de verre, dans un bocal pour te protéger de l'air, te garder toujours près de moi et continuer à te vénérer[3]…" » On partage l'émotion du père, même si, lecteur de Freud, on sent passer un frisson — ce bocal — dans le dos ! Si docile pourtant ce fils, si respectueux et aimant, assurant : « Tout de suite après Dieu, vient papa. »

Comment ne pas garder au cœur l'image déjà

* Répondant au questionnaire déjà cité, Johan Schachtner, vieil ami de la famille, librettiste, notamment de *Zaïde*, trompettiste, raconte : « Nous trouvâmes Wolfgang âgé de quatre ans tenant une plume... Papa : "Que fais-tu là ?" Wolf : "Un concerto pour clavier." Papa prit la feuille et me montra un gribouillage... sur des taches d'encre étalé (le petit Wolfgang plongeait chaque fois sa plume au fond de l'encrier, une goutte d'encre tombait qu'il étalait du plat de la main et écrivait dessus). Nous avons ri... mais papa examina avec attention les notes, resta longtemps à considérer la feuille et finalement deux larmes coulèrent de ses yeux, des larmes d'admiration et de joie. » (*Correspondance, op. cit.*, vol. VI.)

évoquée de l'enfant en perruque et habit de cour qui se retourne vers son public : « M'aimez-vous ? » L'image du petit Wolfer sautant sur les genoux de la terrible impératrice Marie-Thérèse, lui mettant les bras autour du cou et « l'embrassant bravement[4] ». Ou celle qui le montre glissant sur un parquet trop ciré de Schönbrunn, tombant et relevé par Marie-Antoinette qui le console, à laquelle il déclare qu'elle est bien gentille et que quand il sera grand, il l'épousera. Puis, répondant à l'impératrice Marie-Thérèse l'interrogeant sur les raisons de ce projet matrimonial qui concerne sa fille, qu'il veut la récompenser car elle a été très bonne pour lui ! Comment ne pas savourer l'insolence du petit bonhomme ou la sincérité qui lui fait se boucher les oreilles et crier « c'est horrible ! C'est faux ! » sans égard pour le fait que le violoniste coupable est archiduc et frère de l'empereur ; celle qui le pousse à s'exclamer parce que la Pompadour refuse ses baisers : « Mais qui est-elle pour refuser mes baisers alors que l'impératrice Marie-Thérèse les a acceptés ? »

Leopold a reconnu le génie de l'enfant. Il a renoncé à son ambition personnelle qui, du côté de la composition, a toujours paru hésitante, pour devenir un pédagogue modèle. Il a pris très tôt conscience de sa mission, de son devoir de montrer au monde « ce miracle », né à Salzbourg, mission et devoir qui prennent un caractère religieux puisqu'en ce temps, estimait-il, on tournait en ridicule tous les miracles. Leopold veut servir la foi autant que la musique, et les veut confondre :

« Ce n'est pas une des mes moindres joies que d'avoir entendu un voltairien me dire, après avoir écouté le jeu de l'enfant : "Maintenant j'ai vu un miracle dans ma vie — et c'est le premier[5] !" »

Cette foi est sincère. Leopold croit au miracle, croit en Dieu. Ces croyances ne le gênent pas pour comprendre le gain qu'il peut tirer de l'enfant prodige — de ses deux enfants prodiges, à vrai dire, puisque Nannerl elle aussi a des dons exceptionnels. Il lui faut se hâter : avec chaque année qui passe l'enfant ou les enfants prodiges — c'est pourquoi, soit dit en passant, Leopold tend souvent à leur prêter une année de moins que leur âge — vont devenir moins prodigieux.

« Comme les enfants se perfectionnaient de plus en plus au clavecin, la famille des Mozart entreprit le 18 septembre 1762, un voyage à Vienne[6] », écrit Nannerl. Ce voyage ne fut pas aussi fructueux que Leopold et son bailleur de fonds, propriétaire de la maison où il logeait et ami de la famille, Lorenz Haguenauer, l'avaient espéré. Sans doute l'invitation à Schönbrunn et l'accueil par Leurs Majestés « avec d'extraordinaires bonnes grâces » ne pouvaient que flatter Leopold. Les cent ducats de l'impératrice, mieux que les habits de cour de ses enfants donnés par elle aux petits Mozart, devaient couvrir ses frais. Le succès remporté aurait pu produire davantage. Mais Wolfgang tombe malade. Il a la fièvre. La scarlatine se déclare. C'est une maladie dangereuse à l'époque et qui peut être mortelle. Fort heureusement, après une dizaine de jours, l'enfant se rétablit mais tous les concerts ont dû être annulés. C'est alors que Leopold qui a soigné l'enfant de son mieux conclut mélancoliquement que la maladie « calculée au plus juste, nous aura occasionné une perte de cinquante ducats[7] ».

Néanmoins, encouragé peut-être par sa nomination en son absence non au poste de *Kapellmeister* de Salzbourg qu'il briguait, mais au moins à celui de vice-*Kapellmeister*, malgré des pertes ou des gains décevants, malgré la maladie de son fils, Leopold se lance dès son retour dans un plan ambitieux. Avec sa femme et ses deux enfants d'âge tendre, il va entreprendre de juin 1763 à novembre 1766 une tournée de l'Europe — visitant Allemagne, France, Belgique, Hollande, Angleterre, Suisse... Il convient de mesurer les difficultés et les risques. Les voyages sont épuisants. La pauvreté des moyens de transport fait qu'il faut huit jours pour couvrir une distance égale à celle de Paris à Strasbourg. Les routes ne sont pas sûres. La guerre de Sept Ans vient seulement de finir (février 1763), et la paix est mal assurée. Sans doute l'argent gagné à Vienne ou emprunté au bon Haguenauer permet-il à la famille d'avoir sa voiture traînée par quatre chevaux et un domestique, coiffeur et valet, Sébastien Winter, pour les accompagner. Mais une roue se brise. On ne trouve pas à la remplacer. Les orages fondent sur les voyageurs. La foudre et l'incendie menacent les maisons où ils cherchent un refuge. Quant à l'état des routes et des suspensions, Wolfgang, plus tard, à l'occasion d'un autre voyage, saura le décrire avec sa verve accoutumée : les sièges comme des pierres... et tels qu'il craint que son derrière n'arrive pas entier... Des trombes de pluie font que l'on est trempé à l'intérieur de la voiture. Quant aux auberges, elles sont tellement primitives, à en croire Leopold, que les portes des chambres ne fermant pas, on se trouve souvent honoré par la visite de cochons.

Surtout, il y a la maladie. Et les médecins plus dangereux encore. Elle s'attaque aux enfants. Wolfgang sera souvent malade ; sa sœur, sur le point de mourir. Vienne et la scarlatine ont été un premier avertissement : ensuite, il y eut les rhumes. Surtout à La Haye en septembre 1765. Nannerl tombe gravement malade, si gravement qu'on la croit perdue. Et que les médecins désespèrent. Leopold adopte une conduite bien singulière même pour l'époque, même pour un homme de foi. « Je l'engageais à accepter la volonté de Dieu... Ma femme et moi persuadions la petite de la vanité de ce monde et du bonheur de mourir jeune pour un enfant[8]... » ! Malgré ces excellents conseils, Nannerl se rétablit assez vite. Mais presque aussitôt, c'est au tour du garçon ; frappé d'un mal mystérieux, peut-être une fièvre cérébrale, il reste une huitaine de jours dans le coma. Il se remet — mais sera un temps méconnaissable, n'ayant plus que la peau sur les os, lui si dodu ! Plus tard, ce sera la variole qui, on le verra, va contraindre les Mozart à fuir Vienne.

Leopold connaît ces risques ou les prévoit. Or l'homme n'est plus jeune, ayant quarante ans à une époque où la longévité moyenne est de quarante-cinq ans, et sa situation à Salzbourg, si elle n'est pas brillante — compositeur de la Cour, professeur connu — est confortable. On mesure ainsi la force de son ambition. Elle est alliée à une foi aussi sincère et s'y unit de telle sorte que l'on ne peut les distinguer ; ensemble, elles le poussent à entreprendre cette formidable tournée. Car c'est bien une tournée de forains. Malgré les allures aristocratiques que Leopold lui prête et le ton seigneurial qu'il adopte pour en rendre compte et la vanter, on est souvent humilié pour lui et pour son fils. Afin de séduire le public, le petit prodige devra faire mille tours et, au lieu de lui payer son dû, les grands se contentent souvent de lui faire cadeau d'une tabatière.

Humilié pour la musique : longtemps elle fut attachée à l'Église. Elle était le moyen pour la foi d'aller au cœur. Elle était sa voix. Elle partageait son prestige. En s'émancipant, elle l'avait compromis. La tournée des Mozart en constitue la preuve. Qu'on en juge par cette annonce :

L'admiration universelle, jointe au désir express de plusieurs grands connaisseurs et amateurs de notre ville [Francfort], est cause qu'aujourd'hui... aura lieu un dernier concert, mais cette fois irrévocablement le dernier. Dans ce concert paraîtront la petite fille qui est dans sa douzième année et le petit garçon qui est dans sa septième. Non seulement tous deux joueront des concertos sur le clavecin ou le pianoforte... Le petit garçon exécutera un concerto sur le violon ; il accompagnera au piano les symphonies ; on recouvrira d'un drap les touches du piano et par-dessus ce drap l'enfant jouera aussi parfaitement que s'il avait les touches devant les yeux ; il reconnaîtra, sans la moindre erreur, à distance, tous les sons que l'on produira... sur tout instrument imaginable y compris des cloches, des verres, des boîtes à musique, etc. Le tout pour un petit thaler par personne[9].

Cette humilité foraine ou cette humiliation de la musique sont couronnées par le succès. Le prodige est reconnu. On a vu toute la cour autrichienne amoureuse du petit garçon. À Schwetzingen, écrit Leopold, « la princesse et le prince Électeur ont un plaisir indescriptible et tout le monde s'est extasié[10] ». À Francfort, on est « saisi d'étonnement[11] ». À Versailles, au *grand couvert*, Wolfgangus se tint constamment près de la reine, causa avec elle, l'entretint, lui baisa plus d'une fois les mains... À Londres, le prince Galitzine, ambassadeur de Russie, les prie de venir à Saint-Pétersbourg. À Saint-James, le roi et la reine d'Angleterre réservent aux musiciens un accueil d'« une extraordinaire courtoisie ». Le meilleur témoignage sur l'enfant Mozart, nous le devons au baron Grimm. L'amant de la marquise d'Épinay, l'ami de tous les philosophes, le rédacteur de la *Correspondance littéraire* à laquelle collaborent les Encyclopédistes, lue dans toute l'Europe par tous les beaux esprits, écrit dans sa *Correspondance* du 1er décembre 1763 :

Les vrais prodiges sont assez rares pour qu'on n'oublie pas de les signaler... La fille âgée de onze ans touche le clavecin de la manière la plus brillante... Son frère qui aura sept ans... est un phénomène si extraordinaire qu'on a de la peine à croire ce qu'on voit de ses yeux ou ce que l'on entend de ses oreilles... Ce qui est incroyable, c'est de le voir jouer de tête pendant une heure de suite et là s'abandonner à l'inspiration de son génie et à une foule d'idées ravissantes qu'il sait encore faire succéder les unes aux autres avec goût... Je ne désespère pas que cet enfant me fasse tourner la tête, si je l'entends encore souvent ; il me fait concevoir qu'il est bon de se garantir de la folie en voyant des prodiges.

Suit une étrange comparaison :

Je ne m'étonne plus que saint Paul ait eu la tête perdue après son étrange vision[12].

Melchior Grimm en saint Paul, Mozart en Jésus, l'apôtre perdant la tête !... Le sacrilège fait frémir. Qu'importe ! Il témoigne du prodige.

Pour épauler la métaphore, voici la conversion de l'Incrédule : Daines Barrington, magistrat de Londres, qui ayant entendu l'enfant croit à une supercherie, et se fait expédier la copie de l'acte de baptême. Convaincu, il écrit à la Royal Society de Londres :

La nouvelle authentique d'un enfant de huit ans seulement, d'un talent musical absolument extraordinaire... Je formulais à son père le désir que j'avais d'entendre une improvisation... Je dis à l'enfant que j'aimerais bien entendre un chant d'amour... L'enfant était toujours au clavecin. Il regarda malicieusement autour de lui et commença aussitôt de chantonner des tralala tout à fait propres à introduire un air d'amour... un air sur le mot *affetto*... d'une richesse d'invention absolument extraordinaire... Je le priais de composer un air de fureur. L'enfant jeta encore une fois un regard circulaire et *très rusé* et commença une espèce de récitatif prélude à un air de fureur... L'enfant s'excita tellement qu'il frappait le clavier comme un possédé et de temps en temps se soulevait de sa chaise. Il avait choisi comme motif de l'improvisation le mot *perfido*[13].

D'où vient la ruse du regard « très rusé » et *circulaire* ? D'où vient la malice ? Quelle connaissance peut avoir l'enfant de l'amour ? De la perfidie ? Or c'est bien un enfant par l'esprit autant que par la conduite. Le sceptique a pu l'observer : « Son aspect était tout à fait celui d'un enfant et tous ses actes étaient ceux d'un enfant de son âge. Par exemple, à un moment où il préludait devant moi, un chat qu'il aimait bien arriva ; il abandonna aussitôt le clavecin et il lui fallut un bon moment avant qu'il n'y revienne. Quelquefois, à cheval sur un bâton, il caracolait à travers la chambre[14]. » C'est bien un enfant ! Un prodige !

Il appartient à la magie plus qu'à la musique. Même Goethe, qui l'entend à Francfort (en 1769, il a quatorze ans), gardera un souvenir qu'il dit ineffaçable non de l'expérience musicale mais bien du petit homme avec sa perruque et son épée au côté. Qui est-il ? Moins Wolfgang que l'enfant prodige qui est un phénomène avant d'être une personne. Il relève de la physiologie : par exemple, pour Mozart, de « l'oreille absolue ». S'il est une zone énigmatique où soma et psyché se côtoient, mieux, se confondent de telle sorte qu'on ne les peut plus séparer, il demeure cependant une origine psychologique qui relève de l'observation et de l'analyse.

Il faut plaire. À cette fin, il faut et suffit de deviner l'attente de l'adulte et d'y satisfaire. Or l'adulte attend de l'enfant qu'il lui ressemble puisque la nature destine celui-ci à le remplacer. Il y a là un danger pour la séduction enfantine. À trop lui ressembler pour obéir et plaire, il court le risque d'annoncer à l'adulte qu'il est remplaçable. Pourtant celui-ci est contraint par la nature même, par la loi de l'espèce, à le vouloir. Il faut donc, pour lui plaire, montrer que l'on saura prendre sa place comme il le souhaite en évitant cependant de lui rappeler qu'une fois remplacé comme il doit le souhaiter — il disparaîtra... comme il ne peut le souhaiter. On comprend mieux la malice dans les yeux de l'enfant observée par Barrington, « le regard circulaire et *très rusé* » par lequel il prend à témoin le public du tour de force psychologique qu'il va accomplir. Qu'on regarde le portrait attribué à Pietro Lorenzoni : de grosses joues, des yeux ronds et ardents, des lèvres charnues et la main glissée dans le gilet de velours, un Lilliput qui serait affligeant s'il n'y avait cet éclair de gaieté et de malice qui ressemble à un défi ; ou encore le tableau de Van Meytens représentant un concert à Salzbourg, où l'enfant apparaît dans la foule comme caché sous sa perruque, une présence intense, insolite, dont le regard d'une intelligence troublante paraît devoir subvertir la cérémonie où se pressent chez le prince-archevêque les adultes aux coiffures postiches et plumes d'oiseau.

Qu'on l'observe bien. On ne le verra pas long-temps. Car bientôt il sera caché dans l'homme comme un personnage secret et puissant. On le voit chercher et obtenir l'affection de tous ! Comme il paraît avoir besoin d'amour ! L'angoisse qui lui vient et qu'il veut étouffer sous les caresses des princes et des gueux tient peut-être à ce qu'il devine avec une intuition enfantine d'autant plus sûre que, les mots lui étant refusés, elle demeure muette, que l'amour qu'on lui porte, l'admiration qu'on lui voue ne sont pas désintéressés et qu'on exploite les charmes qu'il a acquis pour séduire et se défendre.

S'il se révolte, c'est pour aller au-delà de ce qu'on lui demande. Il se saisit du violon qu'on lui refuse, qui est l'instrument du père et sur lequel il ne tarde pas à montrer sa supériorité... Un pro-dige. Par la musique, il plaît. Par la musique, il dé-sarme. Par la musique, il va réduire le père à n'être plus — et pour toute l'histoire des hommes — que l'imprésario vénal du fils. Reste à l'enfant une étrange réserve assez bien marquée et expri-mée pour que les adultes la remarquent et la con-naissent : un arrière-pays — « *Königsreich Rü-cken* », dit Wolfgang — royaume dont il assure que tout le monde y est heureux ; dont il est le prince, dont il obtient du fidèle domestique de son père une carte fantaisiste. Il y désigne et nomme les villes. On peut penser ou rêver que ce mysté-rieux arrière-pays devait devenir l'univers musical que l'on connaît.

Prodige : il fait à sept ou huit ans ce que l'on ne parvient à faire ni à vingt ni à trente. Il y faut une expérience que l'enfant ne peut avoir. Il ne peut la remplacer que par l'imitation. La faculté exceptionnelle qui est en lui est une faculté mimétique. Elle s'est développée abusivement, peut-être en raison de l'angoisse qui l'habite et qui est au cœur de son désir de séduction. Il devient un virtuose dans l'imitation et grâce à elle. Or toute création, surtout si elle est appelée à être « géniale » — c'est-à-dire à s'écarter de la tradition et à innover assez pour fonder une tradition rivale — doit par définition rompre avec toute imitation. Si bien que, comme l'a signalé Timothée Picard (dans une note du *Dictionnaire Mozart*), le génie ne peut surgir qu'au prix de la destruction et de la sublimation de « l'étouffante chrysalide » de l'imitation qui fait et protège le prodige. C'est cette transmutation qui possède un caractère miraculeux. Le miracle réside en ceci que, après avoir été un enfant prodige, Mozart ait pu devenir l'un des grands créateurs de la musique. Comme tout miracle, celui-ci fut le produit d'un travail acharné et d'un caractère dont la force énigmatique relève elle aussi... du miracle.

« La sublimation de l'étouffante chrysalide » est d'autant plus difficile que le public, mieux le contemporain, ne l'accepte pas. Le ton de Voltaire est indicatif. Regrettant de n'avoir pu entendre le musicien à Genève et s'en excusant auprès de sa protectrice, Mme d'Épinay, il parle de « ce phénomène » et de « votre petit Mozart[15] ». Bientôt à cette même Mme d'Épinay, on écrira (l'abbé Galiani) : « Le petit Mozart est ici... il est moins miracle, quoiqu'il soit toujours le même miracle, mais il ne sera jamais qu'un miracle[16]. » On devine la lassitude. Bientôt l'hostilité : « il ne sera jamais qu'un miracle... ». Le phénomène irrite. Il y a dans le prodige enfant quelque chose qui insulte l'âge adulte et l'humilie. Quoi ! Cette expérience qui a tant coûté, à laquelle on ne parvient qu'après de longues années d'épreuves ou au terme d'une vie, ce petit singe l'imite si exactement que l'on pourrait prendre son plagiat pour l'original ! Si seulement il ne s'agissait que de métier, que de technique ! Mais c'est au contraire le plus profond de l'homme qu'il mime à la perfection. De fait, qu'est-ce que l'art, sinon l'expression des expériences les plus profondes, les plus douloureuses... Le petit bonhomme si mignon à son clavier insulte à la douleur et à la joie — et les rend dérisoires. Il en fait un jeu d'enfant... Il tire la langue à la souffrance de l'adulte.

Ce mépris du prodige, cette hostilité inscrite dans chacune des rides de chacun, Mozart les partagera bientôt à l'égard de l'enfant qui l'habite et qu'il doit surmonter, qui habitera en lui jusqu'au dernier jour, prêt à prendre le relais si l'inspiration vient à manquer et à séduire là où il faudrait vaincre, à grimacer là où l'on attend une expression nue et sincère. Un moment d'inattention, de paresse ou de complaisance, et l'enfant prodige qui refuse de mourir se retrouve au clavier. Et ce n'est pas nous mais Mozart qui, partagé entre l'émotion et le dégoût, l'enchantement et l'imposture, hésite et ne sait le faire taire.

Voilà quelques-uns des traits du prodige. Et quelques-unes des raisons pour lesquelles, à ma connaissance, Mozart est le seul enfant prodige compositeur qui soit devenu un grand musicien. On mesure les dangers que lui faisait courir son père. Leopold ne pouvait les ignorer. Qu'il les ait assumés, lui si soucieux de l'éducation de l'enfant, est d'autant plus surprenant que, et c'est l'un de ses grands mérites, il a su deviner les dons de créateur de son fils et l'a poussé vers la composition plus que vers la virtuosité de l'exécutant dont les profits eussent été plus immédiats et mieux assurés, cependant que les risques pour l'avenir auraient été moindres — le mimétisme du prodige étant moins dangereux pour l'instrumentiste et interprète que pour le créateur.

Après trois ans et demi de tournées, les Mozart sont de retour à Salzbourg — en décembre 1766. Vient l'heure du bilan. Parti à sept ans, Mozart va avoir onze ans. Une première enfance s'achève. On a vu les risques auxquels elle a été exposée. Mais Wolfgang a aussi beaucoup appris. À Londres, en particulier, où Jean-Chrétien Bach, le onzième et dernier fils du grand Jean-Sébastien, un remarquable musicien, l'a pris en affection. Le Bach de Londres, comme on l'a surnommé, prenait le petit Mozart sur ses genoux et ils jouaient ensemble du clavecin[*]. Son influence se fait sentir dans les premières sonates pour clavecin et violon de Mozart — de même que dans sa première symphonie. Il devient pour Wolfgang un modèle qu'il voudra égaler et ensuite dépasser. C'est dans le sillage de Jean-Chrétien Bach encore que, au cours de l'hiver 1764-1765, l'enfant découvre avec ravissement l'opéra et désire aussitôt en composer. Partout à Munich, Mannheim, Francfort, Paris, Londres comme à Bruxelles ou Liège, il a connu des musiciens, entendu chanteurs et orchestres. Il a fréquenté les empereurs et les rois. Il a sauté sur leurs genoux. Ces souvenirs lui donneront peut-être une arrogance dont il aura à pâtir. Ils le conforteront cependant dans l'épreuve.

Si, au plan psychologique, il est difficile d'évaluer les conséquences pour la formation de l'enfant de ces grandes tournées, au plan matériel les résultats ne sont pas douteux. Leopold parle beaucoup d'argent dans sa correspondance. Il est vrai que la majeure partie de ses lettres sont adressées à son bailleur de fonds, Haguenauer. Faut-il voir en lui un homme cupide et avare ? Ou bien plutôt un économe conscient des risques encourus par la profession qui était sienne dans une société où n'existait aucune protection contre la misère, la maladie, tous les risques de l'existence ? Il se

---

[*] Nannerl écrit : « Monsieur Jean-Chrétien Bach prit le fils entre ses genoux et l'un joua quelques mesures, l'autre continua, et ils jouèrent ainsi toute une sonate. Si l'on n'avait pas vu, on aurait cru qu'une seule et même personne jouait. » (*Correspondance, op. cit.*, vol. VI, p. 31.)

vante volontiers des sommes considérables gagnées par ses concerts et ses académies, du prix et
du nombre des cadeaux reçus par ses enfants. Prudence ou inquiétude, il souligne plus volontiers
encore l'importance de ses frais de voyage et la
dureté de la vie de voyageur. Par certains détails,
on pourrait croire que la famille est revenue riche
en gloire, mais en gloire seulement. On verra Leopold faire retourner un vêtement usé, renoncer à
l'installation d'un poêle en plein hiver, parce que
trop coûteux. Jamais, dans les lettres qu'il adresse
à sa femme et à son fils, il ne tarit sur la nécessité
d'économies, l'état angoissant des finances de la
famille et la misère qui la guette si ses membres ne
font pas leur devoir de gagner davantage et dé-
penser moins.

Mozart devait connaître ou deviner la vérité
tant sur la situation réelle de la famille que sur
l'attitude du père à cet égard. Il n'a pu éviter de
comprendre que Leopold s'appropriait tout ce que
le petit prodige gagnait, ni circonvenir un sentiment d'injustice. Sans doute, dans un monde aussi
menacé que celui où il faisait ses premiers pas, la
famille constituait une unité organique plus impérieuse qu'elle ne l'est aujourd'hui et devant laquelle la personnalité des membres et leurs titres
de propriété s'effaçaient. N'obtenant aucune garantie de la société et de l'État, la famille établis-
sait de fait une communauté de biens. Leopold ne
manquera pas de le rappeler à son fils et de le tenir responsable pour l'entretien de sa sœur et celui
de sa propre vieillesse.

Les protestations du père sont-elles justifiées ? Le fils le devine toujours et la part de vérité, autant que celle du mensonge, va peser sur leurs relations. Ce ne sont pas les chiffres qui manquent. Maynard Salomon a estimé, avec un scrupule et un souci du détail qui inspirent confiance, que Leopold ramenait de ses voyages et tournées de trois ans et demi des économies évaluées à 13 ou même 15 000 florins — c'est-à-dire à treize ou quinze ans d'un salaire confortable dans le Salzbourg de l'époque, permettant voiture à quatre chevaux, deux domestiques et un appartement de huit pièces...

De fait, on tient la preuve de cette nouvelle aisance dans le changement du domicile familial. On quitte la Getreidegasse et ses hautes façades régulières de cinq étages bien nets et tirés, dirait-on, à quatre épingles, et la place où il y avait une fontaine, où se tenait un marché aux poissons et qui prêtait sa lumière au troisième étage où demeurait l'enfant. Il suffisait de la traverser, d'emprunter un passage sous les hautes maisons pour gagner les bords de la Salzach — rampante, grise et verte au pied des rochers dépoitraillés, de la montagne sombre et silencieuse, et offrant à l'enfant, pour guider ou inspirer son rêve, son chemin tourmenté vers l'horizon. C'est sur l'autre rive, celle du palais Mirabell et de ses jardins versaillais, que se trouve, face au théâtre et dominé par l'église de la Trinité, sur la Marktplatz, à l'étage d'une maison trapue, boudeuse, mais qui a les allures et la prétention de l'hôtel particulier, le nouvel appartement. Vaste, quasi seigneurial, il est flanqué d'une salle qui avait servi d'école de danse. Là, Leopold exposera les pianos qu'il vend à la commission ; là, la famille Mozart donnera des concerts et recevra la société de Salzbourg. Partout la musique fut et demeure présente comme ailleurs, chez l'écrivain, les livres. Pas plus que la Getreidegasse aux hautes façades d'une bourgeoisie sage et rangée, imposant le respect non sans une naïveté savoureuse, la maison quasi seigneuriale de la Marktplatz ne laissera de traces dans le souvenir de l'enfant — en ce sens, au moins, qu'il ne les évoquera jamais, non plus que les clochers jaillis au pied de la montagne d'ombre, ou le château aux couleurs de cygne qui la couronne. Rien, sinon le théâtre de l'autre côté de la place où l'enfant puis l'adolescent court chaque fois qu'il le peut : Nannerl, qui en tient la chronique, Amadeus, qui les évoque souvent, ne manquent pas un seul spectacle de la trop brève saison.

L'enfant, bientôt l'adolescent ne peut ignorer les marques d'opulence. Il doit savoir ou pressentir que la famille a ramené une petite fortune (sans compter les cadeaux) et que c'est lui qui l'a gagnée. Il verra le père la faire fructifier par la vente des pianos — et ne cesser cependant de se plaindre, de se lamenter, de prédire ruine et misère. Comme nous, sans doute, il a dû se demander ce qu'il était advenu de cette richesse et comment Leopold avait su la garder pour lui. Tandis que s'achève l'enfance prodige et commence l'adolescence, cette confusion des biens qui lui est imposée paraît à l'image de la confusion psychologique dont il est la victime. Pour Leopold, Wolfgang est plus ou mieux qu'un autre lui-même, puisqu'il a réalisé tout ce dont — gloire, fortune, création — il avait rêvé pour lui-même. De son fils, il a fait l'idéal du moi. Mais n'est-ce pas la définition du père ou de la névrose paternelle ? Cette identification abusive — où s'arrête le père, où commence le fils ? —, cette confusion des biens et des personnes vont entraîner les conflits qui marqueront l'adolescence et la jeunesse de Mozart.

Il cavaliere filarmonico

Les connaissances s'accumulent. L'énigme grandit. Un premier miracle a fait de Mozart un prodige. Un second va le libérer, en lui-même et aux yeux des autres, de cet enfant pour le transformer, contre toute attente et bien que la définition ou la nature même de l'enfant prodige paraissent l'interdire, en un génie créateur. Rendons hommage au père : seul contre tous, et contre l'expérience des siècles, nature et définition, il a cru en ce second miracle. Sa foi était intéressée. Elle n'en était pas moins sincère.

Il paraît avoir compris la nécessité d'une mutation. Dès son retour à Salzbourg, il commence à la préparer. Ce retour, il le craignait. Mais le prince-archevêque Sigismond von Schrattenbach, bien que le congé avec solde de son vice-*Kapellmeister* ait duré plus de trois ans, lui réserve un bon accueil. Le prince, comme Leopold l'avait espéré, a compris la gloire que sa principauté devait au « miracle né à Salzbourg » et dont l'écho avait gagné l'Europe. Toutefois et bien qu'au cours de cet hiver 1767-1768, l'enfant reçoit commande d'un oratorio, d'une musique pour une comédie et d'une autre funèbre — c'est dire que son talent est reconnu et que, malgré ses onze ans, on le considère à l'égal des musiciens les plus estimés de cette cour mélomane —, sa seigneurie paraît convaincue que cette bienveillance et les honoraires versés au père constituent une contribution suffisante à la fortune des Mozart. Il ne laisse rien espérer pour l'avenir.

Leopold redoute cette demi-reconnaissance. Elle peut conduire à l'enlisement. Il fait travailler son fils sachant, comme il le confie à son correspondant, que « Wolfgang a encore beaucoup à apprendre[1] ». Dans la biographie que Otto Jahn a écrite à l'occasion du premier centenaire de la naissance de Mozart, il cite un travail de contrepoint à trois voix qui permet pour la première fois à l'enfant d'identifier, mieux de personnaliser comme il le fera si brillamment par la suite, les caractères propres de la musique, les nommant « *il signor Alto, il marchese Tenoro e il duca Basso* ». On sait les chefs-d'œuvre que l'on doit aux entretiens de cette noble compagnie.

Leopold prépare l'avenir : dès l'automne de 1767, la famille reprend la route de Vienne. Les noces de l'archiduchesse Maria Josepha, la fille de Marie-Thérèse, doivent y être célébrées. On a oublié d'inviter les Mozart à s'y produire, mais Leopold ne doute pas de trouver l'occasion d'imposer le talent de ses enfants. À peine sont-ils arrivés qu'une épidémie de variole se déclare et emporte la fiancée Maria Josepha. Les Mozart se réfugient à Olmütz, en Moravie. Trop tard : Wolfgang est atteint ; on craint pour ses jours et les accents de Leopold qui « passe des nuits entières sans dormir et la journée ne trouve pas de repos[2] » démontrent son angoisse autant que son amour paternel. « *Te Deum laudamus !* Wolfang a surmonté la variole[3]. » Assuré de la guérison, par un curieux détour de fierté paternelle, Leopold songe aussitôt à faire — bien qu'il n'ait que onze ans — rédiger et imprimer la biographie de l'enfant.

De retour à Vienne, les Mozart sont reçus avec une « étonnante bienveillance[4] » à la Cour. Sa Majesté l'impératrice, comme on l'a dit, entretient Mme Mozart de la maladie des enfants, lui caresse la joue, lui serre les mains. Son fils, l'empereur, parle musique avec les hommes et tourne des compliments à Nannerl qui la font rougir. En dehors de ces amabilités, bien peu de choses : une médaille et des compliments. Vienne a changé depuis la mort, en 1765, de François Ier et l'accession à la corégence de son fils, Joseph II. L'impératrice, Marie-Thérèse, sa mère, lui cède peu à peu le pouvoir. Il applique le programme esquissé ci-dessus et commence par réduire radicalement le train de vie de la Cour, ses fêtes et ses divertissements et à imposer un style spartiate dont il donne l'exemple et dont les premières victimes seront les Mozart. Leopold ne tarde pas à le comprendre, il écrit : « L'empereur déteste au plus haut point tout ce qui peut être motif à dépense et pour lui plaire la noblesse en fait autant... Si le chef dépense à pleines mains, chacun fait tourner les roues ; en revanche, si le dirigeant est parcimo-nieux chacun veut être meilleur économe[5]... »

Ayant mesuré l'obstacle, Leopold décide de ten-ter « un grand coup ». « Pour convaincre le pu-blic, j'ai pris la décision d'apporter une preuve extraordinaire ! L'enfant écrira un opéra... Aujourd'hui Gluck... » (qui venait de triompher avec son *Alceste*), « demain un enfant de douze ans[6] ». Notons au passage que c'est Leopold qui prend la décision. Peut-être dans le désir incons-cient de mitiger ou de partager la responsabilité, Leopold ajoute que l'idée vient de l'empereur lui-même qui aurait par deux fois proposé à Wolf-gang de composer un opéra. L'opéra sera *buffa* — genre relativement récent qui s'opposait à l'*opera seria* et qui, ni opéra comique ni comédie musi-cale, s'apparentait à la *commedia dell'arte* dont il adoptait les rôles principaux, et l'intrigue élé-mentaire. Il acceptait aussi l'obligation, par un chant plus proche de la parole, d'être mieux compris par le public. Au printemps, Leopold croit triompher et avoir transformé les fauves en êtres humains par « son flegme ». Mais dès l'été, c'est le drame.

L'imprésario du Burg Theater, Giuseppe Affli-glio, qui avait fourni le sujet de l'opéra, *La Finta Semplice,* tiré de Goldoni, refuse de verser l'avance des cent ducats promis et ajourne la mise en scène. À en croire Leopold, une cabale à la-quelle participe tous les compositeurs de Vienne, y compris Gluck, s'est déchaînée pour prétendre que l'opéra n'est pas du fils mais du père, et que chanteurs et musiciens assurent ne pouvoir ni le jouer ni le chanter. Leopold paraît perdre la tête, si grande est son indignation. Bien que « l'enfer musical se soit déchaîné[7] » contre son enfant, il entend lutter pour l'honneur des Mozart. Bientôt ce sera aussi l'honneur de Salzbourg, des Allemands et enfin celui de Dieu lui-même atteint dans le miracle — Wolfganger — qu'il a envoyé aux hommes. Affliglio, furieux des démarches entreprises par Leopold qui l'accuse de persécuter « l'enfant innocent », menace de faire siffler, huer l'œuvre si on l'oblige à la montrer. Surtout, il accuse le père de prostituer son enfant.

Le reproche est injuste, mais il comporte une part de vérité assez grande pour blesser et devenir l'écho du remords que murmure la conscience. Leopold décide de porter l'affaire devant l'empereur, rédige un mémoire, dépose une plainte. L'empereur ordonne une enquête qui n'aboutira pas. On a des raisons de croire que par l'excès de ses doléances, Leopold s'est fait du tort à la Cour. Quant à *La Finta Semplice*, qui fut joué l'année suivante (1769) à Salzbourg, il ne manque ni de charme, ni de grâce, ni de savoir-faire. Comme l'est l'opéra de l'époque, et comme il le restera jusqu'au jour où le même Mozart le métamorphosera, il est composé d'une juxtaposition de récitatifs et d'arias qui s'accordent parfois mais sans jamais entamer un dialogue. On peut y reconnaître, au tournant d'une mélodie, dans certains accords, telle nuance de Rosina, la fausse simplette, qui annonce la malicieuse sensualité de Suzanne, telle bravade de son frère Fracasso qui paraît l'écho d'un Guglielmo se vantant de ses exploits — la promesse des grands opéras de l'avenir. Affliglio n'a pas étouffé un chef-d'œuvre. Il n'en est pas moins certain que, comme l'écrit Philippe Venturini, il est dans ce premier opéra « une intelligence dramatique et une veine lyrique qui supportent sans peine la comparaison avec les opéras bouffes contemporains[8] »... Et que Leopold, même s'il le fait trop fort ou maladroitement, n'a pas tort de crier à l'injustice.

La crise a bouleversé les rapports du père et du fils et les a resserrés. On doit remarquer que l'échec qui avait conduit le père aux débordements et aux maladresses, ne paraît pas avoir déstabilisé le fils — qui est pourtant l'auteur d'une partition de cinq cent cinquante-huit pages ! Nous n'avons aucune lettre de Wolfgang remontant à cette période. Mais Leopold, qui prend soin d'exposer tout le mal que fait la cabale, ne mentionne jamais la souffrance qu'elle aurait dû causer au principal intéressé — l'enfant dont on reste sans nouvelles pendant toute la tempête. Sans doute, il n'aurait pas vu grand-chose des cent ducats promis par Affliglio. La gloire, les applaudissements lui font, comme on le verra, un pur plaisir — j'entends un plaisir pur. Ils lui disent qu'on l'aime, et c'est assez. Mais s'ils viennent à lui manquer, il garde l'essentiel, l'approbation de son père. Reste-t-il indifférent ? Non, sans doute. Mais il n'accède au réel et à la société que par l'intermédiaire de son père. Or il a fait ce que celui-ci lui demandait : cinq cent cinquante-huit pages de partition.

Le père crie que l'œuvre est géniale, c'est-à-dire qu'il en est content. Dans le combat à mener, de même que dans l'argent, le fils ne se reconnaît pas. Il s'y intéresse mais comme on le fait aux soucis d'un autre. Lui n'a encore véritablement affaire qu'au père. Il n'a ni trouble ni dépression comparables à ceux qui ébranlent Leopold, lequel se reproche encore, se contentant d'une promesse verbale pour les cent ducats, d'avoir péché par une naïveté qu'il ne peut se pardonner. On en trouve la preuve dans le délicieux *Bastien et Bastienne* que, dès le mois suivant, Wolfgang écrit pour le mystérieux et très riche Anton Mesmer — l'inventeur du magnétisme animal. Parodie du *Devin de village* de Jean-Jacques Rousseau, ce *Singspiel* a une grâce, une simplicité, un humour qui, si distante que soit l'œuvre de l'homme (et notre homme a douze ans), révèle un état qui n'a rien de dépressif. Et bientôt ce sera une messe pour l'exécution de laquelle « il a lui-même battu la mesure, en présence de toute la cour impériale ». Leopold reprend confiance : ce succès « *nous* a rendu l'estime que *nos* calomniateurs avaient voulu *nous* faire perdre... Il a convaincu la Cour et le public de la méchanceté de *nos* ennemis[9] ».

Père et fils peuvent rentrer tête haute à Salzbourg (1769) : leurs rapports sont plus étroits que jamais. Le transfert a eu lieu — mais dans le sens contraire à celui qui serait naturel : le père s'est identifié à son fils. Le « nous » que l'on a souligné est révélateur : que « *nous* soyons invités », ici et là, correspond encore aux faits même si ni empereur, ni Cour, ni les Grands n'auraient songé à inviter le père, s'il n'y avait eu le fils. Mais Leopold parle aussi de « notre » opéra, de « notre » travail. Il sait dire *Je* encore : « J'ai décidé... », « J'ai transformé les fauves en êtres humains. » Mais dès qu'il s'agit de son fils, de son travail, de ses intérêts, de son honneur, le *nous* s'impose. C'est aussi pourquoi le cinglant reproche d'Affliglio de « prostituer son enfant » est assez douloureux (ou assez vrai) pour qu'il le rapporte dans sa lettre à son ami.

Tellement injuste ! Il a tout donné à son fils, il ne vit que pour lui. Assez vrai si l'on évalue ce que son fils lui donne et que, les sacrifices du père occupant toute la place, le fils ne rencontre plus qu'eux et ne peut découvrir ni son image propre ni le lieu qu'elle devrait occuper. Son père ne cesse de craindre cependant que Wolfgang ne grandisse et que ses mérites ne surprennent plus. Cette angoisse, l'enfant doit la ressentir. Mais là encore, il peut la considérer comme relevant du père. Surtout, elle est surcompensée par la foi proprement religieuse que son père a en lui. Comment douter de soi, de son génie quand le père ne doute ni du génie du fils ni de la mission quasiment christique qui lui a été dévolue.

Voilà pourquoi la présence concrète de Mozart, son premier accent qui nous soit parvenu, sa première lettre enfin est un cri de joie :

Mon cœur est tout ravi de joie parce que ce voyage est tellement amusant et qu'il fait si chaud dans la voiture et parce que notre cocher est un brave garçon qui conduit bien vite dès que la route le permet... La description du trajet, mon papa l'aura déjà expliqué à Maman. La cause pour que j'écrive à Maman, c'est pour montrer que je sais ce que je dois, et je suis, avec un profond respect son fidèle fils[10]...

Écoutons encore... La même lettre, mais adressée à *Carissima sorella mia* :

Si je dois confesser la vérité, je dois dire que c'est bien joyeux de voyager et qu'il ne fait pas froid du tout... si tu vois le signor Schidenhofen [un ami de la cour de Salzbourg] dis-lui que je chante toujours *Tralaliera, tralaliera* et qu'il n'est plus nécessaire à présent de mettre du sucre dans la soupe[11].

C'est sur cet *allegretto* que s'ouvre la correspondance, par lui que l'on entend pour la première fois les mots de Mozart (la seconde pour être scrupuleux mais la première n'est presque rien). Que l'on goûte cette eau fraîche brillante d'un soleil malicieux et l'on comprendra aussitôt pourquoi c'est à Mozart que fut confiée, pour reprendre le mot de Cioran, « la musique officielle du paradis[12] ». Cette gaieté n'est pas gaminerie. Elle n'est pas inconsciente. Elle survivra dans Mozart et, par Mozart, jusqu'à la fin des temps. Elle est courage et l'on propose d'y voir aussi quelque chose comme l'honneur d'être homme. Courage :

une manière d'habiter la vie en ami et à son aise qui ne se démentira pas — ou seulement par une chute dont on sait à l'avance que l'on doit se relever ; une maladie dont on sait que l'on va guérir ; un péché qu'on ne doute pas de se faire pardonner. Ce ton que l'on entend ici n'est pas étranger à la musique mais, alors que l'enfant a déjà composé une centaine d'œuvres, c'est la première fois que son ton, son style trouvent à s'exprimer en mots.

Il convient de garder l'image de ce garçon en route pour l'Italie. On retrouvera son humeur tout au long de la vie de Mozart. Sans doute pour les esprits chagrins, cette santé ne convient-elle pas au génie. Il lui faut la vérole, la tuberculose et une misanthropie à toute épreuve. Ici le génie est un bon garçon. S'il a souffert autant ou plus qu'un autre, connu le désespoir, c'est seulement de voir que l'on refusait le bonheur dont il était le porteur, qu'on l'obligeait à faire fausse route alors que tout était si simple, qu'il eût été si facile pour lui de déverser sur l'humanité la plus belle musique qu'elle ait jamais entendue et dont il était plein, qui chantait si fort en lui et qu'il ne demandait qu'à la donner ! *Tralaliera...* ce *tralaliera* l'habitera en secret et le vengera de bien des choses. On sera gagné par cette bonne humeur innocente, angélique. Mozart ne la perdra jamais.

Italie ! Alors comme aujourd'hui ou davantage encore, elle représentait le pays où la civilisation de l'homme et le raffinement de la nature se retrouvent, où l'on devine qu'il y a entre le soleil, la mer et l'olivier d'une part, l'histoire, la culture, les monuments de l'autre, une énigmatique et profonde complicité dont la péninsule et son peuple sont l'illustration et le fruit. Elle était alors en partie autrichienne : les grands ducs de Toscane et de Lombardie étaient les frères cadets de l'empereur Habsbourg. Le temps de la révolte n'étant pas venu, cette continuité politique supprimait les frontières — non pas seulement nationales mais intérieures aussi. Elle rapprochait encore les duchés enchantés de l'idéal. Ils étaient non pas étrangers mais comme le meilleur de soi.

Et en musique surtout dans ces dernières décennies du XVIIIᵉ siècle. Le vocabulaire même était italien et que ce fût opéra ou concerto, qu'on le voulût *buffa* ou *seria* et un jour *giocosa*, qu'on le jouât *presto* ou *andante*, qu'on le chantât *soprano* ou *contralto*, c'est toujours en italien qu'on le disait et faisait. Vrai de toute musique, ce l'était plus encore pour l'opéra. Or, depuis qu'il l'avait entendu, c'est en lui que notre joyeux garçon rêvait de transformer le *tralaliera* qui l'habitait si bien qu'il était comme le noyau de sa vie intérieure et lui promettait en secret de devenir un jour l'arbre immense des *Figaro*, *Don Giovanni* ou de *La Flûte enchantée*. Bref, s'il est toujours « bien joyeux de voyager », il ne l'est jamais autant que lorsque c'est pour se rendre à Florence et Bologne, Rome et Naples.

Il est une autre raison à ce bonheur *allegro vivace*. Au moment où Wolfgang va devenir et signer Amadeo et bientôt « de Mozartini », il se retrouve seul avec son père et c'est en tête à tête qu'ils vont entreprendre le voyage. Les femmes, la mère, la sœur sont restées à Salzbourg. Malgré leurs désirs et leurs efforts pour rejoindre mari et fils ou père et frère, elles n'y parviendront pas. Soit parce que c'est trop cher, soit parce que le temps est par trop détestable, elles resteront chez elles à les attendre quinze mois durant — de décembre 1769 à mars 1771.

Partout cependant les Mozart triomphent : Vérone, Mantoue, Milan, Bologne, Rome, Naples ! Ce premier voyage fut suivi d'un second, de plus de trois mois, d'août à décembre 1771. Toujours en tête à tête. Comme aussi le troisième et dernier, en novembre 1772, pour trois mois et plus... Le père a son fils tout à lui. Il est seul à triompher quand, à Milan, archiduc et archiduchesse crient à son enfant : « *Bravissimo maestro.* » Ou quand le compositeur, célèbre à l'époque, Johann Hasse redoute que cet enfant ne condamne les autres musiciens à l'oubli. Le père prend sa revanche et triomphe non pas avec lui... mais par lui. L'enfant incarne désormais la fortune et la gloire — et d'autant mieux qu'il n'en a que faire, tout au plus un jouet dont il abandonne volontiers à son père non seulement les bénéfices pécuniaires mais aussi les avantages moraux. Bientôt ce sera comme si — de *nous* en *nous*, *notre* concert, *notre* opéra — le triomphe est de Leopold, et Wolfgang seulement l'instrument ou l'occasion. Leopold a renoncé sans doute à tout projet personnel pour céder à son fils toute la place. Mais toute cette place que celui-ci occupe (à Rome en particulier) devient la sienne. On a vu le retournement périlleux par lequel le père s'est identifié au fils. Celui-ci s'en trouve privé de personnalité — il n'est qu'une marionnette aux mains de la psyché paternelle qui a su éliminer la mère et se dresse seule, aimable encore — « après Dieu, papa » — mais destinée à devenir un jour la statue du Commandeur.

Ce jour est loin. Pour l'heure, c'est l'idylle, et la correspondance ne révèle nulle part, jamais, le moindre désaccord. Partout l'accueil est enthousiaste. À Vérone, où les gazettes vantent « les admirables qualités musicales » de l'enfant, comme à Mantoue, étape où elles parlent de « prodige de la nature ». Partout Amadeo paraît s'amuser en toute liberté, ravi du plaisir qu'il donne qui est aussi celui qu'il prend, ravi de se travestir pour Carnaval et de saluer d'un *servitore umilissimo* les masques qu'il croise. Il a appris l'italien sans paraître s'en apercevoir et ne garde pour seul souci et vœu sincère que ce « aimez-moi toujours » qu'il écrit en français dans ses lettres à mère et sœur. La sagesse même cependant, et Leopold ne peut que vanter sa prudence, son souci de sa santé, de son régime, sa belle humeur : « Gai et joyeux toute la journée[13]. » Ravi de retrouver le Carnaval à Milan, de voir les Italiens reconnaître ce qu'il vaut même s'ils ne paient qu'en « admiration et bravos ». Quand il pleure toutes ses larmes en apprenant la mort d'un ami de Salzbourg, Leopold, pour relater et expliquer à sa femme ce chagrin, trouve la plus belle des litotes : « Tu sais combien Wolfgang est sensible[14] ! »

Le père, comme s'il avait prévu que c'est sous cette forme que les Mozart (fils et père) accéderaient à l'immortalité et gagneraient la gratitude des générations, cherche partout et obtient bientôt « pour nous[15] » une commande d'opéra. Il signe le contrat, et c'est ravis qu'ils gagnent Bologne. Wolfgang fait la connaissance du célèbre musicologue et musicien père Martini — qui reconnaît le génie du garçon et lui donne des leçons de contrepoint. Leopold peut conclure que ici encore « nous somme très aimés ». Il n'en ira pas autrement à Florence où règne l'archiduc Leopold, le frère de Joseph II qui sera appelé à lui succéder. Là, pour la première fois et semble-t-il la seule, et pour quelques jours seulement, Wolfgang qui, en dehors de sa famille, n'avait fréquenté que des adultes, se fait un ami de son âge et de son talent : un jeune prodige du violon, beau comme un faon, l'Anglais Thomas Linley. Quelques jours seulement. La séparation des deux enfants qui avaient joué si bien ensemble — du violon — fut arrosée de larmes et marquée par la remise d'un poème, par des embrassades en perruque et costume d'époque. Ils ne devaient plus se revoir : le charmant virtuose se noya à vingt-deux ans.

De nouveau, père et fils sont ensemble et l'enfant retrouve sa gaieté. À Rome, à Saint-Pierre, on prend Wolfgang pour un prince et Leopold pour son précepteur ou majordome. Cette humiliation stimule encore l'identification. Quand Leopold raconte le tour de force de Wolfgang qui retient par cœur et note en entier après l'avoir entendu une seule fois « le célèbre *Miserere* tenu en si haute estime qu'il est interdit aux musiciens sous peine d'excommunication d'en emporter une ligne », il ajoute : « *Nous* l'aurions déjà envoyé à Salzbourg... si *notre* présence n'était pas nécessaire pour le jouer... C'est un des secrets de Rome... *nous* ne voulons pas qu'il tombe en d'autres mains[16]... »

En tête à tête toujours et quinze mois durant ; en tête à tête, partageant la même chambre et, à Rome — mieux encore — le même lit ! Et Wolfgang de s'en plaindre : « Maman peut aisément imaginer qu'à côté de Papa, je n'ai pas la paix[17] ! » Il faut sans doute lire, dans le même contexte psychologique de gaieté enfantine voulue ou peut-être forcée pour masquer l'impatience de l'adolescent, l'aveu : « Pour avoir l'honneur de baiser le pied de saint Pierre, comme j'ai le malheur d'être si petit, il a fallu que moi, votre vieux farceur de Wolfgang Mozart, on me soulève et porte jusqu'à lui », écrit-il à sa sœur, tout en la complimentant sur son « merveilleux visage de cheval » (bien vu à en croire les portraits) — et prêt à lui « baiser le cul... S'il est propre[18] ».

Partout le succès, partout un triomphe — si grand que l'on croit à Naples au pouvoir magique d'une bague que l'adolescent porte au doigt et qui lui donnerait sa miraculeuse virtuosité. Dans aucune lettre de Wolfgang on ne trouve trace de vanité, pas la moindre vantardise. Ses triomphes sont de bons tours qu'il joue, des farces qu'il fait. Cependant, se poursuit un travail herculéen : symphonies et opéras composés, concerts exécutés. Et jamais une fatigue ; et jamais une plainte. Quelque souci : « Monsieur Canari » resté à Salzbourg chante-t-il encore ? C'est qu'il en est un autre dans l'antichambre du logis à Naples qui « fait un boucan pareil à celui du nôtre[19] ». Peut-on se permettre un moment d'émotion en apprenant que toute sa vie Mozart eut pour compagnon — un oiseau !... Pour le reste : « *Tralaliera !... Tralaliera !* » Ravi de ses nouveaux habits écarlates avec galons dorés et doublure de soie bleue (« Nous étions beaux comme des anges[20] ! »), il reste un enfant qui après le voyage s'assied sur une chaise et immédiatement commence de ronfler et dormir si profondément que Leopold doit le déshabiller et le mettre au lit.

Mais cet enfant a des jugements mûrs et nuancés sur les opéras qu'il voit, la musique qu'il entend. C'est avec une belle insolence aussi que, à Naples, il juge le roi « vulgaire et mal élevé[21] », ridicule : « Il se tient sur un tabouret pendant tout l'opéra pour avoir l'air plus grand que la reine. » De retour à Rome, le pape le fait chevalier de l'ordre de l'Éperon d'or — ce que notre *Signore Cavaliere* accepte avec bonne humeur concluant la lettre qui annonce la nouvelle à sa sœur : « J'ai l'honneur d'être votre très humble serviteur et frère chevalier de Mozart[22] » (en français). Or, cette décoration met l'adolescent (quatorze ans) sur le même plan que Gluck, c'est-à-dire au sommet de la profession musicale de l'époque. Wolfgang n'en tire ni vanité, ni même une vraie satisfaction : tout est pour le père. Il ne garde pour lui que la liberté du fils : celle de plaisanter. C'est que le fils n'est ni impliqué ni engagé. Le père seul a la responsabilité du monde : à lui tous les mérites et toutes les misères. Pour le fils : l'innocence. C'est aussi pourquoi, contrairement à Leopold ébloui, il accepte l'amitié du jeune comte Pallavicini qui a le même âge que lui et ne paraît pas s'apercevoir de l'abîme social qui les sépare, ni de l'honneur qu'on lui fait en jouant avec lui du clavecin.

Il lit : *Les Mille et Une Nuits*, *Télémaque*. Il compose : un opéra, *Mitridate, rè di Ponto* dont le livret de Cigná Santi est inspiré de Racine. Bien que les doigts lui fassent mal à force d'écrire, il garde sa belle humeur pour morigéner sa sœur, la sommant de lui répondre, car « il est quand même plus facile de répondre à quelque chose que de trouver soi-même quelque chose à dire[23] ». Belle pensée, signée Chevalier W. Mozart. Il en est une autre du même auteur, dans la lettre suivante, qui mérite davantage de retenir l'attention : « Je ne sais ce que j'écris : toutes mes pensées sont absorbées par l'opéra et je risque de t'écrire tout un air à la place des mots[24]. » C'est la première fois que la rivalité des sons et des mots qui sera au centre de cette vie, et de son drame, se trouve évoquée. La musique constitue pour Mozart, grâce à lui ou en soi — l'arrière-pays du langage — ce royaume de Rücker dont Wolfer sait depuis toujours qu'il est le prince et que tout le monde y est heureux, le royaume du fils qui vit à l'ombre de l'ordre du monde et de ses mots où règne le père et ne se soumet à lui malicieusement, ou dans la douleur, que pour lui dérober et mieux lui soustraire et cacher son innocence.

Par son détour, il peut prétendre — monstre de travail à moins de quatorze ans — que l'Italie est un pays de dormeurs et qu'on y somnole toujours ; prétendre se soucier uniquement de Monsieur Canari, laissé à Salzbourg — alors qu'il est accablé par la composition d'un chef-d'œuvre — l'oratorio *Betulia liberata* — et que, de retour à Bologne, bien loin de toute somnolence, il prend auprès du père Martini, avec une inlassable insatiabilité, toutes les leçons que l'on en peut tirer. Avec la même désinvolture, entre malice et modestie de gros garçon que le génie même ne peut corrompre, il est, grâce au même père, reçu membre de l'Académie philharmonique de Bologne — rare distinction et jamais obtenue à un âge aussi tendre. « Aimez-moi toujours », demandait naguère l'enfant. On aime de plus en plus celui qui est devenu pour toute l'Italie mélomane : *il Cavaliere filarmonico*.

La responsabilité du fils est envers le père. Nannerl raconte que toujours docile, toujours aimable, il pousse l'attachement jusqu'à ne pas manger, ni accepter la moindre chose qu'on pourrait lui offrir sans la permission paternelle. On peut craindre comme le fait Alfred Einstein qu'un homme ainsi élevé, ne « commette toutes les erreurs possibles, le jour où la bride paternelle est rompue[25] ». Ce jour est loin encore et lorsqu'il viendra on verra Mozart se conduire le plus souvent avec générosité, bravoure, dévouement... En Italie, il demeure dans la situation filiale, accepte sans la connaître sa servitude et jouit de sa belle humeur. De Milan, où il travaille en forcené, il écrit : « Au-dessous de nous loge un violoniste, au-dessus un autre violoniste, à côté un maître de chant qui donne des leçons et, dans la dernière chambre, en face, un hautboïste. C'est amusant pour composer. Cela donne plein d'idées[26]. »

Le mystère de la musique, rebelle aux mots, frondant et défiant la pensée, ne cessera plus de nous hanter : si l'on y revient sans cesse, c'est moins dans l'espoir de le percer, que parce qu'il demeure au centre de cette vie qui lui fut consacrée et, sans l'expliquer, devient pareil au *chiaroscuro* baroque qui donne la profondeur, trouble les perspectives et double les significations d'un sens secret. Il est la clé de l'entente du père et du fils. Il lui assure son originalité. L'entente, la complicité, l'identification sont soudées par cette musique dont le père est le maître, dont le fils est l'élu.

Maître : Mozart n'en connut jamais d'autre. L'essentiel de l'autorité paternelle, sa source, son fondement se trouvent dans la musique. Or celle-ci, venue de l'arrière-pays, du *Rückerland*, est l'art, la discipline, la manière d'appréhender, découvrir ou habiter le monde, la plus hostile au langage comme à l'organisation et au système du monde, qui en sont le produit. Championne du sentiment, régente de son royaume, elle s'oppose à l'Ordre et à son exil. Antilangage, elle sait exprimer en évitant les pièges de la grammaire et les chausse-trappes de l'objectivité.

On peut observer dans les lettres de Mozart, ce que Annie Paradis dans sa préface aux *Lettres des jours ordinaires* a nommé une résistance souterraine à l'ordre des mots qui lui fait transformer en une fête burlesque la moindre phrase, écrivant : « Car je moi complètement hors suis. » On le voit subvertir le langage et ses lois pour les rapprocher — par le rythme et le son qu'ils lui empruntent — de la musique et les libérer du carcan du sens et de son devoir d'abstraction. Feu d'artifice par lequel le langage retrouve sa vitalité pure, renoue avec ce chant où Rousseau découvrait ses origines et étourdit la raison : « Adieu Cousinette, je suis, je fus, je serais, j'ai été, j'avais été, j'aurais été. Ô si j'étais. Ô que ne suis, dieu veuille que je sois, serai été, serai si je serai, j'aurais eu été, ô si j'avais été, ô que n'ai-je été, dieu veuille que j'eusse été, quoi ?… Un balourd[27]. » Rythme et son règnent. Le sens est détourné comme le veut la musique, source de l'hégémonie du père. Ainsi, chez les Mozart, l'autorité paternelle se fonde sur son contraire, sur les valeurs qui cherchent à la nier, elle, son système, sa lumière de midi sans ombre, ni mouvement. Elle sera d'autant plus hégémonique que, par la musique, elle aura annexé le sentiment et l'aura mis à son service. Elle sera d'autant plus inquiète et menacée que, privée de sa base naturelle dans l'ordre des choses et de ses moyens d'expression dans le langage, elle ne pourra imaginer d'accorder une émancipation sans ruine ni abdication.

Cependant, elle garantit au fils une paix du cœur en airain. Que l'on y songe, qu'on l'imagine : un violon à l'étage au-dessus, un autre à l'étage au-dessous, des vocalises à droite, un hautbois en répétition à gauche — et l'on doit composer un opéra. Et cet enfer devient « très amusant », mieux inspirant, mieux encore riche en idées. De fait, la production de Mozart au cours de cette période italienne laisse pantois : opéras, oratorios, symphonies, quatuors à cordes — une centaine d'œuvres et toutes réussies, toutes abouties ; aucune ne fut abandonnée ou ajournée, suspendue par l'interrogation, le doute ou la simple fatigue. Cette activité débordante, cette créativité exceptionnelle, ce bonheur constant doivent beaucoup au tête-à-tête fils et père.

Leopold n'en demande pas tant : on le verra inquiet du surmenage auquel le fils se condamne. Les exigences sont d'une autre nature. Il s'agit d'une dette dont Mozart sait qu'il n'aura pas trop de tout son génie pour l'acquitter. Depuis toujours, depuis le clavecin de la prime enfance, le père a conçu et exprimé une confiance illimitée en son enfant. Tel est son don inestimable, son don divin. Cette confiance habite l'enfant au plus intime. Elle fait sa force indomptable. Jamais il ne doutera de lui-même. Il ne ressent ni vanité ni orgueil, ne nourrit aucune ambition. Son but unique est de répondre à cette confiance du père, de lui plaire et de ne plaire aux autres que pour lui plaire encore.

Cette harmonie est d'autant plus singulière, d'autant plus précieuse que le voyage en Italie correspond à la crise de la mutation. De fait, c'est entre Bologne, Rome, Milan, Venise que l'enfant prodige doit être métamorphosé en créateur adulte. Leopold veille sur cette sortie de la chrysalide au bout de laquelle l'enfant ne pourra plus compter sur l'enfance pour séduire et convaincre mais seulement sur ses qualités et vertus. Le père doit le guider dans ce passage du charme au mérite. Il lui faudra ensuite convaincre le public. Là où il admirait un miracle, l'imprésario doit le conduire à saluer le génie. Leopold y est parvenu, mais il faut aussi saluer les publics de Milan, Bologne, Venise : si grande que fût la tendresse que leur inspirait leur Mozartini, ils surent lui préférer le grand Mozart et l'accueillir.

Cependant, Leopold demeure inquiet. Il redoute une cabale contre l'enfant tudesque, le petit barbare, et contre l'opéra qu'il achève, *Mitridate, rè di Ponto*. Mais « Dieu soit loué, l'opéra a [eu] lieu sous les applaudissements... suivis des cris de *Viva il Maestro, viva il Maestrino*[28] », et Leopold termine sa lettre à sa femme (5 janvier 1771) en l'assurant que « notre fils, comme disent les italiens, est *alle stelle*[29] ». L'opéra, inspiré par la tragédie de Racine, est un *opera seria*. Fidèle au genre, il est composé d'arias qui, loin de servir l'action dramatique, la sacrifient à la musique

mais sont (air de Mitridate sur le sol natal, désespoir d'Aspasie, duo conclusif, fureur de Mitridate)
d'une grande beauté.

Ces succès offraient à Leopold un rôle que le
temps seul allait révéler et consacrer. L'accueil réservé à son Amadeo, venu tout de même du Nord,
malgré son prénom bien sonnant, « un enfant tudesque », devait ébranler l'axe de la vie musicale
et déplacer son centre de gravité vers Vienne et
vers l'Allemagne. L'Italie ne tarderait pas à perdre
sa primauté. De ce vaste mouvement, Leopold fut
le modeste prophète ou l'artisan inconscient. En
revanche, sur un point plus immédiat, concret,
douloureux, le périple italien devait se conclure
par un échec. Malgré les succès remportés, Leopold échoue dans son projet majeur : trouver en
Italie un poste pour son fils, un emploi stable et
bien rémunéré. Wolfgang dans l'état de confiance
où il vit, grâce à l'amitié qu'il entretient avec la
vie même, à l'innocence que cette harmonie lui assure, ne paraît pas s'apercevoir des échecs subis.

Leopold croit réussir enfin. L'archiduc Ferdinand
songe à nommer Mozart à un poste à sa cour de
Milan. Mais bien qu'il ait applaudi avec enthousiasme le jeune Maestro, il croit nécessaire de consulter sa mère, l'impératrice Marie-Thérèse. Sa réponse du 12 décembre 1771 mérite, autant pour
la forme que pour le fond, d'être citée : « Prendre à votre service le jeune *Salzburger*. Je ne sais
comme quoi, ne croyant pas que vous ayez besoin
d'un compositeur ou de gens inutiles. Si cela pourtant vous ferait plaisir je ne veux vous l'empêcher,

ce que je dis est pour ne vous charger des gens inutiles et jamais de titre à ces sortes de gens comme à votre service cela avilit le service quand ces gens courent le monde comme des gueux[30]. »

Voilà qui apporte des limites utiles à la réputation des Habsbourg comme mécènes et mélomanes, autant qu'à notre foi en leur connaissance du français.

Confronté à de tels obstacles, d'autant plus redoutables qu'ils demeurent secrets, Leopold ne peut réussir. Le grand projet à l'origine de son voyage italien, l'établissement de la famille Mozart en Italie, se solde par un échec. En compensation, peut-être, l'impératrice commande « une sérénade théâtrale » pour les noces de ce même archiduc Ferdinand : ce sera *Ascanio in Alba* — une *serenata teatrale*, écrite en septembre 1771 en quatre semaines, mascarade héroïque et pastorale avec ballets et chœurs, où l'on voit le petit-fils de Vénus s'amouracher d'une bergère. Cette commande justifie un premier retour en Italie de août à septembre 1771. Il y en aura un second pour la composition et la représentation de l'opéra *Lucio Silla*, l'histoire d'un dictateur, Silla, qui cherche à séduire la fiancée, Giania, du proscrit Cecilio. Le livret de Gamerra, révisé par Métastase, offre une gamme de passions très riche au jeune musicien — et une scène au moins, celle qui conclut le premier acte où les amants se retrouvent de nuit dans une nécropole, évoquant le cimetière de *Don Giovanni*, reste dans les mémoires. Vingt-six représentations seront données, un nombre exceptionnel. Pourtant, l'opéra ne paraît pas avoir convaincu puisqu'il sera repris et réécrit par Pasquale Anfossi dès l'année suivante.

En mars 1773, les Mozart quittent l'Italie. Ils ne la reverront plus. Après un nouvel échec à la cour de Toscane, où l'archiduc Leopold refuse leur offre de services, père et fils rentrent à Salzbourg. Mozart ne deviendra pas un compositeur italien.

De l'Italie pourtant, autant dans la netteté du trait que dans la folle vitalité du style, autant dans le regret ou le rêve que dans la fidélité au quotidien, le fils conservera le souvenir et l'esprit. Mieux, il portera cet esprit italien à la conscience de soi et à l'apothéose. Le père gardera une nostalgie plus précise et continuera de chercher de l'autre côté des Alpes un séjour plus serein et plus libre pour sa famille. Cependant, la métamorphose du fils est accomplie. Il aura composé en Italie une trentaine d'œuvres : opéras, motets, ses premiers quatuors à cordes, des symphonies. Il a connu partout le succès. On l'aime enfin et il a pris en son talent adulte, dont il sait qu'il est exceptionnel, une pleine confiance. Mais cette sortie de la chrysalide du prodige doit compromettre son union avec son père, la fusion fils-père — qui fut sans nuages sous le ciel italien.

Il est d'autres menaces encore discrètes, mais qui ne pourront que porter un autre coup fatal à ce rapport. Lors de ses retours à Salzbourg, il y eut, semble-t-il, croit-on, dit-on, un doigt sur les

lèvres, pour la première fois... une amourette !
On n'en saura rien sinon qu'elle est une amie de la
sœur que notre chérubin supplie : « *Carissima sorella*, j'espère que tu seras allée voir la dame que
tu sais bien... Fais lui bien mes compliments[31]. »
Voi che sapete : est-ce ou non l'amour ? C'est
dans tous les cas son signe avant-coureur. Il annonce au père la fin de son règne — mais aussi
d'un certain bonheur — dont le fils saura, par miracle, sauvegarder dans son œuvre l'innocence.

Cherubino *alla gloria*

Les sources sont taries. Leur silence est d'autant plus lourd qu'elles étaient naguère si vives et immédiates. La famille est réunie. Il n'y aura plus de lettres pendant quatre ans. Dans le nouvel appartement de Salzbourg, sis au 8 Marktplatz, la famille, jusqu'en 1777, garde pour elle ses soucis et ses secrets.

Quoi de plus naturel ? Ils se parlent. Pourquoi s'écriraient-ils ? On peut s'étonner pourtant que eux, qui écrivent tant et si volontiers, s'écrivent surtout les uns aux autres et que (à l'exception des précieuses lettres à Haguenauer, mais ce sont rapports au bailleur de fonds) rares sont les lettres à d'autres adressées. Trait de société ? Sans doute. La famille demeure — au moins dans les classes moyennes du joséphisme — l'unique communauté réelle au plan de l'existence, du besoin et du sentiment. Mais trait personnel aussi. L'intensité et la gravité du rapport du père et du fils deviennent évidentes. L'unique interlocuteur du fils est le père et, pour le père, le fils. Ils n'écrivent que s'ils ne peuvent se parler — et les messages adressés à la mère et à la sœur ne seront jamais, en fait et par l'esprit, que des post-scriptum à ce rapport essentiel où le fils est la vocation du père et son espoir de salut, le père, le grand prêtre de la religion du fils. Quant aux lettres aux amis que l'absence exige, elles seront un rapport sur l'état et les progrès de cette singulière religion. La correspondance fut sans doute censurée par la sœur, par la veuve et par d'autres intérêts encore. Cette censure ne modifie pas le tableau général.

On sait tout pendant des jours et des jours et puis plus rien pendant des années. On s'est habitué à la lumière de l'évidence quotidienne et soudain c'est le secret. Ces passages si brusques d'une surinformation au silence intime paraissent bientôt une caractéristique, non peut-être d'une vie, mais certainement de sa biographie, un caractère de la famille et surtout de son héros. On aura que trop tendance à y reconnaître — dans l'alternance de l'évidence et de l'énigme — sa musique plus claire que la voix de l'enfant, mais qui impose à peine née l'insondable mystère de sa clarté.

Donc c'est Salzbourg, et c'est le silence. La ville est accueillante : on l'a vu, on l'a dit. Les voyageurs de l'époque en vantent les charmes et les beautés. Il paraît aussi qu'elle sait tirer orgueil de son enfant et de ses succès, mieux qu'elle cherche à le venger des humiliations qu'il a dû subir ailleurs. *La Finta Semplice*, refusé à Vienne dans les circonstances dramatiques que l'on a évoquées, est donné à Salzbourg où son livret est imprimé. Mais Salzbourg va changer. Le prince-archevêque

Sigismund von Schrattenbach, qui protégeait les musiciens et savait reconnaître la gloire qu'ils apportaient à sa ville, est mort en décembre 1771. Après quarante tours de scrutin et, sous la pression des Habsbourg, c'est le comte Hieronymus Colloredo qui est élu pour le remplacer. Si l'on voulait entreprendre la caricature du despote éclairé auquel les Lumières permettent seulement de mépriser et exploiter davantage son prochain, on ne pourrait trouver mieux que ce seigneur. Qu'il demeure condamné à l'exécration des générations pour sa conduite envers Mozart n'est que justice. Il est de bon ton — et Alfred Einstein lui-même s'y emploie — de chercher à lui découvrir des mérites. On ne manque jamais de rappeler que les portraits de Voltaire et Rousseau ornaient son cabinet de travail. Outre qu'ils ne devaient guère apprécier l'un la compagnie de l'autre et moins encore celle du *Contino*, on peut y voir une circonstance aggravante pour celui-ci. Il avait donc quelques lectures ou tout au moins y prétendait. Elles ne lui interdirent pas mieux que son catholicisme d'offenser, humilier, insulter, faire battre et jeter dehors non seulement un génie de la musique mais, combien plus grave, l'homme le plus doux, le plus tendre et désarmé qui fut jamais.

Comment vivent ces Mozart qui se taisent ? L'appartement est on ne peut plus confortable, on l'a dit. Le revenu paraît assuré. Par deux fois, il est vrai, l'infortuné vice-*Kapellmeister* s'est vu préférer un autre au poste de *Kapellmeister* auquel, autant à l'ancienneté que par ses mérites et le nom grandissant qu'il porte, il croyait justement avoir droit. Il garde un revenu raisonnable. Il sera complété par la demi-solde que Colloredo a accordée à Wolfgang — 250 florins — avec le titre de *Konzertmeister* qui l'attache en serviteur à sa cour. Père et fils donnent des leçons aux filles de l'élite de Salzbourg. Nannerl en fait autant. Surtout, et quelles que fussent les dépenses, le voyage italien, les commandes d'opéras, de sérénades théâtrales, de messes et d'oratorios, ont dû rapporter gros. La famille devrait être à l'aise bien que, et dès qu'il reprend la plume, Leopold ne tarit pas en craintes, plaintes et soucis d'argent.

Socialement, leur situation paraît aussi favorable. Ils fréquentent les Grands. On peut lire dans le journal de l'archiduc Maximilien Franz (quatrième et dernier fils de Marie-Thérèse), en visite à Salzbourg, que, en conclusion de la plus brillante soirée à la cour du prince-archevêque, « le célèbre jeune Mozart » donna un récital « avec autant d'art que de charme ». On peut aussi juger des relations de la famille, par les personnalités auxquelles les œuvres de l'époque sont dédiées : ainsi de la *Sérénade « Haffner »* composée pour le maire de la ville, Sigmund, à l'occasion du mariage de sa fille. Son successeur à la mairie, Ignace Weiser, se piquant de belles lettres, écrit des textes pour la musique du père et du fils et en particulier pour l'oratorio de Wolfgang, *K 35* : « Devoir du premier commandement. » Pour la visite de l'archiduc, Colloredo commande une sérénade dramatique.

Ce sera *Il Re Pastore* — sur un livret de Metastase, le poète officiel de la cour de Vienne —, une fable arcadienne où le bon despote Alexandre le Grand finit par réunir les couples et faire triompher l'amour. Mozart est au service des plaisirs musicaux des seigneurs de Salzbourg et donne des leçons à leurs filles.

Admirable compositeur attentif à leur goût, admirable virtuose sachant éblouir, Mozart devient le favori de la comtesse Lodron, proche parente de Colloredo (pour laquelle il écrit son concerto galant pour trois pianos), de même que de la comtesse Lutzow, la femme du commandant de la citadelle. Des relations brillantes, et rentables pour Cherubino. On ignore l'essentiel : l'état de son cœur. Dès qu'il quitte Salzbourg, ne serait-ce que pour quelques jours, il écrit à sa sœur des messages pour la prier, nous l'avons déjà rapporté, d'« aller voir qui tu sais et de ne pas manquer de lui dire ce que tu sais[1] ». Le père fait quelques allusions aux liaisons de son fils sans paraître s'en inquiéter. Les mœurs de la petite capitale aidant, on croit pouvoir conclure que Mozart amoureux, à cette étape, est plus proche de Chérubin que de Don Giovanni. Selon certains — Alfred Einstein notamment —, il restera plus soucieux de charme que de conquête, plus avide d'émotions que de satisfactions charnelles.

À Salzbourg, Mozart ne souffre pas de solitude. Les musiciens y sont nombreux. Michael Haydn, le frère du grand Joseph est attaché à la Cour. Mozart apprécie ses dons et prend son œuvre pour modèle. Il étudie ses fugues et salue en lui un « admirable contrapuntiste » — bien que le pauvre homme s'adonnât à la boisson et que Leopold assurât que, après chaque litanie, il sifflait son quart de vin. On retrouve dans le *Requiem* qui conclut l'œuvre de Mozart des réminiscences de celui que Michael Haydn composa à la mort de l'archevêque Sigismond en 1771. D'autres musiciens de science et de talent résident à Salzbourg, tel l'organiste Johann Eberlin auquel à sa mort Leopold succède. Il nourrissait pour son prédécesseur assez d'estime pour donner à son fils ses compositions et les lui faire étudier, étude qui ne restera pas sans influence sur la musique sacrée de l'adolescent. Le trompettiste, violoniste, librettiste, Johann Andreas Schachtner est un grand ami des Mozart. Dans sa lettre au père Martini qui est un appel au secours, que nous retrouverons bientôt, Wolfgang cite aussi l'organiste et compositeur Anton Adlgasser comme spécialiste du contrepoint. Sa fin fut tragique — terrassé par une crise cardiaque durant les vêpres. C'est Wolfgang Amadeus qui lui succède dans ses fonctions.

Ainsi choyé, entouré d'amis (dont il fera le catalogue dès son départ de Salzbourg), vivant une vie mondaine, célébrité dans la ville, étonnamment fécond, composant symphonies, concertos, messes, Mozart n'est pas heureux. Les quelques lettres que l'on a de cette époque respirent bien la même bonne humeur que l'on a admirée précédemment — qu'il écrive de Vienne à sa sœur avec affection et moquerie — « j'espère ma reine que tu jouis du plus haut degré de bonne santé et que de temps à autre tu daignes me consacrer quelques-unes de tes sublimes pensées[2] » ; ou de Munich à sa mère pour lui annoncer le triomphe de son opéra : « Ce fut une telle réussite qu'il m'est impossible de décrire à maman tout le tumulte[3]. »

Mais précisément ces lettres sont de Vienne et de Munich. C'est-à-dire écrites lors des deux escapades que Colloredo a autorisées. En 1773, partant lui-même aux eaux, il met en congé ses musiciens. Les Mozart se précipitent à Vienne. Leopold croit encore en la faveur de Marie-Thérèse parce que « Sa Majesté l'impératrice fut des plus aimables », comme il l'écrit à sa femme le 12 août 1773 — et ne soupçonne pas l'active hostilité qu'elle voue à ces Mozart — « gens inutiles ». Sa tentative est désespérée. Établir Wolfgang à la Cour est le seul moyen d'épargner à son fils le calvaire de Salzbourg. Car l'antipathie de Colloredo s'est déjà manifestée. En acceptant l'adolescent pour un demi-salaire, il l'a prévenu qu'il n'avait rien à espérer et ferait mieux de chercher fortune ailleurs.

Tandis que Leopold se lamente, Wolfgang paraît de nouveau d'excellente humeur. Il vient de renouer connaissance avec une société d'hommes destinée à jouer un rôle majeur dans sa vie autant professionnelle que spirituelle : les francs-maçons. Le docteur Mesmer, qui avait fait représenter *Bastien et Bastienne* dans son théâtre privé, est membre de la loge de la Grande Alliance. Mélomane, admirateur de Joseph Haydn et de ses nouveaux quatuors, il fait connaître à Mozart le vénérable maître de sa loge, le baron Gebler, ami de Nicolai et de Lessing. Gebler, auteur d'un drame, *Thamos, roi d'Égypte*, une apologie de la maçonnerie, cherche pour celle-ci un accompagnement musical. Mozart compose deux chœurs et cinq entractes qu'il reprendra cinq ans plus tard mais qui annoncent, dès 1773, la musique maçonnique dont il sera l'initiateur. Autant par son cadre égyptien que par les rôles de reine maléfique et de sage souverain, *Thamos* présente déjà des similitudes avec *La Flûte enchantée*.

La seconde escapade aura lieu l'année suivante quand l'Électeur de Bavière Maximilien III commandera un *opera buffa* à Mozart. Colloredo ne peut rien refuser à ce prince. Les Mozart, père et fils, partent pour Munich à la fin de 1774. Nannerl les rejoindra pour Carnaval. L'*opera* sera, sur un livret de Petrosellini, *La Finta Giardiniera* — où des barbons dupés par des servantes rusées se heurtent aux amours de tendrons et aux projets de seigneurs et de dames qui, entre rires et larmes, farce et tragédie, se cachent sous le déguisement de jardiniers. On a déjà entendu l'écho du succès. Et de nouveau Mozart paraît d'excellente humeur et possédé par la fièvre créatrice.

Pourtant, il est malheureux à Salzbourg. Que Mozart se sente prisonnier, qu'il cherche à s'évader, nous en tenons la preuve dans la lettre qu'il adresse au père Martini, le savant musicologue en lequel il avait reconnu un maître et qui l'avait fait élire à l'Académie philharmonique de Bologne. Le prétexte est un motet qu'il voudrait soumettre au

jugement du « Très révérend père et maître ». Car
« nous vivons dans le monde pour nous efforcer
d'apprendre toujours... Oh, que de fois, j'ai désiré
vivre près de vous... Je vis dans un pays où la musique fait très peu fortune... » Bref, il y est seul et
ne peut y écrire ce qu'il veut : « Je m'amuse en attendant à écrire de la musique de chambre et
d'Église. » La situation familiale n'est guère
brillante : « Mon père est maître de la chapelle...
il a déjà trente-six années de service à la Cour ; il
sait bien que l'archevêque n'aime guère les gens
avancés en âge, il ne prend donc pas son affaire
très à cœur et s'est remis à la littérature qui était
déjà l'objet favori de ses études[4]. » (Comme le
précisent les Massin, on doit entendre littérature
musicale théorique et non belles lettres dont il ne
fut jamais question.) Il faut retenir que le père a à
se plaindre de Colloredo autant que le fils ; qu'il
ne s'agit pas d'un caprice de celui-ci. La lettre est
un appel au secours. Il ne sera pas entendu. Le
père répond mais seulement pour complimenter
Mozart sur son motet et l'engager à « continuer
sans cesse à vous exercer[5] ».

Mozart vit un drame. Nous n'en connaissons
pas les détails. Mais la lettre que lui adresse son
père lorsqu'il est enfin libéré nous en dit la gravité : « J'ai éprouvé une peine extrême de l'infâme
traitement que tu avais dû subir ; c'est ce qui me
perçait le cœur, m'empêchait de dormir, obsédait
ma pensée et aurait fini par m'user[6]. » Les humiliations subies sont certaines. En vrai médiocre,
Colloredo ne peut supporter la présence du vrai

talent. Leopold rapporte l'humiliation du prince lorsque, à Munich, il lui faut entendre « toutes les louanges de l'ensemble de l'entourage de l'Électeur et de toute la noblesse sur l'opéra » (*La Finta Giardiniera*). « Il était tellement embarrassé qu'il ne pouvait répondre qu'en haussant les épaules... » Quant au ton qu'il se permet, nous en avons un exemple dans la lettre que Leopold adresse au père Martini : Colloredo ne craignait pas d'affirmer que « Mozart ne connaissait rien en musique et qu'il ferait mieux d'aller au conservatoire de Naples pour l'étudier[7] ».

Il est une raison plus profonde. « Je m'amuse *en attendant* à écrire de la musique de chambre et d'Église », lit-on dans la lettre au père Martini. Rappelons aussitôt qu'il est des musiques filles de cet amusement qui sont sublimes. J'ai souligné le « en attendant ». Quelle est l'attente du jeune génie de vingt ans ? Sans doute, d'écrire des opéras. Le despote éclairé vient de fermer le théâtre et toute possibilité d'une œuvre à Salzbourg est de ce fait exclue. L'attente est ailleurs ; elle est plus profonde. Le jeune homme attend celui qu'il doit devenir. Or le personnage qui se présente et que les circonstances, y compris le despote éclairé, favorisent ou imposent, ne lui conviennent pas. Le choix essentiel a été fait dès la prime enfance. Mozart n'a jamais eu de doute sur sa vocation. Il ne cesse de l'affirmer et en accepte les limites :

Je ne peux écrire en vers : je ne suis pas poète. Je ne peux distribuer les couleurs... pour leur faire produire des lumières

et des ombres : je ne suis pas peintre. Je ne peux non plus exprimer par signes et pantomimes mes sentiments et mes pensées : je ne suis pas danseur. Mais je le peux par les sons : je
suis musicien[8].

Ce n'est point existence, c'est être. Ce n'est
point choix, c'est nature. Aussi l'angoisse qui l'habite dans son exil de Salzbourg, au seuil de ses
vingt ans, alors que, fait sans précédent, il a derrière lui une œuvre suffisante pour asseoir non
seulement sa réputation dans la génération mais
garantir sa place dans l'Histoire — cette angoisse
est de savoir quel musicien il va devenir. Qui sera
Mozart ? La difficulté de l'énigme, c'est que la réponse est trouvée. Toute l'Europe mélomane peut
la lui donner. À vingt ans, il a un passé difficile-
ment surmontable. Va-t-il rester le même ? Doit-il
inventer un autre Mozart ? Que le problème se
pose à lui en termes de fugues et de concertos,
d'opéras, *seria* ou *buffa*, musique galante ou religieuse, ne le rend pas moins aigu et douloureux. Il
le rend peut-être plus complexe en lui interdisant
une formule simplificatrice mais salvatrice.

Wolfgang Amadeus a déjà connu une première
métamorphose : l'enfant prodige de naguère est
désormais, pour citer une fois encore l'heureuse
formule de Cioran, le maître de la « musique officielle du paradis ». Le chérubin de naguère, devenu un personnage de Watteau, invite à Cythère.
On nous reprochera de nous laisser séduire par la
perruque et par l'habit. Mais si l'habit ne fait pas
le moine, il y contribue. Il s'agit d'un mythe. Sans

doute, mais les mythes peuvent aider à comprendre une vie, son art et l'image qu'elle a léguée à la postérité.

On l'a dit : le mythe n'est pas l'ornement de la réalité, ni l'étendard de ses légions sourdes et aveugles de faits, il en est le sens. Plus une vie est significative et plus à celui qui cherche à s'en souvenir elle proposera des archétypes de l'imagination où, pour arrêter la fuite de la réalité et soustraire au temps une vérité, la sensibilité trouve ses repères et les moyens de son ancrage. Le siècle finissant — prévoyant une fin prochaine, goûtant ses derniers beaux jours, si beaux parce qu'ils sont les derniers, confondant la jeunesse et sa mélancolie avec l'angoisse de ce qui est condamné, et parvenant à la grâce et au raffinement issus de pareille confusion — s'exprime en peinture dans les toiles de Watteau, en musique dans la musique galante du Mozart de Salzbourg.

Embarque-t-on pour Cythère ou pour la guillotine ? De toute façon, la mort est au bout, flanquée d'un siècle neuf qui aura hâte de renier le passé. Quant à ceux qui ne voient dans le *Galant* que le vide de son salon, qu'ils se regardent ! Le vide moins la grâce n'est pas plus vide, mais il perd le mérite qui fait du vide une injustice. La grâce est un dernier cri de protestation. Est sourd celui qui ne l'entend pas. C'est le *De profundis clamavi* des condamnés à mort injustement : c'est-à-dire nous tous ! Il faut l'entendre dans la musique *galante* de Mozart — et d'autant mieux que si son art se développera très au-delà, il ne perdra

jamais ni Watteau, ni la fête galante, ni leur poésie —, *Eine Kleine Nachtmusik* en témoigne encore.

Il ne perdra jamais non plus l'art qui fut celui
de Chérubin. Dans quelques-unes des œuvres en-
fantines (concertos pour violon), la phrase musicale s'avance avec une irrésistible évidence : « simple et tranquille » imposant le mystère de la
clarté, pour se situer dans la création — non plus
celle de l'artiste ni de l'homme mais celle de Dieu
— avec la force incontestable du chant d'oiseau,
aussi fragile, aussi indéniable — et devenir un objet de la réalité. Une harmonie est là, qui n'y était
pas auparavant, une mélodie dont on ne peut
comprendre la signification mais que le cœur at-
tendait, que l'on retrouvera chez Chérubin, Zerlina, Suzanne, mais aussi Papageno, Figaro et Don
Giovanni.

Le Mozart de vingt ans ne souffre pas de l'esprit galant. S'il s'interroge sur son avenir, c'est en
raison des fonctions qu'il exerce et des devoirs qui
en découlent. Il doit composer à la demande pour
telle fête, bal ou même, *Taffelmusik*, pour accompagner un repas. Garde-t-il le temps et les moyens
d'entendre la musique qui est en lui, quand celle
commandée par Colloredo se fait exigeante ? Il
rêve d'écrire ce qu'il veut, non ce qu'il faut, et le
rêve d'autant mieux qu'il sent qu'un troisième
Mozart — « universel » comme le dit Alfred Einstein — demande à naître, naissance d'autant plus
douloureuse qu'elle doit entraîner un bouleverse-
ment du rapport psychique qui, jusque-là, a fondé

l'innocence et assuré la personnalité : le rapport au père. Si longtemps, si heureusement le *fils*, Mozart doit songer à y renoncer.

Le père pourrait s'opposer à une évolution certainement contraire à ses intérêts tant sentimentaux que matériels — et peut-être contraire à ceux du fils. On l'a vu, la situation de Wolfgang est loin d'être misérable : son talent reconnu par tous — hormis son patron —, il est invité dans les meilleures maisons de la ville. Son jeu enchante les dames. On se le dispute pour les fêtes de nuit, dans les parcs ou les jardins. Mais de même qu'il avait su préférer au talent de virtuose de son fils, plus assuré pourtant et plus immédiatement rentable, ses promesses créatrices, Leopold refuse de se contenter de cette situation brillante, la juge humiliante et souffre pour son enfant. Il craint que le génie miraculeux dont Dieu lui a confié la charge, la garde, la promotion, ne vienne à en pâtir. Pas mieux que le fils, il ne devine celui que Mozart doit devenir encore, mais autant que lui il est prêt à en prendre le risque. Le musicien annoncé, la musique promise vont priver Leopold de son fils, le laisser sans soutien, sans raison de vivre puisqu'il a fait du fils toute sa raison. Il n'en poursuit pas moins ses efforts pour libérer son enfant.

C'est dans cette situation complexe, dans ce désespoir doré, au milieu de ces tensions contradictoires qu'éclate joyeux et douloureux, tendre et martial, inclassable, enivrant, le concerto *Jeunehomme*. Exceptionnel parmi les concertos, il l'est plus encore dans la musique de l'époque, ou mieux : la musique du monde ! Son nom d'abord : il convient à son auteur qui vient de fêter (janvier 1777) ses vingt et un ans. Il ne manque pas de charme. Il en aura plus encore quand on apprendra que ce *Jeunehomme* est le patronyme d'une jeune fille, d'une pianiste et qu'elle vient de Paris. Elle passa le mois de janvier 1777 à Salzbourg. On peut penser qu'elle était une virtuose surprenante à en juger par les feux d'artifice que, notamment dans le rondeau final, Mozart lui a confiés. On ne sait rien de plus — de son passage à Salzbourg ou sur terre —, pas même son nom que Mozart écrit tantôt « Jenomé » tantôt « Jenomi ». On peut imaginer, rêver...

On sympathise avec les Massin quand, avec une drôlerie peut-être involontaire, ils notent que « rien n'est plus propre à dégoûter les gens sérieux de toute recherche historique et biographique pour l'intelligence des œuvres esthétiques que certaines façons de supposer gratuitement de petits romans d'amour pour expliquer la genèse des chefs-d'œuvre ». On leur donne raison ! C'est avec honte et presque en cachette que l'on imagine l'héroïne dont le nom déjà fait un troublant mystère, qui apparaît à l'imagination pareille à ces femmes déguisées en hommes que Mozart fera monter sur scène et dont les allures martiales ou savantes trahies par des voix angéliques mettent en valeur l'adorable féminité. Imaginons : quel cadeau pour ses vingt et un ans que cette délicieuse Parisienne. Quelle flamme va bondir et en quelques jours s'éteindre mais laisser son éblouissant sillage ! Rien que le temps d'un concerto — mais qui ne mourra qu'avec les hommes.

Les Massin ont raison cent fois quand ils se moquent de Ghéon qui, dans ses *Promenades avec Mozart,* cherche à faire de Wolfgang un ange. Raison de protester et de rappeler qu'il fut homme. Raison... mais enfin il y eut, il y a, il y aura des milliards d'hommes et il ne fut, n'est et, on peut en faire le pari, ne sera qu'un seul Mozart. Devant un tel mystère, on peut errer un peu — et découvrir dans ces destins d'exception les archétypes qui, autant que leurs mérites, les rendent exceptionnels... Par exemple : le jeune homme de province, illuminé par un amour déguisé en jeune homme et qui inspire à Mozart l'œuvre par laquelle il rompt les liens de la servitude, ce chant du départ qui emporte sa douloureuse réflexion, trébuche — ici au seuil de la parole et plus loin, *andantino*, aux portes du silence — ou bien se reprend et sûr de lui soudain entame avec l'orchestre un dialogue sans mots, passion contre passion, doute à doute, rêve pour rêve dont la fougue annonce la voix qui sera celle de l'opéra mozartien.

Le concerto *Jeunehomme* prédit une nouvelle époque de la vie et de l'œuvre qui, sans reniement des divines innocences de Chérubin, des grâces incomparables du *Galant* de Watteau, conduit à l'épanouissement du génie. Un autre signe encore de cette évolution, on le trouvera dans le travail repris sur *Thamos, roi d'Égypte* dont la composition, on s'en souvient, commande du baron Gebler, rapprochait Mozart de la maçonnerie et de son rêve d'égalité. L'été 1777, l'été de ses vingt et un ans, il rencontre la soprano praguoise Josepha Duschek et son mari Franz. Nouant avec eux une solide amitié, c'est dans leur maison qu'il achèvera dix ans plus tard (1787) la composition de *Don Giovanni*.

Un été de promesses ou de menaces ? Le père ne voit que les menaces ; le fils que les promesses. Wolfgang parvient à convaincre et une lettre infiniment respectueuse est adressée à Colloredo. Elle reste sans réponse. Leopold récidive, se fait plus pressant et explique son projet de tournée. Pétition refusée parce que l'empereur Joseph, au retour de Paris où il a été sermonner sa sœur Marie-Antoinette et expliquer à son mari comment on fait des enfants, doit passer à Salzbourg et que la chapelle doit être au complet. À peine Joseph II rentré à Vienne, une troisième pétition parvient à Colloredo qui se fâche et refuse catégoriquement pour le père. Quant au fils, il laisse entendre qu'il pourrait le laisser partir mais soulève bientôt un monde d'objections à son départ. Le brimer est un plaisir qu'il ne peut se refuser ; quand celui-ci insiste et ose lui présenter sa démission, furieux, il s'offre le luxe de l'ironie, répondant à la très humble requête où le jeune homme croyait adroit de rappeler à Sa Grandeur que plus les enfants ont reçu de talents de Dieu, plus ils sont tenus d'en faire usage selon l'Évangile, il note au crayon en marge : « que le père et le fils aient, selon l'Évangile, la permission d'aller chercher fortune ailleurs[9] ».

Ce bon mot fait, et ressentant peut-être quelque honte d'avoir d'un trait de plume privé une famille honorable et des plus notoires de Salzbourg de ses moyens d'existence, le prince blagueur annule sa décision concernant le père. Quant au fils ! Il ne supporte plus ce petit jeune homme qui se croit musicien et lui inflige démentis et humiliations par les succès qu'il remporte jusque dans les salons de ses proches parentes. Qu'il aille au diable ! Il est libre.

Wolfgang n'en demande pas davantage. Las d'un service qui le contraint à écrire sur commande menuets ou messes et craignant de ne plus pouvoir retrouver en lui la musique dont il sait qu'il doit l'écrire, il est ravi. Leopold, en revanche, voit s'ouvrir devant lui un abîme auquel, pas mieux qu'un autre père, il n'est préparé : le moment où le fils, cessant d'être une réincarnation complaisante de soi, deviendra un *autre*. Il paraît n'avoir jamais envisagé que Wolfgang puisse partir, courir le monde et sa chance, sans lui pour guide, imprésario, tête pensante, comptable — père enfin !

Les années ont passé. Le destin a frappé. Mais à l'idée de laisser son petit sans protection, face aux difficultés des choses et à la méchanceté des hommes, si tendre, si naïf, si désarmé, le père sent la tête lui tourner. Il a tout fait pour permettre à Mozart de quitter Salzbourg et Colloredo (qui les espionne si bien que pour s'écrire ils ont dû inventer un chiffre, un code). Il sait que l'avenir de

Wolfgang, l'avenir du miracle à lui confié par Dieu même, est compromis à la cour de l'archevêque. Mais que Dieu commence par lui envoyer le courage nécessaire à la séparation. Il ne peut le trouver en lui. Sa vie s'achève. Il en perd la raison.

Il finit par inventer un compromis : puisque le tyranneau des Lumières lui refuse l'autorisation de partir et d'accompagner son fils, c'est sa femme qui l'accompagnera. Il incombera à la mère de veiller sur l'enfant. Or l'enfant a vingt et un ans ! Il connaît de Naples à Londres, de Vienne à Paris, beaucoup plus que les jeunes gens de son temps et de son âge. Toute l'Europe mélomane le connaît. D'une « personne que tu sais » à l'autre et d'un message secret au suivant, quand bien même c'est à la sœur qu'il est confié, il ne doit plus ignorer beaucoup des femmes. Comment ce jeune homme majeur peut-il accepter d'être coiffé d'un chaperon ? On le juge incapable de guider ses propres pas sans l'aide de maman, incapable de vivre seul, de faire seul sa carrière ! Leopold n'est pas homme à oublier les dépenses du voyage. Elles seront doublées. Et puis la pauvre chère femme n'est plus jeune. Elle ne veut quitter ni son nid ni sa famille, ses amis, Salzbourg enfin. Comment supporter les fatigues du voyage ?

Cette discussion eut-elle lieu ? Y eut-il débat, conflit, fâcheries, vexations ? Nous n'en savons rien. En revanche, on ne nous laissera rien ignorer de la douleur du père : « Après votre départ », écrit-il aux voyageurs, « tout à fait épuisé, je montai l'escalier et me jetai sur une chaise. J'avais fait tout mon possible au moment de la séparation pour ne pas rendre nos adieux encore plus douloureux et dans mon désarroi j'avais oublié de donner ma bénédiction à mon fils. Je courus à la fenêtre et vous la donnai à tous deux, mais je ne vous vis point à la porte de la ville et nous crûmes que vous l'aviez dépassée depuis longtemps parce que j'étais resté si longtemps sans penser à rien. Nannerl pleurait tout ce qu'elle savait et il fallait que je me donne une peine énorme pour la consoler... maux de tête, crampes d'estomac, elle vomit... Le chien Pimperl tout affligé resta près d'elle... » Et Leopold conclut le récit de son désarroi et de sa prostration : « Ainsi passa cette triste journée, comme je ne croyais jamais devoir en vivre dans ma vie[10]. » C'était le 23 septembre 1777.

Tout autre, l'humeur du fils, et le contraste, bien que relevant de la nature, n'est pas sans cruauté : après avoir, dès le lendemain, 24 septembre, assuré que « *viviamo come i principi* », « il ne nous manque rien », s'être repris pourtant, « sauf papa », Wolfgang pousse la joyeuse inconscience de son âge jusqu'à écrire : « J'espère que papa est aussi heureux que moi ! » Il enchaîne : « Nous prions papa de faire bien attention à sa santé, de ne pas sortir trop tôt le matin, de ne pas se faire du chagrin — bref de rire et d'être gai et toujours joyeux comme nous[11]. » Cruelle innocence des générations !

Sans doute, il explique combien sa joie doit au fait qu'il ait pu enfin se libérer du joug « du Grand Mufti H. C. » — allusion à Colloredo dont la transparence fera trembler le père craignant la censure. On devine pourtant qu'il est d'autres chaînes que, dans sa folle bonne humeur, le jeune homme vient de briser et qui étaient d'autant plus lourdes qu'elles étaient celles de la gratitude, de l'amour, du respect. Mais enfin : « Je suis tout à mon affaire. Je suis un autre papa et je fais attention à tout[12]. » L'inconscience filiale signifie au père — « Dieu l'a voulu » — son congé.

La séparation est douloureuse, la rupture profonde. Mais précisément parce qu'ils sont séparés, le dialogue entre père et fils est réinstauré. Au silence de la famille réunie, succède une correspondance relatant la plupart des événements des deux années cruciales (1777-1778) qui suivirent le matin de septembre où l'on découvrit un père prostré à Salzbourg et, à Munich, un fils plus joyeux que les oiseaux dont le chant l'habitait. Autant la joie du fils que les craintes du père ne tarderont à se justifier. Le fils continue de protester de son excellente humeur, non sans des allusions qui font craindre à Leopold la censure et le conduisent à prier son cher Wolfgang de n'écrire plus rien d'aussi méchant au sujet du Mufti — entendez le Colloredo. Le jeune homme retrouve à Munich amis et protecteurs et ne doute pas que charme et talent emporteront tout devant eux. Cependant, il doit déchanter dès la semaine suivante. Le prince Électeur Maximilien, très aimable, l'interroge sur Salzbourg et sur son père, mais à la demande de service de Mozart, s'exclame : « Il n'y a aucune vacance... Je suis désolé... Si seulement, il y avait une vacance[13]... » Et Einstein note justement que ce « nulle vacance » ne tardera pas à devenir le refrain ou le thème de son douloureux périple et fera comprendre à Mozart que charme et talent, si grands soient-ils, ne peuvent suffire, que les hommes, loin de s'écarter et de s'incliner devant eux, serrent les rangs par crainte qu'ils ne révèlent leur propre médiocrité. Peut-être, comme le suggèrent les Massin, Maximilien hésitait à prendre à son service ce jeune homme qui avait quitté son seigneur sur un coup de tête. Une telle initiative aurait pu paraître un affront à Colloredo. « Mon Dieu ! Quel jeune homme[14] ! », s'était-il exclamé ; il pouvait redouter le caractère de ce révolté qui osait, parce que Salzbourg n'était pas un « endroit pour lui », quitter aussi vite et bien son maître. On devait craindre qu'un terrible jeune homme ne fasse jamais un bon domestique.

Mozart n'est pas découragé. Il a des amis et des admirateurs dans la ville. Ils vont fonder une société de concerts et se cotiser pour lui verser une petite rente. Ses besoins sont minimes et seraient réduits encore « s'il était seul » — proposition discrète mais transparente d'un retour de Mme Mozart au foyer. « Je mange peu, je ne bois que de l'eau et seulement au dessert un petit verre de vin... Je n'aurais pas à me préoccuper de la nourriture car je serais toujours invité... » « ... Si j'étais seul[15] ! » : c'est bien à quoi il lui est interdit de songer. La proposition paraît tout à fait raisonnable et d'autant plus que, flairant le vent, devinant l'opinion, Mozart songe à s'engager dans le

Singspiel, l'opéra allemand, prêt à en livrer quatre par an afin de relever le théâtre national comme le souhaitent le prince Électeur et l'opinion. La réaction de Leopold doit surprendre par sa violence. Le « non » est catégorique : « Que tu puisses te débrouiller seul à Munich, c'est certain ; mais loin de te faire honneur, cela *nous* ferait plutôt la risée de l'archevêque [...]. Il ne faut pas se faire si petit et si humble. Il n'y a aucune raison. C'est évident[16]. »

On peut s'interroger sur cette évidence ; on le doit parce qu'elle sera à la source de conflits, d'échecs, de ruptures qui conduiront Mozart à recouvrer enfin la liberté. Comment ne pas s'étonner de la risée que provoquerait l'initiative du fils devenant son propre imprésario alors que le père n'a jamais cessé de tenir ce rôle et, en ayant tiré gloire et fortune, y aspire encore ? Mais c'est qu'il est *Kapellmeister*, ou au moins vice-*Kapellmeister*, en congé, titre, fonction et, de ce fait, statut social qui s'étend à sa famille. Ce statut paraît humiliant quand on vient à le connaître : c'est celui de Haydn chez les Esterházy dont le contrat précise qu'il doit porter la livrée et entretenir les instruments. La société nobiliaire a son revers : une société de laquais. Le fils en est conscient qui aspire avant tout, sacrifiant titre, honoraires, sécurité, à la possibilité d'être soi-même. Le père ? J'ai évoqué Figaro. Mais ce héros du siècle finit par préférer le rôle de laquais à celui de barbier indépendant. C'est à cette indépendance que Mozart aspire. Il parviendra à l'obtenir, à devenir l'auteur d'une révolution sociale pour laquelle le monde des arts et de la culture ne lui sera jamais assez reconnaissant : il va créer le rôle de musicien indépendant.

Il est bien armé. Professeur ! Charmant on s'en doute. Compétent ?... Qui oserait en douter ? Il est aussi un virtuose dont le talent à lui seul lui aurait assuré dans nos sociétés la situation la plus enviable. Qu'on en juge par ce témoignage d'un contemporain : « Une vélocité admirable, unique peut-on dire, tout particulièrement la main gauche aux basses, la finesse, la délicatesse, l'expressivité la plus éloquente constituent les agréments de son jeu qui, alliés à la plénitude de sa pensée, ravissaient les auditeurs et devaient faire de Mozart l'un des grands pianistes de son temps[17] », écrit Franz Xavier Niemetschek, l'auteur de la première monographie consacrée à Mozart, qui l'avait entendu en janvier 1787 à Prague. On ne peut oublier le compositeur qui ne manque pas de moyens (!) et par sa sensibilité sait deviner et l'époque et son patriotisme naissant.

Pour parvenir à sa libération toutefois, il lui faudra surmonter un obstacle d'une nature différente. Il se résume et s'illustre dans le *nous* des lettres de Leopold que j'ai souligné. Le fils bien-aimé ne peut être un *autre*, avoir des intérêts différents, divergents. Terrible *nous* ! À qui en attribuer la terreur ? Le suicide est-il un devoir paternel ? Un père qui a tout sacrifié à son enfant ne peut-il exiger qu'il sacrifie tout pour lui ou au moins pour le terrible *nous* familial ? « *Aut Caesar, aut nihil* »

— a-t-il, lui, Leopold, consenti tous ces sacrifices, pris tous ces risques, engagé tous ces combats pour que, au bout du compte, le miracle à lui confié par Dieu se contente d'un rôle modeste, à peine un gagne-pain ? Surtout, au-delà du « *aut Caesar, aut nihil* », de ce que l'on veut pour la gloire du fils, il est une ambition aussi profonde qui concerne la famille. Mozart ne doit pas rêver à ce qu'il en serait « s'il était seul ». Il ne l'est pas. Le projet jamais formulé, mais qu'il devine, prévoit que, lui brillamment établi, pourra installer père, mère et fille dans la ville de son établissement avec une fonction dont l'éclat et les ressources rejailliront sur la famille et l'entretiendront. Devant le poids du *nous,* le rouleau compresseur de la culpabilité qu'il représente, le jeune homme se soumet. Il se prend à rêver d'Italie, aux opéras qu'il voudrait composer : « J'ai une envie inexprimable d'écrire à nouveau un opéra... Composer : c'est mon unique passion... Que je puisse seulement entendre parler d'un opéra, que je puisse être au théâtre et entendre chanter et déjà je suis tout hors de moi », écrit-il à son père, mais il ajoute : « Si papa me persuade que j'ai tort alors je me soumettrai[18]... » Il se soumet déjà par cette phrase et, toujours chaperonné par sa mère, gagne Augsbourg.

Étape d'une dizaine de jours ; elle est importante cependant. Tout d'abord à l'occasion d'une querelle avec les jeunes bourgeois de la ville, Mozart révèle un trait de caractère qu'on n'avait pas rencontré. Il répond du tac au tac avec autant de présence d'esprit que d'insolence venimeuse aux jeunes gens — le fils du bourgmestre en tête — qui, avec cette méchanceté assez triste et plate que les Allemands nomment *ironie*, se moquent de la croix, donnée par le pape, et que Mozart portait seulement parce que son père, voulant que dans sa ville natale son fils brillât, le lui avait demandé. La scène est contée avec un talent dramatique dont on aura bientôt des preuves éclatantes. Surtout l'agressivité, l'insolence !... Mozart s'en tire, seul contre six, pavillon haut... il est vrai que c'est lui qui raconte l'histoire. On peut tout de même en conclure qu'il a griffes et ongles plus et mieux acérés qu'on ne le croyait.

La seconde expérience sera une rencontre dans la famille paternelle restée dans la ville. Il s'agit de la rencontre avec la Cousinette devenue chère à tous les mozartiens par les lettres grivoises que « notre terrible jeune homme » lui a adressées. Maria Anna Thekla, fille du frère de Leopold, Franz Aloys, plaît à son cousin : « J'affirme que notre petite cousine est belle, raisonnable, gentille, habile et gaie... Nous allons bien ensemble car elle est aussi un peu coquine[19]... » Coquinerie qui devait la conduire quelques années plus tard à donner une fille illégitime à un chanoine de la cathédrale. De là à conclure qu'elle était de mœurs légères et qu'elle accorde ses faveurs à son joli et talentueux cousin, il n'est qu'un pas. Les lettres que celui-ci va lui adresser au cours des deux années le confirment. Au-delà de la scatologie qui, traduite, devient plus choquante encore, il y règne une complicité jubilatoire qui donne à penser que Mozart a connu auprès de la Cousinette cette libération sexuelle qui, pour être brève et sans conséquences durables, demeure essentielle au développement masculin.

L'étape suivante sera Mannheim où les Mozart — fils et mère — séjourneront jusqu'au printemps de 1778 — soit près de cinq mois. Sous le règne du prince Électeur Karl Theodor, la ville avait de quoi séduire nos voyageurs. Le prince, lui-même virtuose de la viole de gambe, avait réussi à attirer dans sa capitale les meilleurs musiciens de l'époque. Leopold déjà, au cours de son grand périple de 1763, avait reconnu en l'orchestre de Mannheim le meilleur de l'Allemagne : il avait été impressionné par le traitement accordé à ses musiciens par Karl Theodor. Il ne peut que souhaiter un établissement des Mozart à Mannheim.

Le début est prometteur et révèle ou confirme un trait précieux du caractère de Wolfgang. Présenté aux musiciens, qui le regardent avec « des yeux immenses tout à fait risibles », il pense et écrit : « Ils s'imaginent parce que je suis petit [un mètre soixante-six] et jeune [vingt et un an] qu'il ne peut rien exister en moi de grand et de mûr. Eh bien, ils vont s'en rendre compte bientôt[20]. » Ni alors ni jamais, Mozart ne doute de son talent, de sa profondeur, de sa supériorité. Qu'on l'ait oublié, que rares soient ceux qui se souviennent des prodiges de l'enfant de sept ans dans ce même Mannheim lui convient. Il veut se libérer de cette ombre gênante. Il ne demande qu'à faire ses preuves. Il sait que, aussi longtemps qu'il sera entouré de véritables musiciens, sa valeur — ou sa supériorité — s'affirmera sans peine. De fait, dès qu'il l'entend, Johann Christian Cannabich — *Konzertmeister* du célèbre orchestre — l'adopte et, quelques jours plus tard, Mozart croit pouvoir écrire à son père qu'il lui « est tout acquis ».

Pourtant les choses traînent en longueur et, bien qu'il y ait cette fois une vacance et que le prince Électeur traite Mozart avec faveur et lui confie l'enseignement musical de ses filles, il ne parvient pas à se décider. La conduite de Karl Theodor est si étrange, il fait attendre si longtemps son refus, qu'on est tenté d'accepter la théorie des Massin du complot des princes contre l'infortuné « terrible jeune homme » : celui de Mannheim, très tenté, aurait cru nécessaire de consulter son pair de Salzbourg dont la réaction négative aurait entraîné la sienne. On n'a aucune preuve de ce mauvais vouloir, mais on a vu l'impératrice persécuter les humbles musiciens ; surtout, il ne paraît pas y avoir d'autre explication au refus de Karl Theodor qui, excellent musicien dévoué à la vie et à la réputation musicale de sa capitale, mesurait la perte qu'il faisait en se privant des services de Mozart. Il devait lui dire un jour, à l'occasion de la création de l'opéra *Idoménée* : « On n'imagine pas que dans une si petite tête, il se cache quelque chose d'aussi grand[21]. » Ce sera en 1781. Pour l'heure, il a d'autres priorités : la succession de Bavière. Pour la recueillir, il lui faut ménager les Habsbourg, protecteurs de Colloredo.

Mozart est déçu. Mais déjà s'affirme cette résilience morale, cette fluidité d'humeur qui lui permet après des accents déchirants et une pause, le temps d'une respiration, de repartir *allegretto* de la meilleure humeur du monde. L'amitié du milieu musical de Mannheim lui donne force et goût de décision. Il restera dans la ville jusqu'au printemps, ayant trouvé quelques élèves, et continuera son voyage seul vers Paris, sa mère rentrant à Salzbourg. Leopold ne peut que s'incliner. Lorsque Wolfgang lui demande d'obtenir auprès de Mesmer des recommandations pour Versailles et ne craint pas d'ajouter : « Mais court et bien ! et surtout pas le style rampant ! Je ne puis souffrir cela[22] », le père ne peut que constater un changement de ton auquel rien dans les lettres antérieures ne l'avait préparé. On retrouvera le style habituel affectueux et enjoué, moqueur, caustique aussi pour les vœux de fin d'année : « Je ferais avec zèle tous mes efforts pour mériter toujours plus l'amour d'un père si excellent... » ; on se plaint seulement que celui-ci puisse douter de la piété de son fils et lui demander s'il n'oublie pas de se confesser... « Ne pensez pas si mal de moi ! Je suis volontiers gai mais soyez certain que je sais être sérieux tout de même... Je vous supplie encore une fois d'avoir une meilleure opinion de moi. » À sa sœur, c'est en vers que le joyeux luron présente ses vœux : « Venez mes chéries, entrons dans la danse et que vive tout le monde[23]. »

Pourtant, il est quelque chose de changé : un rite de passage. Mozart est amoureux. Elle se nomme Aloysia Weber. Elle a une voix ravissante. Elle avoue quinze ans. Elle en a deux de plus. Elle a aussi une grande et lamentable famille — à la tête de laquelle se trouve une virago dont Albert Einstein suggère qu'elle est la sorcière ou le mauvais sort posé au berceau de Wolfgang pour compenser les dons que les bonnes fées avaient accumulés. Le père, à en croire Chérubin, est un Allemand très respectable qui élève très bien ses six enfants — cinq filles et un fils. Puis dans un *non sequitur* révélateur : c'est justement la raison pour laquelle la jeune fille se trouve persécutée. Quant au père, il lui a fallu vivre pendant quatorze ans avec sa femme et ses enfants avec 200 florins... Le père comprend le sens de cette sollicitude qui, de l'intérêt porté à un tendron, s'étend un peu vite à toute la famille.

Le fils lui expose un plan lumineux : il va entreprendre des tournées musicales avec les Weber et, afin de rassurer tout à fait le père, ce trait exaspérant entre tous : « Si je voyage avec lui [Weber], ce sera exactement comme si je voyageais avec vous... C'est pourquoi je l'aime tant, il vous ressemble tout à fait. » Peut-on pousser plus loin le manque de tact ! « J'ai tant d'affection pour cette famille si opprimée que je ne désire rien d'autre que de pouvoir la rendre heureuse... » On croit entendre le grincement de dents paternel : et les Mozart donc ! « Mon opinion », poursuit le bon apôtre, « est qu'ils doivent aller en Italie ». Le père, Leopold cette fois, ne pourrait-il mobiliser ses amis : la fille chanterait, Wolfgang jouerait et composerait, le père — Weber s'entend — donnerait des leçons. Et pour couronner le tout, on ferait sur le chemin de Vérone et Venise un arrêt à Salzbourg pour que « mon cher papa et ma chère sœur » puissent faire la connaissance des Weber et entendre la demoiselle chanter. On compte sur le père pour « faire tout son possible pour que nous allions en Italie ». Et l'étourdi conclut : « ma mère est tout à fait contente de ma manière de voir[24] ». Mais avant que la lettre ne parte, en cachette — « dans le plus grand secret, pendant qu'il est allé manger » — Anna Maria ajoute en postscriptum : « Lorsque Wolfgang a fait une nouvelle connaissance, il prend aussitôt feu et flamme pour ces gens. C'est absolument vrai qu'elle chante merveilleusement. Seulement il ne faut pas qu'il en oublie son propre intérêt[25]... »

Leopold n'avait pas besoin de cette mise en garde. Il a bien compris ce qui le menace — lui et toute sa famille. « J'ai lu ta lettre... avec autant de stupeur que de crainte. » Il en est malade ; il n'en a pas dormi toute la nuit. Il refuse de reconnaître son fils dans cet écervelé, sans cœur, ni sens des responsabilités — si ce n'est par « cette confiance dès les premiers mots qu'on lui adresse », cette manière de « se laisser mener avec son bon cœur mis à nu par celui qui le flatte ». Il le supplie de réfléchir et de raison garder. Pour le faire revenir à lui, il est prêt à mobiliser tous les moyens et en particulier les souvenirs les plus attendrissants : « Ô Dieu grand et bon, les moments les plus heureux sont passés pour moi. Le temps n'est plus où, enfant et petit garçon, tu n'allais jamais au lit sans avoir chanté debout sur ta chaise *Oragnia figatafa* en m'embrassant... Tu me disais alors : "Quand tu seras vieux, je te mettrai bien à l'abri dans un bocal pour te garder toujours près de moi et continuer à te vénérer." » Un jour sur un tout autre thème mais avec un accent qui s'applique à toutes les douleurs de tous les temps perdus, le fils écrira : « *Dove sono...* » Il aurait pu dédier à son père cet aria de la comtesse Rosine, tant il est vrai que la seule passion que le père ait connue est l'amour du fils.

Le fils ne peut oublier ce qu'il doit aux siens, ni ce qu'il doit à lui-même. « Le but du voyage si douloureux, si coûteux était de soutenir tes parents, d'aider ta sœur », mais aussi ou surtout de servir : « le talent extraordinaire que Dieu t'a accordé », pour devenir non pas « un vulgaire musicien oublié du monde », mais « un célèbre *Kapellmeister* dont le nom demeurera écrit dans les livres de la postérité. Que tu sois non dans la tromperie, circonvenu par une femme, pour mourir sur la paille entouré d'enfants miséreux », mais au contraire un homme vivant « dans la gloire avec ta famille dans l'aisance et la jouissance de la considération générale ». Suit une critique fort intelligente et perspicace de la conduite du fils et de l'égarement que lui dictent ses jeunes années. Qu'a-t-il fait à Munich ? Qu'a-t-il fait à Augsbourg ? Des plaisanteries, des enthousiasmes suivis de reniement ; des attachements de tout cœur suivis de ruptures. Une chanteuse de théâtre à

Munich, ensuite la Cousinette, puis Mlle Canna-bich dont il fait le portrait par une sonate — et maintenant les Weber ! dont « la fille devient le personnage principal dans la tragédie qui se joue entre toi et ta famille[26] ».

Nul moyen d'interrompre le père pour lui faire entendre que s'il juge juste et bien, le livret est ici dicté par la Nature même et que le fils est inno-cent. Leopold n'a guère de peine à démontrer la futilité des projets italiens — et que la carrière d'une chanteuse ne dépend pas seulement du tim-bre de sa voix si plaisant soit-il : « Quel imprésa-rio ne rirait si on lui présentait comme *prima donna* une jeune fille de seize ou dix-sept ans [Leopold est bien renseigné] qui n'est encore ja-mais montée sur les planches... Ton projet d'en-treprendre un voyage avec M. Weber et ses deux filles m'a presque rendu fou... Comment peux-tu ne serait-ce que pour une heure entretenir un pro-jet aussi abominable... Qu'est-ce qui vous a re-tenu de me demander conseil ? Qu'est-ce qui vous a empêché de suivre ma volonté[27] ? »

Avoir raison fait partie intégrante du rôle du père ! Toutes ses erreurs, tous ses échecs de Flo-rence ou Milan, de Vienne ou Munich n'y peuvent rien changer. Après le *dies irae* de la douleur pa-ternelle, voilà venir l'andante déchirant : « Mon fils, tu dois me considérer comme un ami sincère. Réfléchis et demande-toi si je ne t'ai pas traité avec amitié, si je ne me suis pas comporté envers toi comme un serviteur devant son maître[28]. » Allons, comment ne pas être bouleversé ! Ne pas rendre les armes, tout céder — car, en plus, c'est vrai ! Voilà le fils en larmes.

Le père alors peut montrer la générosité qui sied à son rôle et conclure par quelques conseils pleins de bon sens sur l'aide que Wolfgang peut et doit apporter à Mlle Weber. C'est certainement une gentille personne. De plus — adroite flatterie qui écarte le danger de l'amour en le détournant vers la bienfaisance : « Que tu trouves de la joie à aider les opprimés, cela tu le tiens de ton père. » Entendez, ô fils, nous ne sommes qu'un ! Une dernière menace assez vigoureuse : « Tu dois de toute ton âme penser à tes parents, sinon ton âme ira au diable. » Un dernier sanglot : « Rappelle-toi comme tu m'as vu misérable près de la voiture, le matin de ton départ ... Et maintenant tu me désoles en te montrant capable d'être aussi cruel[29] ! » Ainsi se conclut ce chef-d'œuvre : la *lettre du père*. Il faudrait tout citer — mais ce sont dix pages. N'est-il pas singulier que Mozart, qui a mis en scène et en musique tous les sentiments humains, et tous les masques sous lesquels ils peuvent apparaître, n'ait jamais affronté celui-ci et que c'est à Verdi et à *La Traviata* que l'on pense ici plutôt qu'à *Idoménée*. On y reviendra dans trois ans en écoutant cet opéra où père et fils s'affrontent une dernière fois — pour aboutir à l'abdication du père.

À Mannheim, c'est le fils qui capitule aussitôt et se soumet. Aloysia ne lui pardonnera pas cette soumission. Il n'a pas su se libérer. Il la perdra.

Pourtant, l'amour est vif et demeure le plus grand que l'on ait connu à Mozart, autorisant le rêve et les projets exaltants de la vie commune. Dans sa générosité naïve, on l'a vu, Mozart n'hésite pas à adopter la famille Weber entière. Il est prêt à tout sacrifier à son amour, à déposer aux pieds de l'élue son talent, ses espoirs, sa vie future. Pour lui comme pour toute âme bien née, le malheur est un charme de plus. À l'amour, il veut allier le rôle de redresseur de torts, de parangon de vertu et croit devoir expliquer à son père que « si les gens nobles doivent se marier ni suivant leur goût ni par amour, mais seulement par intérêt... il ne sied pas à des personnes aussi hautes d'aimer encore leur femme... Mais nous pauvres gens de canaille, nous voulons et pouvons prendre une femme aimée car nous ne sommes ni nobles ni riches [et] notre richesse s'éteint avec nous car nous l'avons dans la tête[30] ».

« Mozart amoureux... » La phrase a des ailes. Hélas, il les lui faut couper. Non seulement notre Chérubin s'effondre à la première sommation paternelle, mais il commence de mentir en gros garçon pris en faute : lui-même n'avait pas pris le projet de tournée au sérieux, mais il avait promis à l'infortuné Weber de soumettre ce projet au père... et se contredit aussitôt par un accent déchirant : « Je souhaite si fort être dans une situation où je n'ai plus à penser à personne. » C'est-à-dire : être libre !

Il est loin du port. La soumission au père est complète. Wolfgang n'a pas gagné son autonomie.

Le père l'habite encore comme le montre la seule lettre conservée, adressée par Wolfgang à Aloysia. Elle pourrait être signée Leopold. Par un mimétisme inconscient et un hasard désolant, la lettre à celle dont, faute d'une candidate meilleure, on peut croire qu'elle est l'amour de sa vie, bien que rédigée en italien peut-être à des fins pédagogiques, est d'un pédantisme et d'un ennui qui n'appartiennent qu'au père : « Si vous persévérez sur ce chemin [de l'étude], vous deviendrez à coup sûr excellente[31]. » Il lui promet de consacrer sa prochaine lettre à « une brève explication de la méthode » ! Il lui demande encore de relire parfois ses lettres pour mieux se pénétrer de ses conseils !... C'est Chérubin qui écrit cette lettre, le pitre de la sœur Nannerl, le cousin de la Cousinette !... Nul besoin d'être un tendron pour comprendre qu'il faut changer d'amant.

Cette lettre est la seule à nous être parvenue, il y en a eu d'autres, mais celle-ci demeure révélatrice. On verra maints exemples de ce mimétisme qui fait que, lorsqu'il se trouve dans l'humeur et le rôle du père, le fils, comme s'il n'y avait que deux rôles dans le répertoire humain, paraît le devenir exactement. Il est une autre leçon à tirer du fait que celui qui a inscrit dans nos cœurs le sanglot de Chérubin, le triomphe de Don Giovanni, la douleur de Figaro, le désespoir de Ferrando, s'exprime comme un pion. Que l'on écoute la *Sonate en sol majeur* (*K 276*) que Mozart a écrite en quittant Mannheim et Aloysia, son *andante sostenuto*... ce ne sont que six minutes. Mais jamais femme n'a reçu, jamais ne recevra déclaration plus émouvante. Que l'énigme demeure. On peut toutefois mesurer la distance qui sépare les langages et réfléchir à ce qu'il en adviendrait de nos passions s'il nous fallait les chanter ou les siffler.

Chérubin ? Quelques semaines après avoir connu avec Cousinette l'amour profane et ses joies, il découvre l'amour idéal. Celui-ci assume le rôle du châtiment de celui-là dans la culpabilité qui caractérise le fils. Cousinette n'est que plaisirs dont l'infantilisme — pipi, caca — masque la sexualité et paraît assurer l'innocence. Aloysia est devoir, responsabilités. Mozart devient le père et, pour mieux se libérer de Leopold, par la forme comme par le fond, reprend son rôle auprès de la femme. Il obéit à Leopold jusqu'à le devenir — auprès d'une famille nécessiteuse, vertueuse — par un sacrifice qui, transformé en l'amour idéal, trouvera dans la voix de la soprano son expression et son témoin.

Ce fut un rêve. Mozart se réveille et reprend tristement le chemin de Paris. Il le faut. Il a des dettes. Celles du fils ne sont pas seulement biologiques et morales. Leopold s'est endetté pour financer le voyage de son fils et de sa femme et prétend l'être si lourdement qu'il n'ose plus s'adresser à son ami et bailleur de fonds Haguenauer, cependant que Nannerl s'épuise, pour l'aider, en leçons de clavecin. On peut se demander ce qu'il est advenu de la petite fortune, gagnée naguère par Amadeus et que Leopold gère si bien. Les dettes contractées ne sont-elles pas faites à son propre capital, gagné par le fils ? Ces questions ont dû se poser au jeune homme et lui rendre plus pénibles les lettres où le vice-*Kapellmeister*, le professeur le plus connu de la ville, logé dans un appartement quasi seigneurial, prétendait qu'il ressemblait au « pauvre Lazare » et que sa robe de chambre est si pleine de trous qu'il doit s'enfuir si l'on sonne à sa porte.

Il demeure le maître. Il enseigne que les hommes sont méchants et qu'il faut toujours s'en méfier. Il abonde en conseils : il ne faut pas voyager de nuit, ni dire à l'aubergiste le jour et l'heure du départ, ni parler aux étrangers ; on doit faire preuve d'une politesse extrême pour « s'insinuer auprès des gens de qualité » et, surtout, se méfier des femmes qui courent après les jeunes gens de talent pour mettre la main sur leur argent et les prendre au piège du mariage. Et enfin ce cri : « Je t'ai servi comme un domestique », et cette conclusion : « Tu dois penser de toute ton âme à tes parents, sinon ton âme ira au diable[32]. »

Donc ce fut Paris. Mozart se souvenait de Paris et Paris, de Mozart. Aussi est-ce des deux côtés que la déception fut grande. Paris peut-être représenté dans ce contexte par le baron Grimm. On n'a pas oublié l'éloge qu'il avait fait de l'enfant prodige, ni qu'il s'était cru, en le rencontrant et l'écoutant, sur le chemin de Damas. Il a gardé le souvenir de cette illumination. C'est aussi pourquoi il s'engage auprès de Leopold à aider et promouvoir Wolfgang. Grimm, toutefois, aime les illuminations payantes et les bonnes actions qui rapportent. Or, il se trouve impliqué dans une renaissance de la querelle des bouffons qui avait opposé naguère les partisans de la *Serva Padrona* de Pergolèse à ceux de l'opéra français et à Rameau : « le coin du roi », partisan de celui-ci au « coin de la reine », partisan de l'opéra italien où se tenaient Rousseau et tous les Encyclopédistes. Transformée en la querelle des piccinnistes et des gluckistes, elle trouve son expression idéologique dans la préface à l'opéra de Gluck, *Alceste*, rédigée par son librettiste Calzabigi.

C'est au plus chaud de cette querelle que Mozart débarque à Paris. Grimm, qui s'est fait connaître et admettre au sein des Encyclopédistes par un opuscule en faveur de la musique italienne, croit pouvoir trouver en lui un allié de marque et un atout. Le charmant enfant, au talent prodigieux, ne peut que le servir. Il l'accueille en conséquence et songe même à en faire son secrétaire. Mais le charmant enfant n'est plus. Le jeune homme ombrageux qu'il est devenu, d'une maladive fierté, n'est nullement porté aux querelles musicales, ni doué pour la vie sociale qu'elles entretiennent et animent. De plus, il a été prévenu par son père. Leopold qui a tant insisté pour ce voyage de Paris, qui croit toujours que c'est à Paris que son fils doit faire sa carrière, lui a écrit dès le 9 février (1778) : « Si Gluck, si Piccinni sont là, tu éviteras de frayer avec eux et tu ne noueras pas d'amitié avec eux, pas plus qu'avec Guetry. De la politesse et pas autre chose. Avec les personnes haut placées, tu peux garder ton naturel. Mais avec tous les autres tu feras l'Anglais[33]... »

Ordre formel : Mozart ne demande qu'à le suivre, heureux de l'aval du père pour refuser les intrigues de Grimm. Celui-ci, bien que déçu autant par le jeune homme qui ne lui paraît pas avoir hérité du charme de l'enfant, que par son refus de s'engager dans la querelle à la mode, commence cependant par s'acquitter de ses promesses et, tandis que Wolfgang « fait l'Anglais », ne l'en présente pas moins à ceux qui peuvent lui être utiles et en particulier à Joseph Legros, directeur de l'association du Concert spirituel, qui lui commande presque aussitôt des chœurs pour un *Miserere* et une symphonie. Il le recommande aussi à la haute société qui l'invite à organiser des récitals ou lui demande des leçons pour ses enfants. Il lui fait retrouver d'autres compositeurs qu'il avait connus ou dont il avait goûté les œuvres. Des amis de Mannheim, Wendling, Ramm l'attendent à Paris. Si bien que Mme Mozart croit pouvoir écrire à son mari le 5 avril : « Wolfgang est célèbre ici et aimé à un point que tu ne peux imaginer[34]. »

La pauvre chère femme se berce d'illusions ou pèche par optimisme. Elle y a d'autant plus de mérite que son fils l'abandonne tout le jour et qu'elle vit avec lui dans une chambre si sombre qu'elle ne peut même y coudre. Plus vraisemblablement, elle veut ménager son mari dont elle ne connaît que trop le caractère pessimiste. Il est vrai pourtant que, en quelques semaines, Mozart a reçu plusieurs commandes, vrai encore qu'il déjeune en ville presque tous les jours. Pourtant, il est malheureux. On n'entendra plus dans ses lettres la joie dont il disait qu'elle était si grande qu'il ne pouvait la décrire ou qu'il était tellement heureux du succès d'un récital qu'il n'avait pu se retenir « d'embrasser toutes les dames ». Il supporte mal l'indifférence propre aux grandes villes comme Paris, plus mal encore qu'on ne l'aime pas, criant aussitôt — et non sans raison — à l'injustice. Il ne supporte pas que la duchesse de Chabot le fasse attendre dans une pièce glacée et jouer devant un public autrement occupé, ni que le duc de Guignes, favori de Marie-Antoinette et flûtiste, dont la fille est harpiste et pour lesquels Mozart écrira son *Concerto pour flûte et harpe* (K 239-297), oublie de lui payer les leçons qu'il donne à sa fille. Legros fait de même pour la symphonie qu'il avait commandée.

Mozart écrit à son père le 31 juillet « Ces idiots de Français croient toujours que j'ai encore sept ans parce qu'ils m'ont connu à cet âge ! » On le voit devenir craintif, susceptible, méfiant : n'est-ce pas parce qu'il a offensé l'excellent musicien Cambini en improvisant trop brillamment sur des thèmes à lui empruntés — si brillamment que celui-ci se serait exclamé : « Quel petit prétentieux ! » —, que Legros, ami de Cambini, pour le venger de l'affront, aurait renoncé à la symphonie de Mozart ?

Il doit se languir d'amour. Il est loin de la femme qu'il aime, si loin à en juger par la lettre qu'il lui adresse et dont on dirait qu'elle est signée par Leopold — qu'il ne parvient plus à la retrouver en lui. Il cherche à la faire engager à Paris, mais sans résultat. Il n'est pas plus près de la « cousine lapine... farceuse [qu'il suivra] jusqu'au tombeau [s'il] sauve [sa] peau ». Ses rapports avec son père se tendent au fur et à mesure que celui-ci, voyant approcher des échéances inévitables, hausse le ton et, par le pédantisme geignard de ses lettres, coupe au fils bras et jambes. Wolfgang le supplie : « Je ne vous demande qu'une chose : faites preuve dans vos lettres de bonne humeur. » Requête vaine, on s'en doute. Et c'est le fils qui devra avouer : « Je ne trouve plus aux choses ni rime, ni raison[35]. »

Mozart est mal à l'aise en France. Il parle français et André Tubœuf, dans son livre *Mozart, chemins et chants*, assure que ses fautes sont d'un polyglotte plus que d'un ignorant. Même estimées charmantes par un mozartien éminent, elles doivent cependant compliquer les rapports quotidiens, gêner l'étranger et le faire plus étranger encore. Pour qui a l'ouïe fine, et qui l'a plus que lui, son accent « tudesque » est disgracieux. L'énergie ne l'abandonne pas. Il trouve un logement plus confortable, rue du Sentier — mais sur ordre formel du père, pour que la surveillance soit plus étroite, mère et fils doivent coucher dans la même chambre et il n'en est pas de si petite où l'on ne puisse ajouter un lit. Il compose un ballet, *Les Petits Riens*, qu'il parvient à faire jouer le 11 juin au Palais-Royal. Il espère qu'il lui ouvrira les portes de ce théâtre pour l'opéra auquel il songe :

Alexandre et Roxane. La semaine suivante, Legros, qui avait oublié la symphonie concertante demandée, en fait exécuter une autre qui gardera le nom de *Symphonie de Paris* (K 297-300a), un grand succès mais sans lendemain, comme l'avait été *Les Petits Riens* dont Grimm même, commentant la soirée et la disant triomphale pour son parti, avait omis de mentionner le compositeur.

Les bénéfices restent minces. Leopold s'inquiète, reprochant à son fils de se contenter de « bravos » qui flattent son orgueil, mais laissent sa bourse vide. Encore ignore-t-il que Mozart vient de décliner un poste d'organiste à Versailles, bien rétribué pourtant et lui accordant des mois de liberté. Devine-t-il que son destin ne l'appelle pas à Paris et que ce serait lui mentir que de l'y chercher ? On le verra de même, c'est-à-dire sans raison apparente, refuser des offres avantageuses à Prague, Londres et Berlin.

La présence de sa mère doit lui peser. La pauvre femme aurait tant voulu rentrer à Salzbourg. Elle a souci de la santé de son mari, de son humeur ; elle s'inquiète pour sa fille et ne peut oublier le fox-terrier Pimperl dont elle aimerait tant entendre la voix. Elle se sent si seule et abandonnée qu'elle dit craindre de perdre l'usage de la parole, faute de pouvoir l'exercer. On la devine déchirée entre deux hommes qu'elle comprend aussi mal l'un que l'autre, qu'elle aime de tout cœur et entre lesquels, le père, le fils, elle sent grandir l'incompréhension et l'hostilité, se désespérant de ne pouvoir y remédier. Les choses paraissent devoir s'arranger en juin quand des amis de Mannheim et Salzbourg viennent lui rendre visite et la conduisent se promener. Elle fait la connaissance de la famille Heina — dont le chef exerce le beau métier de « trompette des chevau-légers à la garde du roi » — et dans sa dernière lettre à son mari, le 12 juin, après une promenade au Luxembourg, elle fait l'éloge de l'été parisien. La dernière... car elle tombe malade, sans doute atteinte de la typhoïde. Grimm, alerté, envoie le médecin de Mme d'Épinay. Mais la médecine de l'époque est impuissante. Le 3 juillet au soir, c'est le coma. Dans la nuit Anna Maria meurt « comme une lumière qui s'éteint ». La métaphore est de son fils qui l'a soignée de son mieux. Ses lettres décrivent le drame.

La première, écrite quelques heures après le décès, adressée au père, cherche à le préparer en le prévenant que « ma chère maman » est très malade. Le fils conseille au père et à la sœur de s'en remettre à la volonté de Dieu... « Y a-t-il un autre moyen pour être tranquille[36] ? » Ceci est écrit à deux pas du lit où la morte repose par le maître auquel nulle nuance du cœur n'échappe et qui, par l'inflexion d'une voix, un changement de clé ou même un silence, sait exprimer ses plus complexes ou secrets détours ! « Je suis plein de courage[37] », écrit-il encore... Le fils s'observe comme si le père était auprès de lui pour le surveiller et se félicite comme il le féliciterait. Plus soucieux de sa conduite que de son sentiment, il l'analyse si bien qu'il ne paraît plus l'habiter. Mais ensuite, et plus étrange encore, à deux pas de sa mère morte, après avoir conseillé pour le préparer au père d'espérer « mais pas beaucoup », le fils se met à raconter longuement le succès de son concert, la mort de « l'impie Voltaire », ses projets d'opéra...

La seconde lettre écrite cette même nuit par Mozart veillant dans sa chambrette, dans le silence d'un Paris immense et cruellement étranger, est aussi troublante. Adressée à l'abbé Bullinger, ami intime de la famille, elle lui demande : « Pleurez avec moi, mon ami, ma mère, ma chère mère n'est plus[38]... » Aussitôt, il revient à soi, au lot qui fut le sien et paraît être de nouveau son témoin plus que lui-même, se félicitant de sa fermeté, de son acceptation de la volonté de Dieu. Il se soucie surtout de Leopold et adresse cet appel à l'abbé : « Conservez-moi mon père ! Inspirez-lui du courage ! » Quelques jours plus tard, le fils se résout enfin à écrire au père « la plus triste et la plus douloureuse nouvelle ». Il lui demande de pleurer, mais aussi de se consoler et lui écrit sur d'autres sujets, notamment sur son séjour chez Mme d'Épinay qui l'a recueilli dans une petite chambre ravissante où « autant que lui permet sa situation, il est heureux[39] ».

Indifférence, froideur ? Mozart est le fils du père. Sa mère a compté pour lui, mais au-delà de la conscience, aux sources où elle venait s'abreuver. Dans le deuil comme naguère en amour, mieux vaut faire confiance à la musique pour connaître les véritables sentiments de Mozart et écouter la sonate qu'il compose ces semaines-là — *So-*

nate n° 8, en ut *mineur —*, et la souffrance que, par l'orage de ses tourbillons, l'avalanche de ses doubles croches, ses dissonances ou la promesse de paix et la soumission de son admirable rondeau, elle nous confie. Voilà le langage de Mozart.

Ses mots disent autre chose et, dès le 8 juillet, proposent de changer de sujet. Pour féliciter sa chère sœur à l'occasion de sa fête. Mais Maria Anna, Nannerl la sœur, c'est aussi Anna Maria, la mère. À l'occasion de cette fête, Leopold va écrire l'une des lettres les plus pathétiques mais aussi les plus singulières que l'on puisse lire : « Ne voulant pas manquer le jour de ta fête, je t'écris aujourd'hui, ma chère femme, bien que persuadé que ma lettre t'arrivera trop tôt... [Nous sommes le 12 juillet ; Anna Maria est morte le 3...] Je prie Dieu tout-puissant pour qu'il t'accorde gaieté et santé en ce jour... Pouvais-tu te douter, il y a un an, que tu serais à Paris pour ta prochaine fête ? Si incroyable que cela puisse paraître à certains mais pas à nous, peut-être serons-nous tous réunis beaucoup plus vite que nous ne le pensions... » Après vœux, embrassades : « Tout ce qui précède a été écrit le 12. Aujourd'hui, 13, j'ai reçu ta lettre [celle du fils]... Tu peux t'imaginer... Nous pleurions tant que nous pouvions à peine lire... Ta bonne mère... qui t'aimait tant et je le sais mieux que toi, ne vivait que pour toi[40]. » Il ne sait pas encore qu'elle est morte. Il pense déjà à l'enterrement, à « tous ces frais qui te sont tout à fait inconnus... on berne l'étranger, on le pousse à des frais inutiles... Dieu fasse que tous mes soucis

132

soient vains, mais à ces considérations, tu reconnaîtras ton père... Maintenant, je vais déjeuner, mais je n'aurai certainement aucun appétit. » En sortant de table, il trouve l'abbé Bullinger, lui montre la lettre du fils, ajoute qu'il a peu d'espoir. L'abbé hésite, puis : « "Oui, elle est morte." Le voile alors m'est tombé des yeux... Toi, pense combien ta mère t'aimait... Si tu m'aimes, prends soin de ta santé. De ta vie dépend la mienne[41]. »

Le fils surprend par son sang-froid. Le père émeut par sa douleur. Le fils ménage le père ; celui-ci tient à ce que rien ne soit épargné à son fils, de la plus grande douleur à la pire mesquinerie : on a vanté l'exceptionnelle connaissance de la nature humaine dont l'œuvre de Mozart témoigne. On peut penser qu'il avait en son père un réservoir exceptionnel de « l'humain, trop humain ». Mais le plus extraordinaire de la lettre de Leopold, on l'aura remarqué, est que, commencée par des vœux, elle se poursuit dans l'angoisse, se conclut dans le désespoir. Sans doute ce chef-d'œuvre de pathétique doit-il être attribué aux retards de la poste — mais comment ne pas supprimer des vœux de santé et de prospérité ou jeter la lettre, quand on apprend qu'on les adresse à une morte. Leopold a peut-être conscience de la qualité dramatique — en trois actes dirait-on — de sa lettre et ne se résigne pas à détruire le cruel chef-d'œuvre. Mais il l'adresse au fils. Ce coup de théâtre sur la scène des générations doit le brider et le reprendre. Leopold entreprend aussitôt de lui reprocher la mort de la mère, d'insinuer qu'il en est la cause, qu'il l'a mal soignée après l'avoir condamnée — par sa légèreté et son manque de responsabilité — à entreprendre un voyage qui, au-dessus de ses forces, ne pouvait que lui être fatal.

Le père hausse le ton : il se sait menacé dans son pouvoir. Il devine que lorsque son fils lui écrit qu'il lui suffit de penser à l'opéra pour sentir comme un feu s'emparer de son corps, c'est davantage à une soprano qu'il doit cette flamme. De fait, dans une longue lettre au père d'Aloysia, Fridolin Weber, Mozart expose ses projets, ses espoirs en Legros, et en l'association du Concert spirituel, qui pourrait engager Aloysia. Leopold est aux abois : puisqu'il ne peut plus le surveiller par l'intermédiaire de sa femme, Wofgang doit rentrer à Salzbourg. Il est prêt à sacrifier pour y parvenir l'orgueil familial et même, pour la première fois, le génie du fils dont il sait qu'il ne peut s'épanouir dans sa ville natale.

Il trouve en Grimm un allié. Celui-ci n'a pas abandonné le jeune homme et Mme d'Épinay le loge dans son hôtel de la Chaussée-d'Antin. Mais il juge Mozart « trop confiant, trop peu actif » pour réussir à Paris. Pour percer, il faut être retors, audacieux. Et dans sa lettre du 27 juillet, le baron conclut : « Je lui voudrais pour sa fortune moitié moins de son talent et le double d'entregent et n'en serai pas embarrassé[42]. »

Leopold en est convaincu. Il n'hésite pas à citer au fils le jugement de Grimm pour rendre leurs relations plus difficiles. Profitant d'une vacance et d'un retour momentané en grâce, il a obtenu de Colloredo le poste d'organiste, décemment rémunéré : 450 florins. Reste à vaincre les résistances de son fils. Tous les moyens sont bons : il a tué sa propre mère ; veut-il aussi la mort du père ? « L'éternelle peur pour ta santé, pour ton bien-être mon fils... Encore un tel coup et c'en est fait de moi[43]. » Il y a les dettes : elles se montent à quelque 850 florins. Qui va les payer ? Pourquoi s'épuiser sans succès ni résultat dans un Paris qu'on déteste ? Et le vieux renard qui comprend ce qui retient le jeune homme, l'assure tout soudain qu'il n'a rien contre « Mlle Weber » et que « les jeunes gens doivent faire l'expérience de telle folie ». À Salzbourg, Mozart (qui a vingt-trois ans !) pourra correspondre librement avec elle et l'on s'engage à respecter les secrets de cette correspondance, à ne poser aucune question la concernant. Mieux encore : « Si tu ne te sens pas à l'abri de ma curiosité[44] », les lettres pourront être adressées ailleurs.

Dans sa réponse au questionnaire du 4 avril 1791, déjà cité, Nannerl écrit : « Il aurait été avantageux pour lui [Mozart] de rester à Paris, mais il trouva si peu de goût à la musique française qu'il fut heureux de retourner en Allemagne[45]. » Une demi-vérité. Il est vrai que Mozart a refusé un poste avantageux à Versailles. Pendant tout son séjour parisien, il n'a cessé de penser à son amour, Aloysia. La mort de sa mère a été une cruelle épreuve. Mais elle l'aura libéré. Au cours de ces quelques mois, ce ne sont pas moins de quinze compositions nouvelles qui sont achevées : deux symphonies, quatre sonates, un concert pour flûte et harpe, etc., dont plusieurs sont des chefs-d'œuvre. Une activité remarquable, même pour Mozart !

La venue à Paris de Jean-Chrétien Bach, musicien auquel le lie une amitié filiale et qui, avec les deux Haydn, est l'un des trois musiciens qui auront exercé une influence sur sa formation, met un terme à sa solitude. L'affection que lui porte le grand musicien accroît et assure son prestige. Surtout, Mozart est parvenu à nouer de nouvelles et utiles amitiés, notamment avec le comte von Sickingen, ambassadeur du Palatinat, véritable mélomane qui, sachant l'apprécier, veut et peut l'aider. Si bien qu'à la fin de l'été, Mozart ne paraît plus pressé de quitter Paris. Il se défend mollement, rappelle qu'il déteste Salzbourg, qu'un homme de « talent supérieur » doit pouvoir voyager, pour conclure, incapable de lutter contre un père armé de la massue de la culpabilité : « Réfléchissez vous-même, je m'en remets à vous. » Lutter ? Mais le moyen quand on vous écrit : « Chaque fois que Bullinger arrive, je considère attentivement ses traits pour savoir s'il n'apporte pas ma sentence de mort. » (Entendez : si la lettre attendue n'arrive pas c'est que le fils est décédé et Bullinger viendra l'annoncer, comme il le fit pour la mort de la mère, au père qui promet d'en mourir.) « Quatre nuits d'insomnie... les nuits sont dures, très dures mon fils[46]... » Allez lutter contre pareille faiblesse et puis pourquoi ? La musique est partout, étant en soi.

Grimm est soudain très pressé. Serait-il jaloux des nouvelles relations de Mozart ? C'est presque de force qu'il met Wolfgang dans la diligence pour Nancy et Strasbourg et, comme pour l'humilier davantage, il choisit la plus lente et la moins chère...

Un jeune homme offensé, humilié, furieux arrive à Strasbourg à la mi-octobre, mais l'accueil de la ville lui rend bientôt la joie de vivre. Toutefois, les trois concerts organisés sont des échecs financiers. S'ils pansent les blessures de sa vanité, ils obligent Mozart à contracter l'une de ces dettes qui vont tant peser sur sa vie. Une bonne nouvelle le réjouit : Aloysia a été engagée à Munich. Elle le chagrine aussi, car il avait secrètement espéré la faire venir à Salzbourg. Il n'a plus désormais de raison d'aller s'enfermer dans une ville qu'il déteste, alors que Strasbourg ne peut se passer de lui et que l'honneur avec lequel on le considère est « à peine croyable ». « Père chéri, je vous assure que si ce n'était pas le plaisir de vous embrasser bientôt, je ne viendrais sûrement pas à Salzbourg[47] ! »

Il paraît prêt à différer ce plaisir et fait un détour par Mannheim : « Autant Mannheim m'aime, autant j'aime Mannheim. » Le voilà plein de projets : un « duodrame » sur le thème de la tragédie *Sémiramis* de Voltaire... Plus d'un mois qu'il a quitté Paris... Le père prend peur et menace : si la mère n'avait pas été contrainte par l'inconduite de

Mozart à l'accompagner à Paris, elle ne serait pas morte. Après le matricide, Wolfgang veut-il tâter du parricide ? « Je vais perdre l'esprit, mourir de consomption... » Le père menace : il fera connaître les dettes de Wolfgang (863 florins) aux amis de Mannheim : « Si ceux qui te retiennent savaient que je te demande de revenir à Salzbourg pour les rembourser, plus personne ne te retiendrait... J'espère qu'après que ta mère a dû mourir à Paris, tu n'entacheras pas ta conscience par la mort de ton père[48]. » Il est prêt à tout, même à recevoir Mlle Weber, et son père, à Salzbourg.

Le fils, indigné, refuse de répondre aux menaces — « Je ne me serais jamais imaginé » —, ou de se hâter davantage. Il va faire un détour par Munich pour y retrouver Aloysia. Ce qui ne lui interdit pas de se souvenir de Cousinette et, dans une lettre aussi gaie que salace, en la priant de l'excuser de ne pouvoir venir à Augsbourg (où elle habite), de l'inviter à le rejoindre à Munich — où il pourra la contempler « par-derrière et par-devant... vous complimenter, vous fouetter le cul, vous embrasser, vous donner des lavements... » Tout un programme. On ne sait ce qu'il en advint.

Noël 1778 : Wolfgang arrive à Munich. Il court chez les Weber vêtu d'un habit rouge avec des boutons noirs — « à la mode française ». Aloysia le bat froid et le reconnaît à peine. Elle en aime un autre. Constance, sa sœur, qui assistait à la scène et allait devenir la femme de Mozart, a raconté à Nissen, son second mari et le biographe du premier, que, repoussé, Mozart se mit aussitôt au piano et chanta d'une voix forte une chanson disant : « Je laisse volontiers celle qui ne veut plus de moi !... » On tient de bonne source que, diplomate de carrière, Nissen a cru devoir édulcorer le refrain dont le texte, combien plus énergique, disait plus précisément « peut aller se faire foutre ».

Ainsi s'achève le grand amour de celui qui a le mieux compris et le mieux chanté les délices et le tourment d'aimer. Est-ce parce que la vie fut si cruelle que le créateur a su bâtir le paradis que l'on connaît : l'air des marronniers ou « *Dove sono* » ? Mieux vaut ne pas conclure, mieux vaut pleurer avec Mozart qui écrit « aujourd'hui, je ne puis que pleurer... il n'y a plus de place dans mon cœur que pour les larmes[49] » — et obéir enfin au père qui se désole parce qu'il ne veut pas « mourir couvert de dettes » et exige que l'on se mette aussitôt en route...

De fait, on a un peu traîné : trois mois de Paris à Salzbourg, c'est beaucoup même pour l'époque ! Cousinette est venue rejoindre à Munich son cousin et sécher ses larmes. Il l'invite à Salzbourg. Elle écrit à Leopold qu'elle a eu l'honneur de retrouver son très cher fils en bonne santé, que son désir serait qu'elle aille à Salzbourg avec lui... « Un vrai fou ! »

Consolé ? Mozart n'oubliera pas Aloysia qui devait épouser le grand acteur Joseph Lange, dessinateur aussi. Il devint son ami. Il fit de lui le portrait dont Constance assurait, et obscurément on le devine, qu'il était le plus ressemblant : l'intériorité ou l'âme y apparaissent. Mozart retrouve le couple à Vienne et épouse la sœur d'Aloysia. Il avoue, cependant, qu'il ne la revoit jamais sans trouble. Il la choisit pour le rôle de Donna Anna dans son *Don Giovanni*. On garde un portrait d'elle : un visage long, une expression butée, sans grâce. Au fond, on ne sait rien d'Aloysia. Et n'est-ce pas mieux ainsi ? Qu'elle demeure une voix, celle de Donna Anna et des arias que Mozart lui a dédiées, qu'elle y consume son âme, tout son être ; qu'elle n'ait pas d'autre image ; que l'amour de Mozart demeure aussi intense et énigmatique que peut l'être une grande voix de soprano. Un philosophe de l'époque assurait que les sons, loin d'être l'expression de la chose, « sont la chose même ». La voix d'Aloysia n'est pas sa voix, elle est Aloysia même. Qu'elle le demeure.

Tandis que Cousinette !... Sa présence à Salzbourg a sans doute adouci le retour, aplani les retrouvailles avec Leopold. On l'ignore. Le silence se refait. Toujours est-il que Mozart a échoué et doit se soumettre de nouveau à Colloredo et à son père. On l'accuse de la mort de sa mère alors qu'il sait que c'est l'insistance tyrannique du père qui l'a obligée au voyage dont elle ne devait pas revenir pour chaperonner un fils de vingt-deux ans, connu dans toute l'Europe. On l'accuse d'avoir ruiné la famille, alors que c'est l'enfant prodige qu'il fut qui a fait sa fortune. On l'oblige à rembourser des dettes faites au capital dont il est le créateur. Il accepte d'être le prisonnier de ces dettes auxquelles il ne peut croire et d'endosser une culpabilité plus incroyable encore. Pour rester le fils, il lui faut ne pas s'apercevoir de l'injustice du père. Il peut se plaindre, jamais critiquer ou mettre en cause. Contester le père, c'est le perdre. Restant fils, Mozart peut conserver son insouciance et retrouver, après l'enfer parisien de la lutte, de la responsabilité de l'âge adulte, le bonheur de n'avoir plus affaire qu'à la musique.

Les quinze mois d'absence ont été riches en créations : concertos, sonates, symphonies. L'expérience, en revanche, paraît décevante. Mozart ne s'est intéressé ni à la vie musicale française, ni à la vie intellectuelle, si intense à l'époque, de Paris. Grimm, qui au début au moins lui fait fête, est au centre de cette vie : Rousseau, Voltaire vivent encore, Diderot, d'Alembert — et même ou surtout Beaumarchais auquel il sera bientôt et pour toujours associé. Mozart paraît rester aussi indifférent aux idées qu'au paysage ou aux beaux-arts — comme s'ils étaient écrits en une langue étrangère qu'il comprend mal. Il a bien lu le *Télémaque* de Fénelon ; les *Mille et Une Nuits* l'enchantent. À son départ de Mannheim pour Paris, Weber, en souvenir, lui a donné les comédies de Molière. Mozart a vu *Hamlet*, lu *La Tempête*, songé à la mettre en musique. Mais s'il dévore livrets et pièces de théâtre, c'est avec l'œil du compositeur. Parmi ces textes, il découvre enfin celui qui le conduira à sa libération en l'assurant de la victoire naturelle et innocente du fils : *Idoménée, roi de Crète*.

L'apologie du fils

De l'œuvre et de l'homme, on ne cesse de discuter. Les uns veulent que celle-là soit une expression de celui-ci ; les autres les disent indépendants. Certains cherchent l'homme dans l'œuvre ; d'autres lui tournent le dos. La querelle s'envenime quand on en vient à Mozart. Parce que la vie manque de drames ou de relief alors que l'œuvre les connaît tous, qu'elle est limitée dans l'espace et — ô combien ! — dans le temps, alors que l'œuvre ignore l'un et l'autre. Surtout, Mozart ne paraît jamais apprendre et, ainsi que l'indique André Tubœuf, on dirait que, quoi qu'il arrive, le musicien le savait déjà et démontre aussi bien une thèse que la thèse opposée. Alfred Einstein assure que « l'évolution musicale et spirituelle s'est effectuée d'une manière complètement indépendante de sa destinée personnelle » et explique que « l'art, et en particulier la musique, n'est pas un reflet idéalisé des événements biographiques, mais un empire qui suit sa loi[1] ». Les Massin, au contraire, recherchent, dévoilent ou plutôt affirment les liens de l'œuvre et de l'homme, les rapports de l'état de la musique avec celui de la société. Ils ne craignent pas de « confier à la musique » les conflits sociaux de l'époque ou l'humiliation que connaît le musicien, et en particulier Mozart, en ce temps de résignation au malheur, ni d'entendre dans *Lucio Silla,* quatuors ou sonates la révolte qui gronde. Sans contester l'analyse, il faut rappeler la déconvenue de celui qui, ayant cru découvrir dans une sonate déchirante, contemporaine de la mort de sa mère, la douleur du fils, la voit tourner en turquerie. Pareils déboires se multiplient sur le chemin socio-doloriste des Massin : après une analyse fine d'un *andante* douloureux, ils sont surpris par un final jubilant et se voient contraints de l'attribuer sans preuve, mais avec méchante humeur, à la convention, ou même d'y voir l'exemple de la servitude du musicien.

Il faut bien avec Einstein y reconnaître l'empire de la musique et sa loi, quand on constate que, quelle que soit la joie ou le désespoir que la biographie prête à Mozart au moment où il la compose, on trouvera toujours dans la composition un *allegretto* contre lequel toute douleur est impuissante, un *andante* insensible à toute joie, un *presto* qui emportera les humeurs bonnes ou mauvaises, les situations glorieuses ou douloureuses, dans son galop. La musique impose sa forme à la vie et la traduit en son langage. Elle paraît la dominer, l'ignorer. Mais pareille conclusion heurte le bon sens. Sans doute, c'est un Mozart malade, accablé, criblé de dettes qui invente la joie si facétieuse du « Papapa... Papageno... » de *La Flûte enchantée*, il n'en demeure pas moins d'évidence que la vie a été la condition de l'œuvre et qu'on ne peut les séparer. Naître le fils d'un musicien instruit, pédagogue remarquable, imprésario habile, n'est certainement pas resté sans influence sur l'œuvre, non plus que les voyages en Italie, la rencontre du père Martini, l'amitié de Jean-Chrétien Bach et, plus tard, l'entente avec Lorenzo Da Ponte. Sans doute l'art, et en particulier la musique, n'est pas un reflet idéalisé des événements biographiques — mais ceux-ci vont former le musicien et dicter ce que Jean-Victor Hocquard nomme l'axe de la pensée de Mozart : parti de l'ignorance existentielle, elle parvient à la connaissance de l'art et surmonte l'angoisse de la vie pour accéder à la sérénité de la musique. On est convaincu par Hocquard, mais c'est dans le renoncement. Dire que vie et œuvre participent à la même quête n'est rien dire de leurs rapports, sinon leur évidente solidarité. En suivant le parcours de Mozart, on doit, sinon résoudre l'énigme, du moins en cerner les termes, et suivre son évolution dans le dédale du concret. Pareil effort n'est jamais plus nécessaire que pour *Idoménée* en raison du rôle que la composition de cet *opera seria* était appelé à jouer autant dans l'œuvre que dans la vie de Mozart.

La vie ? En janvier 1779, Wolfgang rentre à Salzbourg en vaincu, se soumettre à la double servitude de son père et de Colloredo auquel il adresse aussitôt une « très humble » requête pour être nommé organiste de la cour. Il est asservi à son père par des dettes de 860 florins dont on a dit la suspecte nature ; elles représentent deux ans du salaire que lui accorde Colloredo. Est-ce la présence de Cousinette ? Il paraît de bonne humeur. Il est vrai que la seule lettre de Mozart conservée pour cette année-là est adressée précisément à la « très chère, excellente, très belle, très aimable, très séduisante petite basse ou petit violoncelle exaspérée par son indigne cousin[2] » et comprend une ode, parodie du poète Sturm und Drang Klopstock et un curieux portrait de la cousine. Cette belle humeur est confirmée par une production qui démontre une énergie créatrice admirable. Dès le mois de mars, c'est la *Messe du couronnement* (*K317*), l'un des chefs-d'œuvre de la musique religieuse. Suivront deux symphonies, la charmante sérénade *Cor de postillon*, etc. En revanche, en 1780, le poids de Salzbourg paraît peser davantage. Pas de lettre ou une seule, toujours à Cousinette, sur un ton déjà plus réservé. Une sonate d'église, une messe, un lied... on peut croire Mozart découragé, lorsque lui parvient, en septembre, la *scrittura* salvatrice, commande du prince Électeur de Bavière d'un *opera seria* pour le carnaval de Munich : ce sera *Idoménée, roi de Crète*.

Dans l'*Odyssée* ce roi n'est évoqué qu'une fois, par Nestor quand il conte à Télémaque le sort heureux des héros de la guerre de Troie qui ont, contrairement à son père, évitant les mauvaises humeurs de Poséidon, regagné sans encombre leur patrie. En revanche, dans la tragédie d'Antoine

Danchet, mise en musique par André Campra, en 1712, Idoménée se heurte à la colère de l'ébranleur de la terre et croit sombrer au large des côtes. Pour l'apaiser, il doit promettre un sacrifice, celui de la première personne rencontrée en touchant terre et qui sera évidemment — Danchet empruntant ici à la Bible (Juges XI, 29-40) l'épisode où, revenant de guerre, Jephté fait le serment de sacrifier le premier être qu'il rencontrera et qui sera *évidemment* sa fille — son fils. Je répète *évidemment* parce que si ce n'est ni la fille de Jephté, ni le fils d'Idoménée qui se présente, l'histoire perd son sens et il ne reste plus rien à raconter, pas plus que si le Petit Poucet avait deux mètres et le Chaperon rouge de la barbe au menton. Or pareille hypothèse est envisagée par de savants mozartiens, choqués de voir que le sacrifice humain compte peu et que seul celui des princes sait émouvoir. Mais l'histoire n'existe et ne devient archétypale que parce qu'elle se fonde sur la culpabilité du père auquel un au-delà de la conscience suggère que, pour réaliser ses projets ou survivre (et le plus souvent l'un et l'autre se confondent), il doit sacrifier ses enfants.

En raison de l'importance de cet opéra dans la vie et l'œuvre de Mozart, il faut souligner que, contrairement à ce que paraissent croire les Massin, le sacrifice humain ne relève pas de la lutte des classes, ne serait-ce que pour la raison que partout, Tauride, Crète ou Mexique, on y préfère le prince au gueux. Il hante la mémoire de l'espèce — pareille à une dette contractée envers la nature dans l'effort fait pour s'en séparer. Il illustre et rappelle la cruauté de celle-ci, même la simple succession des générations condamne le fils à tuer son père, non par volonté, mais par fonction puisqu'il doit le remplacer — mieux : prendre sa place. Pour certains fils, dont Mozart, ce sacrifice est inacceptable. Le père de son côté devine que, pour survivre, il lui faut sacrifier celui qui doit vivre à sa place. C'est aussi pourquoi le sacrifice du fils jouera le premier rôle dans le grand mouvement substitutif qui, par la représentation, cherche à libérer la conscience de la fatalité du sacrifice humain. Si bien que le sens de l'histoire de Jephté et d'Idoménée, loin d'être une affirmation de caste ou de classe, fait appel à tout spectateur ou auditeur pour lui enseigner que dans toute victime il doit reconnaître sa fille et son fils, et dans tout sacrifice l'image de son sang.

C'est ce que Wolfgang va enseigner à Leopold. A-t-il choisi le sujet ? Le sujet l'a-t-il choisi ? Les destins d'exception sont exceptionnels parce qu'ils croisent et épousent naturellement les mythes dont on éprouve le besoin ou la nostalgie. C'est en vain que le mozartien proteste contre l'image d'Épinal de l'ange ou de l'oiseau du paradis. Ils finissent tous, même Cioran on l'a vu, par y succomber. Mozart a découvert ou rencontré Idoménée, reçu et recréé le mythe parce qu'il était destiné à explorer et exprimer la condition du fils qu'il représentait, sa grandeur et sa servitude.

Ce sera le rôle d'Idamante. Pendant que le roi, son père, navigue encore et qu'on le croit perdu, un nombre de Troyens sauvés de la tempête ont pu débarquer en Crète où ils sont gardés prisonniers. Parmi eux la princesse Illya, fille de l'infortuné Priam dont Idamante s'éprend aussitôt. Bien que honteuse de trahir ainsi les siens, elle ne tarde pas à partager son amour. Idoménée débarque : la première personne rencontrée, et de ce fait destinée au sacrifice, est bien Idamante. La tension dramatique est d'autant plus grande que père et fils ne se reconnaissent pas. Quand Idoménée comprend enfin, désespéré, il veut sauver son enfant et l'envoyer à Argos y raccompagner Électre qui séjourne en Crète et s'est éprise du prince. Mais on ne trompe pas Neptune et, tandis qu'accompagnés par un chœur admirable — « *Placido il mar* » — les fugitifs font leurs adieux, il dépêche en Crète un monstre qui s'attaque à la population et sème la désolation. Idamante révèle un courage exemplaire et triomphe du monstre marin. Il n'en conserve pas moins la vertu filiale : il s'offre en sacrifice pour épargner au père le parjure. Il doit, il veut payer sa dette et dans un air sublime — *Ne la morte* — proclame sa résolution. C'est compter sans Illya qui, au moment où Idoménée va procéder au sacrifice du fils, s'élance pour mourir à la place du bien-aimé[*]. Neptune capitule — *Ha vinto l'amore* — mais il ne libère Idoménée de son vœu qu'à la condition qu'il *abdique* et abdique en *faveur de son fils*. C'est moi qui souligne : on a

[*] Hommage à Luc Bondy qui, dans sa mise en scène récente, nous a convaincu de la réalité du drame fantastique par des images qui évoquent celles, trop réelles, nous parvenant de Bagdad.

déjà compris pourquoi. Mieux : Idoménée accepte son abdication dans *la joie* et se félicite des bonheurs de la retraite. L'opéra, après qu'Électre vaincue dans l'amour qu'elle portait à Idamante sombre, dans l'une des arias les plus extraordinaires, dans une folie digne des Atrides, se termine par la paix et le bonheur.

On a insisté sur le livret du chanoine salzbourgeois Gianbattista Varesco, parce qu'il illustre la démarche que l'on nomme en psychologie — et en anglais — *acting out* ou extériorisation. Attaché à la composition de l'opéra, à ce thème et à ce livret pendant plus de quatre mois, Mozart, pour prêter vie et chant à ses personnages, est contraint de revivre dans la solitude et à ce « profond de soi » où naît la création, de donner forme — musicale mais c'est sa langue maternelle — à ses relations avec son père qui, structurant sa personnalité, font de lui, personnage ou vérité fondateurs de l'Occident, le Fils. Nul n'a compté autant que Leopold. Tous les bienfaits, tous les tourments qu'il lui doit, Mozart va les exprimer par les moyens qui lui appartiennent — non les mots, ni les sons, mais plutôt cette synthèse sémantique des deux langages à laquelle il faudra réfléchir et qui fonde l'opéra.

La parabole représente bien l'effort du fils pour dénouer le lien qui, mieux que tout cordon ombilical, le lie au père — non par la force ou la violence mais par l'amour. Que le sacrifice du fils est la condition de la survie du père paraît relever de l'implacable logique naturelle, et reflète cependant la situation de la famille Mozart. Que Dieu même — *sive natura* — exige l'abdication du père à partir du moment où le fils connaît la femme et l'amour paraît conforme à la loi. Mozart projette dans la fable les grandes vérités dont il éprouve le besoin et découvre le moyen de les comprendre et de s'y rallier.

L'apport proprement mozartien à la fable réside dans le refus du conflit — une caractéristique autant de la personnalité du compositeur que de son génie. Si pour Beethoven le monde est un monstre qu'il faut terrasser, il est pour Mozart une réalité avec laquelle on doit se confondre. Le mythe cruel d'Idoménée est transformé en un assaut de générosité auquel la musique prête sa tendresse et sa fougue. C'est Dieu, non le père, qui exige le sacrifice du fils. C'est Dieu, non le fils, qui exige l'abdication du père. On a dit justement que Mozart avait transformé le sens de l'opéra pour faire, d'une tragédie du sacrifice, un triomphe de l'amour. Mais ce triomphe est aussi le retour à l'ordre naturel et à ses raisons. Il n'est obtenu que par la volonté de Dieu, c'est-à-dire dans l'innocence et, plus essentiel encore pour notre propos, avec le consentement d'un père enfin convaincu qu'il lui faut renoncer non seulement au pouvoir sur son fils — il faut le souligner, la cruauté des choses étant ce qu'elle est —, mais à tout pouvoir, c'est-à-dire à la vie.

Le même dialogue se poursuit au cœur de l'opéra et au cœur de Mozart. Le fils refuse de sacrifier le père. Il ne le peut pas, étant le fils et ne pouvant accéder à la vie et à l'amour qu'avec l'accord et la bénédiction paternelle. C'est aussi pourquoi, la musique de Mozart — et c'est l'une de ses découvertes et l'un de ses grand mérites — ne cesse d'entreprendre des dialogues. Dans *Idoménée*, l'orchestre émancipé devient un personnage proche du confident racinien, comme lui le dévouement même, et pour accompagner un *recitativo* ou donner la réplique à une aria, il se tient prêt à tout entendre, comprendre et pardonner.

Ce dialogue qui fera la grandeur des concertos de Mozart, qui ne cherche ni à interrompre ni à confondre l'interlocuteur dans l'affirmation univoque, parvient à sa maturité dans *Idoménée*. Le musicien le noue aussi avec le langage et, plus concrètement avec le librettiste Varesco. Cette collaboration, pour citer Einstein, marque « l'éclosion complète de l'instinct dramatique de Mozart : le conflit entre le compositeur et le librettiste[3]... ». Non un conflit mais un dialogue auquel Leopold participe activement pour parvenir à une synthèse, mieux, à l'union intime du langage et de la musique, du sens et de l'émotion dont l'opéra est issu. Mozart demande ici et là des coupures, « raccourcir les récitatifs », des modifications : « un aparté dans un air, voilà qui me semble peu naturel[4] ». Il demande à Leopold son aide et son conseil : « Ne trouvez-vous pas que le discours de la voix souterraine est trop long ? » (Il s'agit de Neptune renonçant au sacrifice.) « ... Imaginez la scène : la voix doit être terrifiante... comment peut-elle faire son

effet si le discours est trop long ? », et il ajoute :
« si dans *Hamlet* le discours du spectre n'était pas
si long, l'effet serait bien meilleur[5]... ». On tient là
la preuve que Mozart connaissait bien la pièce de
Shakespeare. On s'amusera aussi à noter, en se
souvenant que le spectre est le père de Hamlet,
que l'un des seuls recours de Mozart à la critique
littéraire est pour se plaindre que le père parle
trop.

De fait, il parle beaucoup — et prend la part la
plus active au travail de son fils. *Idoménée*, par le
acting out dont il est l'occasion, a rétabli entre
Wolfgang et Leopold l'amitié et la confiance. Il serait hasardeux, mais bien séduisant, de penser que
le père ne fut pas pour rien dans le choix du sujet.
Il est certain qu'il obtint de Colloredo un congé de
six semaines pour permettre à son fils de gagner
Munich et y travailler à son opéra. Mozart retrouve avec le bonheur toute sa tendresse malicieuse pour assurer Leopold de son obéissance
éternelle. L'auteur du livret, l'abbé Varesco, est
resté à Salzbourg. C'est Leopold qui assure la
liaison, discutant de la qualité des chanteurs et de
l'orchestre, obtenant de l'abbé les coupures nécessaires pour que « la rumeur souterraine » (la voix
du dieu)... et son accompagnement soient comme
« ils doivent, touchants, effrayants, extraordinaires... Cela peut devenir un chef-d'œuvre d'harmonie[6] ». Il entre dans tous les détails, insistant
sur tel accent, telle erreur d'intonation.

Hélas, ses manies autoritaires et son humeur
sombre ne se dissipent pas, obligeant son fils à le

supplier : « Je vous en prie ne m'écrivez plus de lettre aussi triste — car j'ai besoin d'avoir l'esprit gai, une tête légère et du goût au travail[7]. » Voilà, soit dit en passant, un jour singulier jeté sur les relations de l'homme et de l'œuvre puisqu'il faut que l'auteur ait l'esprit gai et la tête légère pour composer une atroce tragédie. Rien ne peut entamer sa joie. « J'ai la tête et les mains si pleines du troisième acte qu'il ne serait pas étonnant que je me transforme moi-même en troisième acte[8]. »

Les réactions aux répétitions sont enthousiastes. Mozart tient à y associer son père : « Ranim [virtuose du hautbois et ami de la famille] m'a dit : j'ai pensé cinquante fois à votre père. Quelle joie cet homme aura-t-il en entendant votre opéra[9]. » La tristesse du père demeure et réveille le remords du fils — en lui rappelant qu'il n'aime plus le père comme il le faisait enfant, quand il avait besoin de lui. Désormais, il le gêne, le paralyse. Sans doute, le fils demande encore conseil et écoute — notamment pour les retrouvailles douloureuses d'Idoménée et d'Idamante, c'est-à-dire du père et du fils — mais il sait qu'il n'a plus rien à attendre du père et qu'il lui faut le sacrifier en lui-même et usurper sa place et son rôle. Pour que le sacrifice soit moins cruel, il souhaite obtenir son abdication. Mais c'est en vain que Wolfgang espère que Leopold suive l'exemple du roi de Crète. Une lettre heureuse, respirant le bonheur, serait pareille à une abdication. Il a beau vouloir, comme il l'écrit, être « honnête et ami », Leopold n'est plus qu'un créancier dont le seul pouvoir est celui de la dette affective et matérielle contractée... Cependant, au cœur filial, la culpabilité a remplacé l'amour.

Or Mozart est gai ; gai par nature ; gai comme d'autres sont tristes et, d'évidence, les raisons abondent, ici et là. Il me semble que, avec Pouchkine, il est le seul génie gai, d'une gaieté qui exaspère ceux qui ne le sont pas et se hâtent de dénoncer dans cette gaieté la concession, le conformisme ou le simple artifice à moins que, avec l'honnêteté de Cioran, ils ne reconnaissent enfin découvrir là les profondeurs qu'ils ne soupçonnaient pas au bonheur. Et si le fils est gai comme le pinson, d'une gaieté qui irrigue toutes ses lettres, c'est qu'il est innocent comme l'ange.

On l'a dit coupable. Il l'est au plus profond, mais envers le père seulement, et la culpabilité filiale, irréductible, insurmontable, sans appel ni recours, demeure enfantine — c'est-à-dire innocente pour le reste du monde. Si le Fils prend sur lui les péchés du monde, c'est bien qu'ils ne sont pas les siens ; s'il rend si vite à César son dû, c'est qu'il ne deviendra jamais César. Il n'y a dans ces métaphores nul sacrilège : si Dieu eut un fils et qu'il fût un homme, les hommes peuvent prêter au fils de Dieu ce qu'ils savent du fils des hommes. L'innocence et la gaieté ont la même origine : le fils ne saurait prendre au sérieux un monde dont il n'est pas responsable et qui est l'œuvre du père. Il ne peut l'assumer qu'en forçant le père à l'abdication pour un sacrifice qui lui est odieux. Mieux vaut obéir. La loi n'est pas intériorisée, l'ordre demeure extérieur. Gentil par nature, le fils fera toute les grimaces que l'on exige de lui. Il connaît trop son père et le monde qu'il a créé, sa Loi, son Ordre, pour ne pas s'en moquer un peu. Il garde l'ironie pour limiter sa dépendance, révéler l'arbitraire de la réalité qu'on lui impose et la tourner en dérision. Il n'est ni niais ni naïf. Son intarissable gentillesse vient de son indifférence à un monde qui n'est pas le sien, mais aussi de l'expérience qui fait que nul plaisir n'égale celui de faire plaisir. Mais pour conclure cette apologie, mieux vaut préciser, ne serait-ce que pour ceux que Mozart appelle « les longues oreilles », que l'on ne prétend pas qu'il est génial parce qu'il est le fils — le génie demeure un secret — mais seulement que, parmi les génies, il est le Fils.

Par *Idoménée*, il a pris conscience de lui-même. Par l'extériorisation à laquelle son travail sur l'opéra l'a contraint, il a appris sa nature et comment se libérer de ses entraves sans la trahir. Mais Mozart n'a qu'un père. S'il accepte la soumission filiale sans en souffrir, il supporte d'autant plus mal toute autre tyrannie... Le fils obéissant est un homme rebelle. Conforté par *Idoménée,* par l'assurance intérieure et la gloire que l'opéra lui a apportées, sans rien emprunter au charme ou au souvenir empoisonné de l'enfant prodige, Mozart ne tardera pas à se libérer de son second maître : Colloredo.

Viva la libertà

Idoménée : opera seria. Sans doute l'insistance que Mozart met à surveiller et adapter le livret, à rechercher la vraisemblance, à couper court pour servir l'effet dramatique, à multiplier les récitatifs accompagnés et les chœurs, à donner à l'orchestre un rôle de dialogue actif, ont fait parler de la mort du genre. *Opera seria* pourtant au moins au sens qu'on n'y trouve pas un sourire à l'exception de celui que l'on soupçonne dans la marche qui conclut le premier acte et illustre encore une fois la bonne humeur bouffonne, mais enfantine aussi, avec laquelle cet antimilitariste convaincu considère la soldatesque et toute *la bella vita militar*. Un sourire ! En trois heures ! C'est bien peu. On évoque Bruno Walter, l'un des chefs d'orchestre les plus éminents et les plus mozartiens, qui exigeait de ses musiciens lorsqu'ils jouaient Mozart : « Il faut que ce soit gai, si gai que l'on ait envie de pleurer. » De fait : que pleurer sinon la vie qui passe, qui fuit, et pourquoi si ce n'est parce qu'elle est gaie ? Or il manque à *Idoménée* cette qualité de gaieté essentielle — étant vertu du fils et fille de son irresponsabilité. Peut-être pour devenir tout à fait lui-même, reste-t-il des chaînes à briser. Sur le plan formel, celle qui interdit le mélange des genres et contraint au respect de formes que la vie a désertées. Au plan de la vie, celle qui garde le fils prisonnier des figures de l'autorité paternelle alors même que le père s'est déjà effacé.

Libéré de son père, ayant su exprimer et ainsi lui imposer la nécessité de son abdication, Mozart demeure captif de son complice, dans les faits autant que dans le fantasme : Colloredo. Le prince avait accordé un congé à Mozart pour la mise en scène, les répétitions et les représentations d'*Idoménée* à Munich. Ce congé est expiré, mais le jeune homme ne se décide pas à rentrer. L'idée d'affronter l'« outrecuidante noblesse » de son maître lui est « chaque jour plus intolérable ». La mort de l'impératrice Marie-Thérèse, à la fin de l'année 1780, lui permet d'ajourner son retour à Salzbourg : Colloredo est contraint de se rendre à Vienne pour présenter ses condoléances au nouvel empereur et le féliciter de son accession à un trône partagé jusque-là avec sa mère. Ce n'est qu'en mars 1781, trois mois après l'expiration du congé, qu'il se souvient de son organiste et lui intime l'ordre de le rejoindre à Vienne. Là va se jouer le drame de la liberté.

Haut en couleur et riche en conséquences, il met en scène deux hommes, mais aussi une société. Il illustre des conditions sociales et historiques, mais aussi des caractères permanents. Il frappe d'autant mieux l'imagination que les motifs et mobiles des comparses demeurent ambigus et qu'on les devine plus qu'on ne les comprend. Comme nombre d'événements de la vie de Mozart, le drame tend à devenir exemplaire et à prendre un caractère mythique.

Mozart commence par obéir : il gagne Vienne, il se rend au palais des chevaliers de l'Ordre Teutonique où réside l'archevêque. Le palais est là toujours, dans l'étroite Singerstrasse, adossé à l'église de Sainte-Élisabeth et, comme tout le centre de Vienne, alors et aujourd'hui, à l'ombre de la flèche de la cathédrale Saint-Étienne. On entre dans une cour où dort le soleil. Personne, rien — sinon un passage vers une seconde cour — qui se tait mieux encore. Par les hautes fenêtres, on aperçoit des rayons chargés de livres anciens, quelques plantes vertes et, aux vitres, un peu de poussière que la lumière de l'été fait chanter. De religion nulle trace, sinon Saint-Étienne au-dessus des toits, mais un lieu vertueux, à n'en pas douter — comme peuvent l'être les pensions suisses en difficulté — qui garde un silence collet monté. Comment se refuser à imaginer le petit homme de vif-argent aux yeux comme exorbités d'intelligence — si content d'être à Vienne, et tout autant des hommes et plus encore de lui, que l'on croit sentir encore ce contentement. Il fredonne car, il l'a écrit, tout ce qu'on ne peut dire, on le peut chanter. Il va si vite dans ce soleil de printemps que c'est à peine si on peut le suivre, il court et fredonne, sifflote une idée après l'autre et, sur sa trace, illuminé par le sourire qu'il a ce matin-là, on croit pouvoir, guidé par cette vivacité exemplaire, vif-argent encore une fois, trouver le sentier qui conduit vers cet arrière-pays mozartien, où chaque mélodie vous prend par la main pour vous mener vers une raison d'être et où toute rencontre se défait en harmonie et illustre son bonheur tranquille. Un petit homme maigre, en perruque et habit rouge, le regard bondissant, un dandy mais distrait car dans sa tête chantent toutes les raisons de vivre et d'espérer. On le voit qui paraît sourire au vide, mais, en fait, c'est à tout ce qui chante en lui qu'il sourit, qui est si gai et qui fait qu'on aime les hommes, tous, et que ce n'est pas sa faute s'il préfère pourtant les femmes, leur tournure — Constance — et leur voix — Aloysia — qui s'envolent si haut comme pour nous faire mesurer la profondeur du ciel... Dandy distrait, il court et s'enivre du printemps qui tourne autour de lui, de la musique qui bourdonne en lui, mais ne perd pas conscience de ses intérêts. Vienne : une chance qu'il est décidé à saisir... Vienne, tout faire pour y rester.

Il court, et dès le lendemain de son arrivée, chez les Mesmer, dans la propriété desquels *Bastien et Bastienne* avait naguère été représenté (1768). Le voilà chez la comtesse Thun, « la dame la plus charmante et la plus aimable que j'ai vue de ma vie », confie-t-il à son père — ancienne élève de Haydn, mélomane qui paraît toute prête à le prendre sous sa protection. La comtesse Rumbeck le veut pour professeur, le comte von Cobenzl l'invite à dîner. Il semble que toute la noblesse veut le recevoir. Il est fêté partout. Tout Vienne le connaît.

Ces succès rendent plus amer son service dans le palais où il occupe « une charmante petite chambre » mais où il mange à la table des domestiques : « Ma Petitesse étant placée entre valets et cuisiniers[1]. » Ce n'est pas leur compagnie qu'il refuse, mais bien une hiérarchie, image d'une société que Mozart, après son triomphe de Munich, ne veut plus supporter. Pour s'en évader, il lui faut se faire connaître dans la capitale autant par ses œuvres que comme virtuose pianiste — et professeur.

C'est bien à quoi Colloredo est décidé à s'opposer. Ses gens n'existent que pour lui et à travers lui. Pour ce qui est de ses musiciens, il leur est formellement interdit de se produire en public en dehors des séances musicales que le prince organise pour son prestige et son plaisir. Mais à peine Mozart est-il arrivé que déjà on le réclame : le concert de bienfaisance organisé par la Caisse des veuves et orphelins des musiciens viennois l'invite. Colloredo commence par refuser brutalement, mais ensuite devant l'insistance des organisateurs qui sont bien en cour auprès de l'empereur, il se voit contraint de céder : le public accueille Mozart avec un tel enthousiasme que celui-ci peut écrire à son père : « Aujourd'hui, j'ai été extraordinairement content du public viennois[2]... » Pour Colloredo l'offense est double : il a dû céder et « les applaudissements sans fin[3] » ne peuvent que retourner le couteau dans la plaie.

Ce n'est pas sans répugnance qu'on cherche sinon à le comprendre, du moins à décrire son point de vue. Colloredo est situé au sommet fragile d'une aristocratie qui pressent la fin de son pouvoir. Toute insoumission lui annonce sa fin. Ainsi de Mozart : il est en ce petit musicien quelque chose de rebelle que Colloredo doit briser parce qu'en cette rébellion se joue sa chute prochaine. Celle-ci doit le précipiter dans le néant : il n'est que titres, tout son être un paraître issu de conventions sans racines dans la réalité et qu'une convention différente peut, du jour au lendemain, en commençant par l'insolence d'un petit musicien, abolir. C'est aussi pourquoi Colloredo s'acharne sur Mozart, ce valet, ancien enfant prodige, presque un gamin dont il ne goûte pas la musique, et dont il se refuse à reconnaître le talent.

Il l'a chassé. Il l'a repris à son service croyant ainsi l'humilier et le briser. Voilà qu'il n'en est rien et que le valet se permet de triompher à Munich et bientôt à Vienne. Colloredo ne peut tolérer pareille situation. Il sait qu'il n'est rien. Né prince, comment peut-il le devenir ? Élu archevêque à la suite d'intrigues dont il connaît la nature toute temporelle, comment aspirer à la sainteté ? « Despote éclairé », il appartient à l'engeance redoutable qui ne s'éteint ni avec les Lumières ni avec le despotisme et qui réserve bonté, générosité, toutes les qualités dont elle serait capable, au monde idéal qu'elle entend promouvoir et se trouve ainsi libérée pour déployer dans la vie quotidienne une méchanceté et une mesquinerie affranchies[4] de toute mauvaise conscience. Il n'a aucun talent. Mozart en déborde. S'il veut le garder, c'est pour le plaisir de le blesser, de l'offenser — et de se venger en le voyant qui trébuche, s'affaisse et souffre. Les sentiments que l'on porte sont le reflet de ceux que l'on s'inspire. Colloredo, il suffit d'observer dans son portrait la torsion vipérine de ses lèvres, est l'homme du mépris. Le méprisant se méprise comme le bon garçon — et Mozart aura porté le bon garçon aux mêmes hauteurs vertigineuses où il a entraîné le concerto pour piano ou l'opéra bouffe —, comme le bon garçon s'aime bien.

En ce mois d'avril 1781, Colloredo, comprenant que, en faisant venir Mozart à Vienne où il trouve aussitôt amis et admirateurs, il a commis une erreur, s'aperçoit que son pouvoir est limité. S'il a pu dans un passé récent décourager ses pairs de Mannheim et Munich de s'attacher la personne du rebelle, il lui faut maintenant connaître le poids de l'opinion. L'univers de Colloredo est un sommet étroit : tout le monde y connaît tout le monde. Les sujets de conversation n'y sont pas si nombreux et les démêlés de l'archevêque avec son organiste défraient d'autant mieux la chronique qu'on n'aime pas celui-là et que, de plus en plus, l'empereur prend au sérieux celui-ci… et sa musique. Colloredo a dû céder pour un concert de bienfaisance auquel l'empereur s'intéressait mais il ne le fera plus. Pour refuser à la comtesse de Thun, amie de Joseph II et l'une des étoiles de la société viennoise, le pianiste qu'elle désire pour un concert que l'empereur a promis d'honorer de sa présence, sans l'offenser et en dissimulant sa vindicte, il organise le même soir du 8 avril 1781 un concert dans son palais où Mozart doit se produire. De fait, l'empereur est chez la comtesse. Il s'étonne peut-être de ne pas y entendre Mozart... Ce qui achève d'exaspérer celui-ci, c'est d'apprendre que tous les musiciens ayant participé au concert Thun ont touché cinquante ducats d'honoraires, c'est-à-dire, pour une soirée, la moitié du traitement annuel que lui accorde Colloredo.

Aussi, quand le prince lui intime l'ordre de rentrer à Salzbourg, Mozart décide de rompre. Il demeure assez le fils pour se sentir obligé de préparer Leopold à une démission qui détruira l'édifice construit par le père dans l'espoir de garder auprès de lui son fils... et le traitement de celui-ci. Mais sans sortir de son rôle, le fils ne saurait affronter le père. Il lui faut louvoyer et feindre, chercher à convaincre, solliciter un conseil comme si sa décision n'était pas encore prise. Il demande « une lettre et un conseil paternel, le plus affectueux qu'il soit[4] ! ». Et trois jours plus tard : « Est-ce que je dois enterrer désormais à Salzbourg mes années de jeunesse et mon talent[5] ? » Nous ignorons la réponse parce que Constance a détruit toutes les lettres de Leopold à partir de cette date. On peut chercher à la deviner. Leopold est-il hostile ou feint-il de l'être ? Wolfgang craint-il ou feint-il de craindre la censure quand il écrit à son père : « En chiffres, dites-moi que vous êtes satisfait... mais en clair, grondez-moi bien fort, afin que l'on ne puisse rien vous reprocher[6] » ? On a l'impression qu'il veut brouiller les cartes de telle sorte qu'il puisse prendre le refus pour une approbation. Mozart cherche l'incident. Il le veut assez violent pour être sans retour et que Leopold ne puisse rien y changer.

Si l'incident lui est nécessaire, c'est qu'aucune clause dans « le décret de nomination » qui le lie à l'archevêque ne prévoit une démission. On doit rappeler dans ce contexte que lorsque Jean-Sébastien Bach avait sollicité son congé auprès du duc de Weimar, il s'était, pour prix de son audace, retrouvé en prison. En 1717, il est vrai, mais les choses n'avaient pas tellement changé puisque l'on verra Mozart, en 1785, avant de retourner à Salzbourg lui présenter sa femme, demander à son père de s'assurer que Colloredo n'avait pas les moyens de le faire arrêter.

Le fils sait attendre, laisser les choses arriver et, sans le laisser paraître, faire qu'elles soient celles qu'il désire. Il est optimiste par nature, par rôle ou fonction. C'est que le père peut être terrible, mais il ne sera jamais un étranger, ni lui ni l'ordre des choses qu'il représente. Mozart ajourne, temporise et c'est Colloredo qui perd patience. Il convoque le jeune homme, l'insulte, le traite de voyou, le chasse du palais. Mozart s'enfuit ; il croit voler vers la liberté. Hélas ! Il prend refuge chez la veuve Weber. C'est tout à côté. Le temps de traverser le Graben et le voilà, de Charybde en Scylla, échangeant les liens du servage contre ceux du mariage. Car à L'Œil de Dieu, pension pour célibataires que tient la veuve Weber, on est bien décidé à faire de Mozart un mari.

Nouvelle convocation de Colloredo :

« Eh bien ! Quand part ce jeune homme ? »

Et lorsque Mozart lui dit qu'il n'a pas trouvé de place dans la diligence, il explose et, « d'un seul coup, sans prendre haleine », traite Mozart de gueux, de pouilleux, de crétin et menace de lui couper les vivres...

« Ainsi Votre Altesse n'est pas satisfaite de moi ?

— Quoi, il veut me menacer, le crétin ! Voilà la porte, je ne veux plus rien avoir à faire avec un pareil mauvais sujet.

— Et moi non plus, je ne veux plus rien avoir à faire avec vous...

— Alors, filez ! »

Et lui, en se retirant : « Eh bien, restons-en là ; demain vous recevrez ma démission[7]. »

La lettre relatant le drame est bien celle d'un homme dont le talent dramatique est démontré. Mais que la scène fût violente, on n'en saurait douter. Mozart est si secoué que ce soir-là il doit quitter l'opéra où il s'est rendu, et rentrer à L'Œil de Dieu tremblant de fièvre où il gardera la chambre deux jours. Il cherche l'appui de Leopold et lui écrit : « Soyez gai, je vous en conjure — car aujourd'hui commence mon bonheur ! » Le père ne peut lui demander de revenir chez celui qui l'a insulté ! « Aujourd'hui commence mon bonheur[8]... » C'était le 9 mai 1781.

Le bonheur ? On ne sait. Mais ce jour est une

date dans la condition de l'artiste. Un musicien, naguère un laquais, ose tenir tête, choisir les risques de la liberté. Il la reconnaît nécessaire à l'épanouissement de son art. Un nouvel artiste est né. Les décennies à venir par l'épanouissement des arts, et notamment de la musique, vont démontrer l'importance de cette mutation.

Pourtant, nous n'en avons pas encore fini avec Colloredo. Mozart remet bien dès le lendemain sa lettre de démission, accompagnée (bien joué) des frais de diligence versés par la Cour pour son retour à Salzbourg. La lettre n'est pas acceptée. On lui refuse le reçu dont il a juridiquement besoin, c'est-à-dire qu'il peut être poursuivi pour insubordination. Le servage a été aboli par Joseph II, mais il en reste encore des traces dans les mœurs.

Cependant, Mozart a la douleur de voir son père se retourner contre lui. Leopold ne peut accepter la liberté de son fils. Ce serait perdre sa paternité, consentir à sa déchéance. Il va jusqu'à écrire au jeune comte Arco, le chef du personnel de l'archevêque, qui a l'âge de Wolfgang et se dit son ami, pour lui demander de ramener son fils à la raison. En l'apprenant, Mozart est indigné. Pour la première fois, il hausse le ton : « Je ne puis revenir de ma surprise… À aucune ligne de votre lettre, je ne reconnais mon père[9]. » Comme il en fut à Mannheim quand Leopold le menaçait de révéler le montant de ses dettes, le fils ne peut croire à la bassesse du père parce que, ayant la vie devant lui, il ne peut comprendre que la liberté qu'il prend signifie à celui-ci sa fin. Il accepte pourtant de se rendre à la convocation du jeune comte Arco qui, en le prévenant de la frivolité du public viennois et de la précarité de ses faveurs, en lui confiant qu'il doit lui aussi supporter les avanies de Colloredo, s'efforce de le ramener au bercail. Peine perdue ! Mozart ne s'est rendu à la convocation que dans l'espoir de recevoir l'acceptation de sa démission qui le libérerait.

Les choses traînent en longueur. La situation de Mozart au bout d'un mois devient difficile. Si l'on refuse le remboursement de l'argent du voyage, ne serait-ce pas pour l'accuser de vol ? Or l'archevêque doit bientôt regagner Salzbourg, rendant la situation de son organiste plus irrégulière encore. Mozart rédige un mémorandum, mais il comprend qu'Arco refuse les requêtes ou tout au moins ne les transmet pas et « ne dit pas un mot au patron ». Furieux, il se rend au palais des chevaliers de l'Ordre Teutonique, réclame une audience de l'archevêque, insiste tant et si bien que le jeune comte le flanque à la porte et lui donne un coup de pied au derrière. Ce coup de pied, combien plus infamant pour celui qui le donne que pour celui qui le reçoit, est la seule trace que la famille Arco aura laissée dans la culture. Quant au coup de pied, il sera rendu au derrière archiépiscopal par les troupes de Bonaparte, et si bien ajusté que Colloredo en disparut de Salzbourg et bientôt de l'Histoire.

Il est temps de retrouver le Graben et de gagner, en face de l'église de Saint-Pierre au baroque pensif, sombre, comme de méchante humeur sous sa grande coupole, au 8 de la Peterplatz, la maison à L'Œil de Dieu. Là, ce sont quatre femmes qui attendent notre musicien dépité, humilié, offensé — mais libéré. On n'a pas pu oublier Aloysia Weber. Elle s'est envolée au bras d'un acteur et peintre, Joseph Lange, passé à la postérité grâce au portrait qu'il fit de Mozart. Lange avait cher payé sa conquête. La mère avait obtenu pour céder sa fille une pension annuelle de 700 florins du futur époux. Elle espérait sans doute marier aussi bien les trois filles qui lui restaient : Josepha, l'aînée, bonne cuisinière, belle cantatrice qui sera la première Reine de la Nuit ; Sophie, la cadette, pour laquelle Mozart avait un peu plus que de l'affection et qui devait l'assister dans ses derniers moments ; Constance, enfin, qui sera l'élue. Certains, on l'a dit, Alfred Einstein en particulier, ont vu en Maria Cecilia Weber un mauvais génie ou une sorcière qui devait exercer une influence néfaste sur Mozart. De fait, elle lui tendit un vilain piège.

On a vu Mozart fuir le palais des chevaliers de l'Ordre Teutonique, remonter la Singerstrasse, traverser le Graben, se précipiter Peterplatz — ce ne sont que trois minutes pour qui marche aussi vite qu'il le fait —, tremblant de colère mais aussi d'espoir. Hélas : le fils qui se croyait libre ne quittait le royaume du père, le sérail d'Osmin dont il va bientôt entreprendre le portrait, que pour se jeter dans les geôles de la mère dont, dans dix ans, et par la Reine de la Nuit, il dira les maléfices. Pour l'heure, il fait confiance à Mme Weber et croit que son seul souci est de le rendre heureux. C'est que Wolfgang a toujours appartenu à Leopold. Anna Maria, qui l'a certainement aimé, maladroitement mais de tout son cœur et qui lui a légué sa joie de vivre, n'a guère compté pour lui. La mère autoritaire, mieux la mère d'autorité est un nouveau personnage pour le fils. Il en subit d'autant mieux l'ascendant qu'il vient de se libérer de son père, ce qui veut dire aussi de le perdre. Il ne peut qu'être sensible à la chaleur maternelle qu'irradie cette forte femme, et séduit par son autorité.

Faiblesse de caractère ? Peut-être, mais encore une fois, il est trop occupé ailleurs pour ne pas être content d'abandonner la réalité quotidienne à qui veut bien s'en charger. Et Mme Weber mobilisant ses filles, sait rendre cette réalité agréable ! Mozart s'en félicite auprès du père feignant une distance qu'il ne sait garder : « Une jolie chambre, chez des gens serviables, tout à ma disposition pour toutes ces choses dont on a un besoin urgent et qui manquent quand on est seul[10]... » La principale, on n'en saurait douter, étant de jolies et gentilles jeunes filles qui ne demandent qu'à rire et jouer. Trois sœurs : il taquine l'une, fait rougir l'autre, complimente la troisième. On pouffe de rire : il est charmant. Chérubin bien sûr, et Mozart sera toujours plus près de Chérubin que de Don Giovanni. La mère est là pour mener le badinage et l'orienter comme elle l'entend. Mozart n'a pas oublié la sœur enfuie et avoue à son père :

« Aloysia ne m'est pas encore indifférente et c'est un bonheur pour moi que son mari soit fou de jalousie, ne la laisse aller nulle part et qu'ainsi j'aie rarement l'occasion de la voir[11]. » Mais comment demeurer insensible au charme de ses sœurs d'autant plus qu'elles paraissent ne songer — surtout la seconde, Constance — qu'à lui plaire ?

Si étourdi le Chérubin qu'il est tout surpris, ulcéré, d'apprendre que l'on commence à jaser, même jusqu'à Salzbourg, et qu'il mettra longtemps, trop longtemps à s'apercevoir que Mme Weber n'y est pas pour rien. Ainsi, on entend le marier à Constance ! À son père qui le prévient, Mozart dit son indignation : « Je loge dans la maison, donc j'épouse !... Je n'ai de ma vie songé au mariage aussi peu qu'à cette heure[12]. » Il reconnaît volontiers qu'il a badiné, plaisanté mais : « Si je devais épouser toutes celles avec qui j'ai plaisanté, j'aurais bien deux cents femmes[13] ! »

Si Chérubin ne songe pas au mariage, on y songe pour lui. Mme Weber garde le beau rôle, assure qu'elle ne trouve rien à redire à la conduite de son pensionnaire, qu'elle est trop son amie pour douter de sa bonne foi... seulement il y a le tuteur qui doit veiller sur la jeune orpheline. Celui-ci, personnage assez louche, traître de comédie, confronte Mozart avec un ultimatum : ou bien il ne remet plus les pieds chez les Weber, ou bien il signe un engagement aux termes duquel, soit il épouse la donzelle dans les trois années à venir, soit (avant de récrire *Figaro*, Mozart en connaît le sort) il verse à la donzelle 300 florins par an. Mozart signe. Mais, comme Mozart l'écrira à son père : « Que fait cette céleste créature lorsque le tuteur fut loin ? Elle demande l'écrit à sa mère et me dit : "Cher Mozart, je n'ai que faire d'un engagement écrit de vous, j'ai assez de votre parole[14]." Et elle déchire l'engagement. » Cette fois Mozart est ferré.

Il commence par trouver un nouveau domicile, tout près, sur le Graben. Ce déménagement et ces soucis matrimoniaux tombent d'autant plus mal qu'il vient de signer le contrat dont il rêve pour la composition d'un opéra allemand — ce sera *L'Enlèvement au sérail* auquel on reviendra comme il le fera lui-même dès que l'histoire du mariage sera réglée. Au royaume de la mère, comme au royaume du père, le fils a laissé les choses arriver et s'arranger — bien ou mal mais de telle sorte qu'il n'y puisse rien changer. Ce qu'il en pense ? Tout à son opéra, il n'avait jamais « moins songé au mariage » que cet été-là. La fiancée ? Il lui faut la présenter à son père :

« Elle n'est pas laide, mais elle n'est pas belle non plus... » (C'est gai !) « Toute sa beauté consiste en deux petits yeux noirs et une belle tournure. » (Bon...) « Elle n'a pas la vivacité d'esprit, mais assez de bon sens pour remplir ses devoirs de femme et de mère. » (De plus en plus gai !) « Elle est habituée à être mal vêtue. » (Là, il exagère !) « Elle se coiffe elle-même. » (Bon !) « Elle s'y entend en ménage, elle a le meilleur cœur[15]... » De quoi périr d'ennui, et d'autant plus vite qu'on se nomme Mozart.

Ce ton n'est si désolant que parce que Mozart veut rassurer son père et qu'il n'a pas oublié la réaction de Leopold à la lettre qui lui décrivait Aloysia. Mozart veut croire encore en la possibilité de transformer Leopold en Idoménée et d'obtenir son abdication réjouie. C'est aussi qu'il n'a pas, n'aura jamais d'autre confident. Pour conserver le seul être avec lequel il peut partager le souci et la joie de sa vie, il s'efforce de le convaincre. Cette fois, il plaide pour les vertus du mariage. Le résultat est touchant et, de nouveau, comique. « La nature parle chez moi aussi haut que chez tant de grands et forts lourdeaux[16]... » (Qui oserait en douter ?) Il a trop de religion et ses sentiments sont trop honnêtes « pour aller séduire une innocente jeune fille ». (Cousinette *attenta* !) Il a aussi « trop d'horreur et de dégoût, de répulsion et de crainte des maladies » pour se compromettre avec des filles : « Je puis bien jurer que je n'ai encore jamais eu affaire à aucune créature de cette sorte[17]. » (Curieux, il semblait qu'à Munich... et que même on l'avait confessé au père sans quoi nous n'en saurions rien.) « Ce n'est pas la raison déterminante. » (Tiens !) Non ! La raison, c'est que « mon tempérament est plus attiré par la vie tranquille du foyer que par le bruit[18]... » (Il exagère ! Ce vagabond perpétuel qui ne tient pas en place ! Leopold qui a fait du fils ce nomade cosmopolite le sait mieux que quiconque !) Mais rien ne nous sera épargné : on en vient au blanchissage ! aux frais qu'il entraîne et qu'il va économiser. Aux dépenses inutiles, etc. On conclut, il est vrai, par un beau rétablissement : « Un homme qui vit seul, ne vit qu'à moitié[19]. »

Il est un trait dans ces deux lettres au père qui demeure singulier et qui, loin de le rassurer comme se proposent de le faire les autres demi ou quart de vérités, doit l'inquiéter. « Cette céleste créature » dépourvue d'esprit et de beauté, toujours mal fringuée, est encore une martyre. Toute la famille la persécute — cette famille dont hier on faisait l'éloge — et en particulier cette mère que l'on vantait. La malheureuse Constance se trouve soudain prise entre l'aînée devenue aussi soudainement paresseuse, grossière et fausse, la « Lange qui est une fausse et méchante coquette » et la plus jeune « une bonne mais étourdie créature »... Constance est « la martyre de cette maison » et Wolfgang s'adresse à Leopold pour « le prier » de lui « permettre de sauver cette pauvre fille[20] ». Voilà qui n'est pas de nature à rassurer un père. Mozart doit croire ce qu'il dit puisqu'il en oublie autant le but de sa lettre que ses affirmations antérieures sur l'excellence de la famille Weber et la paix qui y régnait.

Le martyre de Constance sera oublié aussi vite qu'évoqué ! On a l'impression que Mozart cherche à se convaincre lui-même, à trouver les raisons d'un mariage qu'il n'a pas voulu, auquel il n'a même pas songé. Fidèle au rôle du fils, il accepte un ordre qui n'est pas le sien mais qu'il croit inévitable et, au lieu d'user ses forces dans une lutte inutile, mobilise ses moyens pour s'en accommoder. Pour que le mariage devienne acceptable, il le faut transformer en bonne action. S'il ne satisfait pas l'amour, qu'il satisfasse au moins la générosité. Par là, Mozart démontre aussi ou parvient à se convaincre qu'il n'a pas été pris au piège, mais qu'il a agi par grand cœur.

Quels sont ses vrais sentiments à l'égard de celle qui va devenir sa femme et partager les quelques pauvres dix ans qui lui restent à vivre ? Il y a d'abord ce que Mozart, dans la lettre à son père, nomme « la nature », dont l'importance a été reconnue bien avant que Freud ne la systématise. Celle de Mozart est sensible à la « tournure » de Constance ; celui qu'il nomme « mon petit coquin », son désir, n'y restera jamais indifférent. Il y a aussi que, contrairement à ce qu'il raconte à son père pour l'assurer qu'aucun sentiment déraisonnable n'intervient dans sa décision, Constance est belle fille, sera belle femme — même s'il est dans sa bouche quelque chose de déplaisant. Il y a encore qu'elle paraît avoir bon caractère, être légère, enjouée et, par exemple, accepter sans révolte de danser le menuet pour se réchauffer quand l'argent manque pour le bois de chauffage. Il y a surtout que qui aime les femmes les aime toutes, j'entends aime la féminité, et Constance sur ce point ne laisse rien à désirer.

Il ne pourra sans doute jamais partager avec elle les soucis, les angoisses et les joies de son œuvre. Musicienne, elle chante à un concert ou deux mais, comme le souligne Alfred Einstein : « Les capacités vocales et intellectuelles de Constance ne vont pas loin[21]. » Mozart l'aime-t-il ? Il est décidé à l'aimer et il y réussira si bien que ses lettres d'amour à sa Stanzi, après sept ans de mariage — « Je parle une bonne demi-heure à ton portrait chaque nuit, avant d'aller au lit[22] » — sont émouvantes et dignes de l'auteur du *Porgi amore*, de l'air des marronniers, de *De la sua pace*, bref de celui qui mieux que tout autre dans l'histoire a su exprimer la douleur et le plaisir d'aimer — et la tendresse autant que la sensualité.

Il fait devant mauvaise fortune bon visage ? Mais le fils peut-il connaître l'amour en dehors de la mission que le père lui a confiée ? Mozart n'éprouve que pour créer la musique ; il sent pour elle, ne s'intéresse au sentiment qu'en son nom et pour l'enrichir. S'il doit connaître l'amour, ce n'est pas pour le bonheur d'une vie, mais pour la beauté d'une œuvre. Chaque sentiment, et en particulier l'amour, doit lui servir de matériau. Ce n'est pas par manque d'humanité, mais vocation ou mission par Dieu confiée à celui dont Il fit un miracle. L'amour est connaissance avant d'être jouissance, et Chérubin — *Voi che sapete* — le devine. Pour connaître l'amour comme il le faut pour l'Œuvre, Constance peut convenir. Il entreprend de l'aimer.

Il y parvient d'autant mieux qu'on les persécute. La mère n'a pas pardonné à la fille son geste qui détruit l'engagement écrit. À L'Œil de Dieu, quand il va rendre visite à Constance, Mozart est accablé par les « aigres propos » de Mme Weber. Il constate qu'elle boit « en vérité beaucoup plus qu'une femme ne devrait boire ». Elle rabroue sa fille qui est malheureuse. Et le sera plus encore quand elle se querelle avec son fiancé au sujet d'un gage que Constance avait payé en se laissant mesurer le mollet par « un chapeau » (un galant). La mère craint que Mozart ne profite de la querelle pour se libérer. Elle mène une vie si dure à la pauvre Constance que celle-ci s'enfuit de L'Œil de Dieu et se réfugie chez une amie de Mozart, femme légère semble-t-il, la baronne von Waldstädten. Mère et tuteur se mobilisent et menacent d'alerter la police pour récupérer la fille mineure. La situation est peut-être plus dramatique : la fuite de Constance, son appel à l'hospitalité de la baronne s'expliquant par une fausse couche. Il faut se marier : « C'est inévitable et indispensable pour mon honneur, l'honneur de mon aimée... » Mozart écrit encore à son père qu'il n'y a « rien à différer. Mieux vaut mettre ses affaires en règle et agir en honnête garçon[23] ».

Le mariage aura lieu le 4 août 1782 en la cathédrale Saint-Étienne : « Lorsque nous fûmes unis, ma femme se mit à pleurer et moi aussi — tout le monde en fut ému et pleura, même le prêtre » — un beau mariage ! et qui fut suivi par un souper offert par la baronne Waldstädten « en vérité plus princier que baronnesque ». Le lendemain seulement, Mozart recevait de Salzbourg la bénédiction de son père accompagnée d'une bien vilaine mise en garde : le fils n'a rien à attendre du père. Mozart refuse de se fâcher : « Ma chère Constance... connaissait ma situation et tout ce que je peux attendre de vous » (c'est-à-dire rien) « [elle] l'avait depuis longtemps appris de ma bouche. Mais son affection et son amour pour moi étaient si grands qu'elle sacrifie... toute sa vie future à mon destin... Je vous baise les mains et vous remercie[24]... »

Si Mozart a mis longtemps à se décider — il ne s'exécute qu'un an après l'ultimatum du tuteur — c'est qu'il cherchait pour son ménage des ressources stables et espérait obtenir avant de le fonder une situation assurée. Avant même le drame et la rupture avec Colloredo, Mozart avait su intéresser l'inspecteur du théâtre allemand, Stephanie Le Jeune, à un projet d'opéra, *Zaïde* (*Singspiel K 344*, composé à Salzbourg au cours de l'été précédant son départ pour Munich) où l'on voit Zaïde et Gomatz, esclaves chrétiens du sultan Soliman, s'éprendre, se sauver du sérail puis, repris par un marchand d'esclaves, qui se nomme déjà Osmin, être condamnés à mort. Ensuite, pour démontrer qu'il est des âmes vertueuses non seulement en Europe mais aussi en Asie, ils seront graciés.

Ce thème substituant à l'exotisme du temps celui de l'espace et, aux Grecs et aux Romains, les Perses et les Turcs, jouit de la faveur du public et des Lumières qui le veulent éclairer. Le beau rôle, comme Montesquieu dans les *Lettres persanes*, comme Nathan le Sage, dans le drame de Lessing qui venait de paraître et où il revenait au Juif de concilier les trois religions d'Abraham, Mozart le réserve à l'étranger, au sultan, Zaïde, devenu le héros et l'illustration de la lutte pour la tolérance religieuse. Mais *Zaïde* va être abandonné au profit de *L'Enlèvement au sérail* qui lui ressemblera comme un frère sur l'insistance de Stephanie Le Jeune, convaincu que le public viennois n'aime que la veine comique.

Mozart se tourne vers le mélodrame — c'est-à-dire la déclamation entrecoupée de musique. Il y apprend combien l'opposition du chant et de la parole peut être chargée de sens et d'émotion. La parole sera le privilège du pacha Sélim. Son autorité, épaulée par celle de la parole, si précise quand elle interrompt le chant et fait taire la musique, s'en trouvera exprimée et renforcée. Le calme du mot après l'émotion de la voix imposera la sagesse de Sélim. Mais par cet usage de la parole, *L'Enlèvement* renouait aussi avec le genre auquel, comme *Zaïde* avant lui, il était destiné : le *Singspiel*, opéra allemand où les récitatifs sont des dialogues parlés qui, dans l'esprit de Mozart autant que dans celui de ses contemporains, signifie beaucoup plus qu'un opéra chanté en langue allemande.

L'idée de donner à ce type de théâtre chanté ses lettres de noblesse revient à Joseph II : il crée une compagnie pour le servir. En réaction contre l'*opera seria* au service de l'hégémonie italienne, à l'imitation de l'opéra comique français, des musiciens allemands vont composer des pièces chantées entrecoupées de dialogues parlés. Ce genre, par sa simplicité, se propose d'émouvoir un public national et de le former. S'il prépare ainsi la fusion des genres qui sera l'œuvre de Mozart, son but demeure la création d'une culture allemande libérée des influences française et italienne bien que fidèle aux idéaux des Lumières empruntés à la France. L'œuvre est mise au service de ces idéaux ; pour *L'Enlèvement* ce sera la tolérance et une fraternité humaine que la maçonnerie en plein développement cherche à imposer à l'Europe pensante. Le danger d'un opéra à thèse devient évident. Pour l'éviter, il faut le regain de vie que seul le comique qui manquait à *Zaïde*, mais s'épanouit dans *L'Enlèvement*, peut apporter pour faire de cet opéra un véritable événement.

L'empereur, qui l'avait commandé, fit pourtant de curieuses réserves. Assistant à la première représentation, le 16 juillet 1782, il aurait dit : « Trop beau pour nos oreilles, cher Mozart, trop de notes. » On prête à Mozart une réplique qui lui ressemble et si elle n'est vraie, mérite de l'être : « Sire, pas *une* de trop ! » Vienne, c'est-à-dire le public, se range de son côté pour goûter la merveilleuse exubérance de l'opéra. La veine dramatique de Mozart est parvenue à son apogée. Elle a pris conscience d'elle-même et de ses moyens. Einstein souligne que Mozart propose pour la première fois dans l'histoire de l'opéra d'écouter les répercussions physiologiques des émotions que l'on prête aux personnages et de faire entendre les battements du cœur de Belmonte, le héros, le tremblement de Pedrillo, son valet, les soupirs de Constance, sa maîtresse. Le compositeur n'avait-il pas écrit à son père à propos du sentiment de Belmonte dans l'aria « *O wie ängstlich* » : « Savez-vous comment il est rendu ? Le cœur qui bat plein d'amour est déjà annoncé d'avance par les deux violons… On y sent le tremblement, l'irrésolution, on y sent la poitrine gonflée qui se soulève[25]… » On peut rester indifférent aux genres, les distinguer mal ou même se demander si les termes de *Singspiel*, *opera buffa*, *seria*, *dramma giocoso*, *grand opéra*, signifient encore quelque chose quand, plongé dans la pénombre du théâtre, on écoute la musique présentée sous leur nom. *L'Enlèvement*, au-delà du *Singspiel*, est un chef-d'œuvre qui peut être considéré comme le premier opéra. J'entends le premier parfaitement réussi. Plus simplement le premier qui n'ennuie pas !

L'ennui toujours, partout, a la même cause : l'enfermement du sujet sur soi. L'objet qui devrait être le moyen de la communication avec autrui n'est plus qu'un miroir au reflet lassant. Ainsi de la musique quand elle se met à exister pour elle-même : ainsi de la voix qui cherche à jouir de ses moyens. Dans *L'Enlèvement*, la musique n'accompagne plus le personnage, elle le crée. Son ambition n'est point de *se* faire écouter, mais de *le* faire exister. Le personnage n'est plus un prétexte pour la musique. Il devient sa créature : elle ne vit que pour lui qui parvient à se constituer en musique de même que, dans le roman, il s'élabore en mots. En quelques notes, tandis qu'il gesticule et vocalise sur la scène, Osmin, le terrible gardien du sérail, va s'imprimer en nous… Quelques notes et déjà nous savons tout de lui. Il n'existait pas il y a quelques mesures. Nous le connaissons déjà mieux que l'ami d'enfance. Les personnages chantent pour exister, pour entrer dans l'existence et se connaître en se faisant connaître. La voix ne monte pas pour se faire admirer ou faire admirer la mélodie, l'harmonie, toute musique, mais pour imposer une présence humaine — aussi loin qu'elle soit du sens dans les *colorature*, aussi près qu'elle s'en approche dans le récitatif. Par l'aria se manifeste, au-delà du sens et de la progression dramatique confiée au récitatif *secco* ou accompagnée, une existence et son rôle dans le concert d'une époque, un personnage, un archétype historiquement situé.

La voix exprime les profondeurs instinctives où elle a pris naissance et qui précèdent la parole ; ce sont des limbes d'avant les mots, entre le cri et le discours qu'elle seule peut révéler. L'histoire qu'elle raconte est si banale qu'on la devine, si, comme c'est le plus souvent le cas, on ne la connaît pas d'avance. L'intérêt n'est pas dans le développement mais dans la rencontre. Trois notes et — « c'est tout lui » — le personnage est là. La musique se transmue en les harmoniques insaisissables mais immédiatement sensibles qui font que le « bonjour » de l'un est franc, celui de l'autre faux. Elle recueille ces harmoniques qui vont par une série d'associations discrètes, mais suffisamment impérieuses pour impliquer l'auditeur, d'écho en écho, atteindre un horizon psychique commun où la connaissance et l'identification sont immédiates. Par *L'Enlèvement*, l'opéra parvient à sa maturité — comme la chronique devient histoire, l'icône tableau, le fabliau roman. On peut tout lui confier. On peut tout en attendre.

Si Gluck avait voulu restreindre la musique « à son véritable office » (épître dédicatoire de l'opéra *Alceste*), c'est qu'il demeurait prisonnier d'une dualité du sens et du son. Jusqu'à *L'Enlèvement*, et même dans *Idoménée*, qu'on la dise première comme le veut Mozart ou soumise comme l'entend Gluck, la musique accompagne un projet qui n'est pas musical mais dramatique et, au mieux, lui prête son expressivité pour en assurer l'ornement. *L'Enlèvement* réalise pour la première fois la conception en musique d'un personnage, une personnalité sonore, découvre une psyché musicale telle que les mots et tout le livret n'en sont plus que l'ombre portée, mieux : les sous-titres pour guider celui qui n'entend pas la langue originale. Pareille création relève du génie et non de l'explication. On peut toutefois chercher à en décrire certains éléments.

Il y a le double. Il va rendre plus ou mieux audible la personnalité. Mozart donne à chacune de ses créatures un double en musique. À Belmonte, l'amant désolé et de bonne naissance, correspond Pedrillo, son valet riche en astuces, initiatives, intelligence ; à sa noble amante Constance qui est prête à mourir plutôt que trahir son amour, Blonde, sa soubrette anglaise, qui a déjà la vivacité et l'intelligence de la Suzanne des *Noces* pour se moquer d'Osmin et gifler son amant, Pedrillo, quand celui-ci se permet de douter de sa fidélité. Constance, soit dit en passant, ne doit pas son nom à la demoiselle Weber que Mozart allait épouser. Mais quelle chance, mieux quelle élection toute mozartienne, fait que le hasard du livret impose à celle que l'on doit créer le nom de celle que l'on a choisi d'aimer ! « *Ah Constanza, oh mein Liebe...* » et Mozart voyait le lourd regard noir et la « belle tournure » surgir de la partition... « *Ah, mein Liebe* » !

Le troisième couple est moins évident : celui que forme le noble despote éclairé Sélim, le pacha, et son gardien du sérail, Osmin. On peut y reconnaître deux visages du père. On peut s'amuser du fait que le bon père ne chante pas une note... Autant dire qu'il se tait : ne serait-ce pas une leçon, peut-être inconsciente, donnée à Leopold ? Quant à Osmin, le mauvais père, il est sans doute le personnage le plus haut en couleur de l'opéra. Il est comique, mais inquiétant par sa colère venimeuse tournant sur elle-même sans s'assouvir, se répétant comme prisonnière et où l'on peut, où l'on doit peut-être pour en prendre cette fois définitivement congé, reconnaître Colloredo et le chapelet d'insultes que, perdant toute retenue, il avait craché au visage de Mozart. Déjà, on s'en souvient, dans une lettre ancienne écrite de Munich, Mozart avait évoqué cet archevêque sous le nom de « Grand Mufti ».

La colère du maniaque obsédé était, dans son rythme accéléré, un passage auquel Mozart attachait de l'importance. Il écrivait à son père : « Sa colère augmente toujours, l'homme qui est pris d'une colère si violente, excède toute mesure, règle, borne : il ne se connaît plus. Il faut que la musique, elle aussi, ne se connaisse plus. » Mozart ajoute, mais là son propos dépasse le personnage d'Osmin et donne une leçon que les siècles et en particulier le nôtre feraient bien d'entendre : « La musique, même dans la situation la plus terrible, ne doit jamais offenser l'oreille, mais pourtant là encore, la charmer — et donc rester toujours de la musique[26]. »

Dans les trois couples cependant, on observe un même rapport du noble et du populaire, du drame élevé et de la comédie débridée... c'est-à-dire des deux genres en lesquels l'opéra s'était divisé : le *seria* et le *buffa*. On peut conclure avec Jean-Victor Hocquard que ce n'est point un genre ou l'autre que Mozart fait éclater, mais que ce qu'il fait éclater, c'est la notion même de genre.

Que l'opéra, loin d'être la juxtaposition des arias et des récitatifs, de poésie et de musique, de musique vocale et instrumentale, constitue un tout, l'ouverture de *L'Enlèvement* tend déjà à le prouver. Elle annonce l'opéra, mais elle en fait partie ; elle l'ouvre exactement et le premier air, celui de Belmonte, reprend le second de ses thèmes sans solution de continuité. La dignité de la parole, retrouvée peut-être dans le modèle du *Singspiel*, intervenant comme la morale ou la signification du chant, loin d'interrompre l'opéra le renforce dans son identité en lui offrant une manière de perspective. Les éléments biographiques ne s'arrêtent pas au règlement de comptes avec Osmin Colloredo — tyran maniaque devenu un automate détraqué et qui fait rire sur scène, les autres personnages se moquant de lui, autant que dans la salle. Il y a aussi l'heureux hasard de nom de l'héroïne. Et cette phrase surtout : « aujourd'hui commence mon bonheur ! ».

L'Enlèvement est imprégné de la merveilleuse bonne humeur dont faisait preuve le joyeux garçon partant pour l'Italie, il y avait à peine plus de dix ans. Peut-être qu'en abandonnant *Zaïde* et en écrivant *L'Enlèvement*, Mozart a reconnu avec son protecteur Stephanie que « Vienne préfère le comique ». Il s'efforce de répondre à ce goût. Sans doute y a-t-il en Wolfgang un Hanswurst, un Jean la Saucisse, faux naïf d'une drôlerie que Vienne a toujours aimé, le « pitre » cher à la sœur Nannerl. Mais la bonne humeur de Mozart est celle dont G. K. Chesterton disait qu'on imagine mal à quel excès elle peut conduire, invincible, inlassable, que l'on retrouve jusque dans les derniers moments pourtant si douloureux. Cette bonne humeur-là, écho repoussoir des plaintes perpétuelles du père, est la bonne humeur du fils, issue de son irresponsabilité d'un monde dont il n'est pas l'auteur mais seulement, sous bénéfice d'inventaire, l'héritier. Elle est spécifique du génie de Mozart — car venu de l'enfance et pareil à son prolongement, ce génie n'emprunte rien à ce que la psychologie a nommé la « compensation ». Il est inné non pas construit. Il est de source non le fruit d'efforts et de combats. Trop tôt survenu pour répondre à un autre besoin que celui de survivre, qui dans la prime enfance ne peut être assuré que par l'amour, il résulte de cette recherche désespérée de ce seul espoir de survie. Le génie mozartien, précédant toute compensation, se confond avec la défense archaïque de la vie même. D'où le lancinant « aimez-moi » qui l'accompagne. « Aimez-moi. » De fait, que demander d'autre ?... Alors tout ce qui surmonte l'angoisse de mort se résout en bonne humeur.

Frère

« Les gens sont, je peux le dire, vraiment fous de cet opéra[1] », écrit Mozart à son père.

De fait, avec *L'Enlèvement au sérail*, joué une quarantaine de fois dans tout le monde germanique, le compositeur connut de son vivant son plus grand succès. Mozart avait dû pourtant surmonter des difficultés qui demeurent énigmatiques et vaincre une cabale puissante dont on connaît bien l'existence, mais dont on ignore la nature et les motifs — toutes les lettres à ce propos ayant été détruites. Elle paraît liée à la visite du pape Pie VI qui, en mars 1782, se rendit à Vienne.

La visite du pontife était motivée par la crainte éprouvée au Vatican de la politique de tolérance inaugurée dès son accession par Joseph II. Le monarque n'était-il pas allé jusqu'à supprimer les mesures vexatoires à l'encontre des Juifs qui, en les assimilant fiscalement à des porcs, leur rappelaient efficacement leur ignominie ? Dans ce climat moral, la conclusion de l'opéra pouvait paraître une provocation aux yeux du noble visiteur et de son parti. En effet, quand le pacha Sélim assure que rien n'est plus odieux que la vengeance et qu'avoir bon cœur et pardonner est le propre des grandes âmes, ne dirait-on pas que ce musulman se permet de faire la leçon aux bons catholiques ou même que, à travers lui, les auteurs se proposent de démontrer que les grandes âmes ne sont pas le privilège du christianisme ; mieux : qu'il s'en trouve partout ! Cette hardiesse morale devenue, fort heureusement, pour nous imperceptible était si grande que le joséphisme, sans rien céder sur le fond, avait sans doute préféré reculer.

On ajourne la représentation de deux mois. Mais quand elle a lieu enfin, le 16 juillet 1782 au Burgtheater, c'est un triomphe. La cabale est là encore, sifflant le premier acte, mais elle est incapable de lutter contre l'enthousiasme de la salle. Il fut si grand que, s'affirmant contre la cabale, répondant à la visite pontificale, il devint politique et que, sans l'avoir vraiment cherché ou clairement voulu, Mozart, aux yeux du public et sans doute à ses propres yeux, se retrouva dans le camp des Lumières et bientôt associé au mouvement qui cherchait à les répandre, la franc-maçonnerie.

Cette société était apparue très tôt dans la vie de Mozart. On se souvient de *Bastien et Bastienne*, *Singspiel* commandité dès 1768 (Mozart a douze ans) par le docteur Mesmer, maître de la loge de la Grande Alliance, et du baron von Gebler, Grand maître qui, cinq ans plus tard, s'adressa à Mozart pour composer l'accompagnement musical de son drame *Thamos, roi d'Égypte*, une apologie de la maçonnerie. Mozart se trouve alors conduit à réfléchir à ce monde étrange où les Lumières courtisent les ténèbres d'une Égypte beaucoup plus psychologique qu'historique et où la foi en le progrès croit trouver le fondement de son idéal dans les fantasmes les plus récessifs. Dans ce travail qu'il reprendra et complétera en 1778-1779, Mozart découvre des thèmes et des accents qui seront ceux de son dernier chef-d'œuvre, *La Flûte enchantée*. Une reine maléfique, un grand prêtre du soleil.

Les maçons avaient accompagné Mozart lors de son voyage désastreux à Paris. Johann Christian Cannabich, directeur de la musique de Mannheim, qui l'avait accueilli dans cette ville et l'avait aidé pour ses contacts avec la Cour et l'organisation de concerts, était un maçon éminent. Il avait recommandé le jeune Mozart à ses frères de Paris et, notamment, à Joseph Legros, directeur de l'association du Concert spirituel.

Dans la Vienne de 1782, la maçonnerie est bien en cour : Joseph II cherche à s'appuyer sur elle pour promouvoir son libéralisme. Elle est puissante dans l'aristocratie qui commande le goût. Mozart lui doit sans doute une part de son succès. Peut-être trouve-t-il parmi ses membres un appui pour ses activités d'imprésario et en particulier pour la création d'une association de concerts — dite « Concert des dilettantes » — qui lui survivra et où Beethoven trouvera des appuis lors de son arrivée à Vienne. On constate, en effet, que parmi les « dilettantes » sont inscrits des personnages tels les barons van Swieten et Gemmingen qui jouent un rôle directeur dans les loges viennoises. Avec leur appui Mozart croit toucher au but, car la rumeur publique veut que l'empereur cherche à l'attacher à sa cour. Déjà il prépare les arguments d'un marchandage qui sera serré avec le despote aussi pingre qu'éclairé : « Si l'empereur me donne 1 000 florins et un comte, 2 000, je fais mon compliment à l'empereur et je vais chez le comte[2]. » Hélas, il n'y eut ni comte ni empereur.

Pourtant Mozart est heureux, libre enfin, gagnant beaucoup et dépensant sans doute davantage, aussi estimé comme virtuose que comme compositeur et cherchant à établir de bonnes relations avec sa famille et à la réconcilier avec sa femme. Ses lettres ont retrouvé leur belle humeur pour conseiller sa sœur sur sa toilette ou sa coiffure, réclamer des langues fumées, spécialité de Salzbourg, et pour se laisser briser le cœur... par un frac rouge. À la baronne Waldstädten, riche et puissante amie qui avait naguère accueilli Constance en fuite et organisé le mariage avec, pour le conclure, un souper « princier plus que baronnesque », il demande son aide pour retrouver et conquérir ce frac « qui lui chatouille si douloureusement le cœur ». Lui seul est digne des « boutons de nacre, sertis de pierre blanche[3] » aperçus par notre dandy sur la Kohlmarkt et qui ont « engrossé mes pensées[4]... ». Puis par un rétablissement soudain, issu de sa célèbre mobilité de cœur et d'humeur, il conclut : « Je voudrais avoir tout ce qui est bon, véritable et beau[5] ! » Son marivaudage avec la baronne, qui a quelque douze ans de plus que lui, ne manque pas de sel quand il l'assure qu'il est à la fois le plus heureux et le plus malheureux des hommes, heureux depuis qu'il a découvert au bal « Votre Grâce si bien coiffée », et malheureux parce qu'il en a « perdu le repos[6]... » « Vous rougissez, vous souriez... Mon bonheur est fait !... Mais qui me frappe sur l'épaule ? Qui regarde ce que j'écris ? aïe, aïe... ma femme... Mon Dieu, je l'ai maintenant, il faut bien que je la garde ! Que faire ? Sinon son éloge et imaginer que c'est la vérité[7] ! »

Cette galanterie sera interrompue par le père ! Rien ne lui sera épargné ! Le voilà qui endosse le rôle du Barbon, faisant sa cour à la baronne qu'il ne connaît pas mais dont le titre l'a séduit. Il cherche à faire de « la noble et gracieuse dame » son complice, lui exposant les défauts du fils qui le rendent « dolent et inactif » et condamnent le père à une « situation si pénible[8] ». Avant-dernier moment du père, celui du ridicule où, déjà impuissant, il veut encore séduire et démontrer que le fils, quels que soient son charme et ses qualités, n'est encore que le reflet du père qui garde le monopole du sérieux et du réel. La baronne s'amuse ; peut-être va-t-elle jusqu'à prévenir le fils du ridicule que se donne le père. Toujours est-il que Mozart croit nécessaire d'intervenir pour l'honneur familial et de prévenir le Barbon, quand celui-ci envisage un voyage avec la noble dame comme précepteur de ses enfants, qu'« elle veut quelqu'un pour elle et non pour ses enfants », qu'« elle est un peu toquée », qu'« elle est faible », que l'« on parle d'elle de façon équivoque ». Il n'en dit pas plus : « J'ai trop bénéficié de ses grâces et mon devoir est de prendre sa défense[9]... » Hélas, pauvre Leopold.

Le fils paraît se complaire dans la galanterie et donne des bals qui durent jusqu'à l'aube. On l'a vu séduit par un frac rouge. Le voilà qui réclame à Salzbourg son habit d'Arlequin pour Carnaval. Le succès pourrait lui tourner la tête — il n'a encore que vingt-six ans. Le bonheur conjugal pourrait l'assoupir : « Bonjour, petite chère femme. Je souhaite que tu aies bien dormi, que rien ne t'ait dérangée, que tu n'aies pas de mal à te lever, que tu ne t'enrhumes pas... Réserve les ennuis ménagers pour mon retour[10]... », dit le billet déposé aux pieds de la belle endormie par le mari parti à l'aube faire du cheval. Comment expliquer que c'est en ces mêmes mois que Mozart écrit les compositions les plus originales et les plus douloureuses ? C'est dans ces derniers jours de 1782 qu'il compose le *Quatuor en sol majeur* (K 387) dont on peut penser qu'il inaugure une nouvelle psychologie, un nouveau sentir (pour ne pas dire, faute de l'oser, « âme »), élaborant la forme musicale pour l'accueillir et représenter, mieux pour imposer sa présence. Les mots manquent pour exprimer l'émotion ressentie à l'écoute de l'*andante cantabile.*

Mozart écrit à son père que « pour avoir du succès, il faut écrire des choses suffisamment compréhensibles pour qu'un *fiacre* puisse les chanter aussitôt ou tellement incompréhensibles que cela plaise justement parce que personne de sensé ne peut les comprendre[11] ». Mais c'est encore un autre succès qu'il recherche qui n'emprunte pas plus aux cochers de fiacre qu'aux fanatiques de l'incompréhensible. Cette ambition musicale avait trouvé à s'exprimer une première fois quand il n'avait que seize ans dans les *Quatuors milanais.* Au moment même où il recherchait dans l'opéra, *Lucio Silla* (1772) en particulier, l'expression musicale des conflits humains, il aspirait à une solitude lyrique où, comme dans les quatuors milanais, on entrevoit un approfondissement personnel que la musique propose à celui qui l'écoute. Dès les quatuors milanais, Mozart est seul, en tête à tête avec lui-même, et les quatre voix dans leur dialogue tantôt enjoué, le plus souvent douloureux, passant, fidèles à l'incohérence de la vie intérieure, d'une humeur à son opposée, sont les prisonnières d'une même solitude. Si dans les *Quatuors du soleil* et, plus tard, dans les *Quatuors russes*, Haydn avait apporté à cette forme musicale son plein épanouissement, il appartenait à Mozart de lui donner tout son sens en rendant aux voix libérées et égales l'unité d'une solitude dont elles sont les expressions antagonistes. Quatre voix d'une même psyché se découvrent en luttant et en composant les unes avec les autres. Par l'exploration de ce moi polyphonique, la découverte de sa profondeur, Mozart parvient, dans les quatuors dédiés à Haydn, à une musique méditative qui, au-delà de l'ornement, paraît chercher une harmonie où les relations antagonistes qui animent et déchirent la vie intérieure, seraient résolues. Un paysage intime s'ouvre alors et il convient de lui garder le nom du guide qui nous le découvre : Mozart.

On doit écouter aussi dans cette musique la qualité humaine du compositeur ; Mozart est, avant tout, un homme exquis. Marié plutôt par gentillesse que par amour, on le verra bientôt devenir franc-maçon par amitié plus que par conviction. Un incident, survenu lors de son retour à Salzbourg, illustre cette gentillesse qui, chez lui, devient beauté.

Il n'avait toujours pas présenté sa femme à son père et à sa sœur. Le voyage avait été retardé par la grossesse et l'accouchement de Constance. Mais enfin : un « matin 17 [juin] à six heures et demie, ma chère femme est heureusement accouchée d'un gros garçon, fort et rond comme une boule[12] ». Mozart omet de dire qu'au cours de cette même nuit, à en croire les récits de Constance, il achève la composition du second *Quatuor dédié à Haydn en* ré mineur (*K 421*) ne s'interrompant dans son travail que pour soulager celui de sa femme, si bien que le chef-d'œuvre et l'enfant seraient nés la même nuit. Le gros garçon fort et rond comme une boule se nommera Raimund pour satisfaire le baron Wetzler, protecteur et ami du couple, mais tout de même Raimund Leopold afin de ne pas blesser le grand-père. On apprendra encore que « tout frais et dispos, il est terriblement occupé à boire, crier, péter, chier et cracher[13] » avant que, deux mois plus tard, on ne lise son épitaphe : « Quant au pauvre gros, gras petit homme... nous avons beaucoup de chagrin[14]. » On a évoqué naguère la révolte de Mozart contre l'ordre du langage, dans ses *Lettres des jours ordinaires* déjà citées, ses « vocalises burlesques », pour reprendre la formule d'Annie Paradis, montré ce feu d'artifice où le discours, que le musicien écarte du sens pour le rendre à la joie du rythme et du son, redevient pareil au gazouillis de l'enfant, découvrant la parole, séduit par ses charmes et improvisant, au-delà des significations accessibles et des mots qui le fuient, le galimatias où il se complaît. Il demeure, et les quelques lignes consacrées au « pauvre gros, gras petit homme » démontrent que Mozart est aussi doué pour le récitatif que pour l'*aria*, qu'il sait écrire, c'est-à-dire trouver les mots qui imposent la présence de celui ou de cela qu'ils désignent et le font surgir devant le lecteur — par la soudaineté du trait — avec la vivacité d'une révélation.

Mozart redoute le retour à Salzbourg. « Il y a bien longtemps qu'une idée me trotte dans la tête. S'il n'y a pas à redouter que si je viens à Salzbourg, l'archevêque ne me fasse arrêter[15] ! » Mozart n'a toujours pas reçu de congé. Son souci grandit parce qu'il est partagé par nombre d'amis.

De plus, il continue à ne « se soucier ni de Salzbourg ni de l'archevêque » et « emmerde l'un et l'autre[16] ». Mais enfin puisque son père le rassure et qu'il va jusqu'à se croire « dupé » par son fils qui ne formulerait ses craintes que pour y trouver une échappatoire, qu'on prépare « le jeu de boules dans le jardin car ma femme en est grand amateur[17]... ». Constance « a toujours un peu peur de ne pas vous plaire parce qu'elle n'est pas jolie mais je la console autant que je peux en lui disant que mon père chéri ne s'attarde pas tant à la beauté extérieure qu'à celle de l'intérieur[18]... ».

On ne sait rien du jeu de boules et peu de choses d'un séjour qui devait durer trois mois. On peut toutefois conclure, en raison de ce qui le suivit, qu'il n'y eut ni rapprochement véritable ni sentiment amical entre le père, la belle-fille, la sœur. La formule trop courtoise par laquelle Mozart conclut ce séjour — « Ma femme et moi vous baisons les mains, vous demandons pardon de vous avoir importuné si longuement et vous remercions encore une fois pour toutes les bontés que nous avons reçues[19] » — en exprime le vide et l'échec.

Ce séjour pourtant est mémorable en raison de l'incident qui illustre la bonté malicieuse de Mozart et son caractère exquis. Michael Haydn, le frère infortuné du grand Joseph, excellent musicien que Mozart aimait et admirait depuis son enfance, qui buvait trop et habitait à la sortie du cimetière, est malade. Mozart le trouve au lit et au désespoir. Il doit composer, sur ordre venu de haut lieu, six duos pour violon et alto. Or, il n'en a composé que quatre et la maladie l'empêche de travailler. Il présente ses excuses... Elles sont refusées. Pire ! L'archevêque ordonne aussitôt de retenir le traitement du malheureux qui se trouve privé de ressources au moment même où apothicaires et médecins lui coûtent gros.

Mozart écoute les doléances de son ami, ne dit rien, prend la partition inachevée, s'en va. En lui déjà la musique, accompagnée par la bonté et la malice, sifflote. C'est l'été, il fait beau. Au pied de la falaise, tandis qu'il traverse le cimetière, il a l'impression de sourire à son enfance. Il est léger, rapide pour franchir la grande place qui porte aujourd'hui son nom. Déjà dans sa tête et son cœur, les notes se chevauchent, s'éparpillent, se rassemblent. Il rit en lui-même, comme il le faisait enfant, rit et se hâte. Deux jours ne se sont pas écoulés... que Mozart est de retour ! Les duos sont prêts.

Il ne reste plus à Michael Haydn que le soin de les signer. Ils deviendront, reconnus tardivement par leur père, les charmants *K 423* et *424*. Mais que l'on songe à la joie de Mozart en voyant celle de Haydn, à son sourire en pensant à l'admiration que Colloredo, ignorant l'auteur, ne manquera pas d'exprimer ! Une bonne action et un bon tour ensemble et si unis qu'on ne peut les séparer. Je n'oserais avouer que je crois les entendre dans la musique de Mozart, si Tchaïkovski ne l'avait fait avant moi, prétendant que lorsqu'il écoutait attentivement la musique de Mozart, c'était comme s'il accomplissait une bonne action.

Mozart ne devait jamais revenir à Salzbourg. Il ne devait jamais revoir sa sœur. Elle qui avait connu l'« arrière-royaume » de son enfance, dont le jeu au clavecin lui avait révélé sa vocation, qui avait partagé ses concerts, leurs succès, tous les voyages — était devenue une étrangère.

Carissima sorella mia avait supporté de perdre la vedette et de n'être plus au côté de son éblouissant rival qu'une honnête virtuose et un professeur méritant. Elle avait été la complice de Chérubin dont les premières amours avaient été ses amies ; elle n'avait jamais tardé à transmettre « où tu sais, à qui tu sais, ce que tu sais » sur la demande du petit frère amoureux. Maintenant, contrainte de choisir entre le père et le frère, elle renie celui-ci. Elle risque de rester vieille fille : Leopold claque la porte au nez de ses prétendants et en particulier au capitaine Franz Ippold, qu'elle paraît avoir aimé et que son frère, favorable au projet matrimonial, voulait aider en lui trouvant une situation à Vienne. Ce n'est qu'en 1784 (elle a trente-trois ans) que Leopold la marie au baron von Berchtold zu Sonnenburg — un veuf, ayant passé la cinquantaine, et père de cinq enfants —, mais jouissant d'une belle situation.

Nannerl paraît n'avoir jamais accepté le mariage de son frère. Au biographe qui l'interrogeait sur Mozart après la mort de celui-ci, elle aurait déclaré que son frère, ayant contre la volonté de son père épousé une femme qui ne lui convenait pas, avait provoqué un grand désordre ménager. On peut en conclure que blessée, frustrée, ayant dû renoncer à une vie indépendante, Nannerl, pour accepter l'amertume de sa condition, avait épousé le parti du père tyrannique. Elle s'était retournée contre un frère qui lui donnait l'exemple d'une libération possible et s'était offert à l'aider pour y parvenir.

Le refus de sa famille d'accueillir Constance blesse Mozart. Il se retrouve privé d'un lien essentiel à sa vie et autour duquel elle avait été tissée. Il n'en demeure pas moins très actif : cette année 1783-1784 est aussi celle où il gagne le plus d'argent, quelque 4 000 florins, près de dix fois ses émoluments de Salzbourg. C'est l'époque où il compose ses plus beaux concertos, la symphonie de Linz, l'extraordinaire quintette (*K 457*) dont il écrit que c'est la meilleure œuvre qu'il ait composée. L'année où il achève ses quatuors à Haydn dont il écrira, dans sa dédicace, que ce sont les enfants qui lui ont causé la plus grande fatigue et le plus grand labeur... Et c'est alors qu'il découvre son sansonnet.

On imagine la scène. Mozart se promène. Le temps est clair : mai règne dans Vienne paisible et feutré, scintillant par toutes ses feuilles neuves. Notre petit homme est de belle humeur et, pour une fois, ne paraît pas pressé. Il décide d'acheter pour sa chère petite femme, dépense qu'il ne manquera pas de noter dans le cahier qu'il vient d'acquérir pour tenir ses comptes, deux brins de muguet. Soudain, il s'arrête. Il se fige, il écoute. Il entend résonner le thème de l'*allegretto* qu'il vient de terminer — et qui trotte encore dans sa tête. C'est un peu fort ! Un sansonnet le plagie et chante à tue-tête. Mozart l'achète, 34 kreutzers, comme il le note dans son cahier neuf ajoutant qu'il le méritait bien. Il le garde jusqu'à sa mort. Il écrira son épitaphe :

> Ici repose un gentil fol
> Sansonnet mort en plein vol...
> Je parie qu'il est chez les anges
> En train de chanter mes louanges[20]...

Il se souviendra de lui, peut-être, en composant le rôle de Papageno, l'oiseleur.

C'était le printemps. Voici l'automne. Un événement singulier se produit qui reste énigmatique. Depuis leur retour de Salzbourg l'année précédente, les Mozart logeaient sur le Graben, dans la maison Trattner, propriété du libraire éditeur Johann Thomas Trattner, le parrain de l'enfant qui va naître là en septembre, Karl Thomas. Sa femme, Thérèse, est l'élève de Mozart. Dans un salon de cette maison, le maître donnait concerts et académies. Soudainement, sans raison apparente, quelques jours après la naissance de Karl Thomas, les Mozart déménagent. Toutes les lettres relatives à cette époque de Mozart et de ses proches ont été détruites. On sait seulement que le 14 octobre, soit quinze jours après ce départ précipité, Mozart a dédié à Thérèse une sonate pour piano en *ut* mineur *(K457)*, suivie d'une fantaisie et accompagnées l'une et l'autre de lettres que Thérèse von Trattner refusera, après la mort du musicien, de communiquer à la veuve — et qui sont perdues. En écoutant la sonate, on reconnaît la profondeur des sentiments qui l'habitent. Elle reflète un tourment et une tendresse qu'inspirent peut-être un incident précis ou une rupture douloureuse, datée, identifiable. La chance du génie qui accompagne Mozart a fait que date, identité, toutes circonstances ont été effacées et que la sonate a pu inspirer Beethoven dans la *Pathétique*, Schubert dans le *Voyage d'hiver* et s'adresser à chacun pour une fraternité douloureuse comme si elle ne parlait que de lui dans la généralité de l'intimité.

Rupture avec une amie chère, mort de son premier-né, l'éloignement de sa famille entraînant la perte définitive de son enfance, ont certainement assombri cette année par ailleurs triomphale où Mozart se voit confirmer son génie. Si bien que si l'on ne trouve nulle part les traces d'une crise morale ou dépressive, on peut penser qu'un sentiment de solitude grandissante et le besoin d'une figure paternelle capable de le guider en même temps qu'une chaleur amicale pour le soutenir, l'auront conduit à franchir le pas et à demander (et obtenir le 14 décembre 1782), son initiation à la loge « À la bienfaisance ».

La franc-maçonnerie a joué un rôle si important dans la vie et dans l'œuvre de Mozart qu'il convient de s'interroger sur sa nature, son histoire et son rôle. Il s'agit, on le sait, d'une société secrète — curieux secret qui, aujourd'hui sinon au temps de Mozart, tient pignon sur rue, dossier à la préfecture, musées et librairies aux jours ouvrables. Il ne semble pas avoir été mieux gardé par les auteurs de *La Flûte enchantée.* Ce que l'on sait de la doctrine est de nouveau paradoxal puisque celle-ci paraît avoir oscillé entre un scoutisme du meilleur aloi — si tous les garçons du monde voulaient se donner la main — et un occultisme à donner le vertige aux tables tournantes. La chronique n'est guère plus encourageante ou révélatrice, animée de schismes sans nombre, dominée par des charlatans tel Cagliostro, plus riche en haine qu'en la fraternité annoncée. Pourtant, les plus beaux esprits des XVIIIe et XIXe siècles vont adhérer à ce mouvement. Il exerce sur l'indépendance américaine et la Révolution française, sur les décembristes russes autant que sur les carbonari italiens, c'est-à-dire sur toute l'évolution historique du monde occidental, une influence évidente. Dans le monde germanique en particulier qui est celui de Mozart, il rassemble, avec l'empereur François Ier et Frédéric II de Prusse, les acteurs principaux de l'Histoire. Or ses origines sont modestes et si mystérieuses qu'elles sont plutôt matière de croyance qu'objet de connaissance.

Il paraît établi que, au Moyen Âge et plus précisément au temps des cathédrales, existait une corporation de maçons bâtisseurs. Ceux-ci étaient *francs* dans le même sens que Villefranche ou

Francheville, c'est-à-dire qu'ils dépendaient ou relevaient, non des cours seigneuriales, mais directement de la juridiction royale. Leur secret était un secret de fabrication comme en possédaient toutes les professions et corporations. On ignore les raisons pour lesquelles vers la fin du XVIIe siècle, en Angleterre, cette franc-maçonnerie opérative accepta d'admettre ou entreprit d'inviter des *gentlemen* étrangers à sa profession. Elle cherchait peut-être à renforcer sa position sociale en s'assurant leur participation. On comprend aussi mal pourquoi ceux-ci se rendirent à cette invitation et en profitèrent pour organiser une maçonnerie spéculative qui ne devait pas tarder à remplacer l'originale. L'adhésion et les initiatives des spéculatifs trouvent peut-être leur explication dans la crise traversée par toutes les consciences, lors des guerres de Religion, notamment en Angleterre, où les conflits civils avaient abouti à l'exécution de Charles Ier et à la dictature de Cromwell. La guerre de tous contre tous proclamée par Hobbes reflétait, sinon la réalité, du moins l'angoisse des contemporains qui se retrouvaient sans liens métaphysiques, c'est-à-dire irréfragables, pour les unir. Loin de rassembler les hommes, la religion les avait dressés les uns contre les autres. Dans l'insécurité qui résultait de cet échec, la maçonnerie devait apparaître comme le moyen de rassembler les hommes, en rétablissant leur fraternité et la communauté de leurs intérêts. C'est aussi pourquoi son enseignement majeur concernait la tolérance et cherchait à établir une égalité entre les religions. Inacceptable pour Rome — il n'est qu'une vérité, il n'est qu'une foi —, elle devait provoquer sa colère et multiplier les excommunications.

Cette hostilité ne put empêcher le développement de la maçonnerie spéculative. Née officiellement le 24 juin 1717 à Londres, une première loge se propose de construire un Temple d'un *nouveau genre* (« ancien et nouveau ») consacré à la civilisation humaine. Le mouvement gagne la France ; Montesquieu sera l'un des membres fondateurs, bientôt rejoint par Diderot, mais aussi par la fleur de la noblesse et, en particulier, par le duc d'Orléans. On ne s'écartera qu'en apparence de notre sujet, en signalant qu'à la veille de la Révolution, le prince de Rohan et le duc de La Rochefoucauld — mais selon certaines sources le roi lui-même et ses deux frères — étaient membres de loges où ils pouvaient retrouver non pas seulement La Fayette et Talleyrand, mais Danton et même Marat, Couthon... Des loges différentes peut-être, mais une même maçonnerie dont l'humanisme cosmopolite, contre le destin qui frappe déjà à la porte, paraît tenter un dernier effort et contre la Terreur qu'il annonce, déjà inévitable, vouloir encore rassembler les hommes.

À certains moments, cette angoisse et cette espérance, non plus personnelles mais collectives, cette sensibilité de la dernière chance d'un monde condamné semblent habiter Mozart et son œuvre. Elles habitaient sans doute aussi les loges allemandes. Riches et puissantes celles-ci se divisaient en deux groupes bientôt hostiles, les uns se réclamant des Lumières, les autres de traditions mystiques — Rose-Croix, Stricte observance, Système suédois, Écossisme — qui ne reculent ni devant l'alchimie ni devant la convocation des esprits. Dans l'enfance, Mozart, par le docteur Mesmer, s'est trouvé protégé par la tendance occultiste. Par la suite, tous ses amis et commanditaires maçons appartiennent à l'*Aufklärung*. C'est le cas du baron Gebler, l'auteur de *Thamos, roi d'Égypte*, de Joseph von Sonnenfels, philosophe et conseiller de Joseph II qui fit abolir la torture judiciaire ; du baron van Swieten qui fait découvrir à Mozart l'œuvre de Jean-Sébastien Bach, le baron Gemmingen, chambellan et conseiller privé, mais aussi auteur dramatique et traducteur de Rousseau, fondateur de la loge « À la bienfaisance » où Mozart sera initié.

Après les humiliations qu'il avait dû subir, Mozart découvrait auprès de ces grands seigneurs l'égalité maçonnique. On imagine l'attrait qu'avaient pour lui la liberté et la fraternité, d'autant plus grand qu'il avait eu à souffrir de la tyrannie de l'évêque mais aussi du père et que, comme le soulignent Einstein et Hocquard, il devait se sentir isolé parmi les musiciens et n'avait pas d'amis. En revanche, il faut un effort pour retrouver l'ardeur du sentiment que Mozart portait à l'égalité pour la ressentir telle qu'il l'entendait et telle qu'il espérait la retrouver en loge. On peut évoquer Rousseau sous la plume et dans le cœur duquel la chute de l'humanité dans l'inégalité devenait comparable à celle de Lucifer du haut des cieux cependant que la fête, toute fête, trouvait son essence dans les retrouvailles de l'égalité.

Chez Mozart, cette passion est entretenue par la conscience qu'il garde de son génie, un miracle consacré par le père. Il en a la certitude et donc la modestie et la bienveillance — il est l'un des seuls (ou le seul) musiciens à citer l'œuvre d'un rival (Martin y Soler : *Una Cosa rara*) dans la sienne (Don Giovanni, lors de son dernier souper). En revanche, il ne peut supporter tout ce qui, et en particulier la hiérarchie sociale, le remet en cause, le nie ou paraît le nier. Cette passion se trouve attisée par l'ignorance de la postérité que Mozart partage avec la plupart de ses contemporains : aucune référence, dans sa correspondance, aux siècles à venir sur lesquels les générations suivantes auront, avec la passion du romantisme pour l'Ailleurs et l'Au-delà, les yeux fixés. Toute-puissante chez les Anciens surtout romains, éclipsée au cours des époques de foi — notamment en l'immortalité, la postérité n'intervient que si le mort est bien mort — et de lignage, elle paraît avoir retrouvé son pouvoir à la Renaissance avec la crise religieuse et la généralisation du doute. Les Lumières la rejettent de nouveau dans l'ombre, non tant parce que l'Au-delà s'éloigne que parce que l'Ici-bas se précise et se met à exister avec une vigueur renouvelée. L'époque, de Figaro au Philosophe, devine que c'est *hic et nunc* qu'est la rose et que, en conséquence et pour citer les improbables retrouvailles d'Horace et de Hegel, c'est ici qu'il faut danser. C'est ici et maintenant que le génie doit se faire connaître et s'imposer : les contemporains sont les seuls hommes, ici, le seul lieu, maintenant, le seul temps. Pour cette raison, pour bien d'autres encore, sa susceptibilité de fils qui ne peut supporter de ne pas être reconnu par le père notamment, ou même en raison de sa petite taille (il signe : « Mozart *magnus et corpore parvus* »), l'égalité est devenue une passion que Mozart espère satisfaire par son initiation et sa participation à la franc-maçonnerie.

Rien dans cette participation ou cette vocation d'antireligieux ni d'anticatholique. Comme le note Einstein, Mozart vit à une époque où Dieu, loin de faire problème ou poser question, fait partie de la vie. Wolfgang naît et demeure un bon catholique qui respecte carême, va à la messe, se confesse, notamment avant son mariage, et s'indigne quand son père met en doute sa fidélité à l'Église et à ses rites. On ne peut vérifier la véracité de l'aveu qu'il aurait fait à Johann Rochlitz (dont on peut se demander si les témoignages passionnants peuvent être pris au pied de la lettre) : « Vous [les protestants] ne sentez pas ce que cela veut dire : *agnus dei qui tollis peccata mundi dona nobis pacem*. Mais lorsque l'on a été comme moi introduit dans le sanctuaire mystique de notre religion, lorsqu'on y a attendu le cœur brûlant les offices, sans savoir exactement ce qu'on voulait et que l'on s'en est allé ensuite le cœur plus léger comme élevé intérieurement sans savoir exactement ce qu'on avait fait... que la musique semblait dire *Benedictus qui venit*... alors c'est autre chose[21]... »

Quel que soit le crédit que l'on accorde à ce propos, en écoutant la musique d'église de Mozart, on partage la conviction d'Einstein : elle témoigne d'une foi inébranlable, et son compositeur, pas plus que son époque, ne cherche encore à s'expliquer personnellement avec Dieu.

Pourtant, si l'on mesure la foi à cette même aune musicale, on sera vite convaincu par la sincérité de celle vouée par Mozart, dès le lied Freudes Köningen der Wiesen (*K53*), écrit à onze ans, à la franc-maçonnerie — une foi plus personnelle, plus secrète, une foi de privilégiés et d'élus en un monde meilleur qu'il leur faut bâtir. Une exigence morale supplémentaire et séduisante parce que cachée. La foi du savoir : on sait ce que les autres ignorent... Dès ce premier lied s'impose cette gravité qui sera celle de Sarastro dans *La Flûte enchantée* et que l'on identifiera et retrouvera désormais par son nom. Elle nous assure que Mozart avait découvert dans la société des Frères plus que les avantages matériels et moraux de la fraternité.

On a évoqué sa solitude. Le dernier séjour de Salzbourg lui aura enseigné qu'il devait renoncer à l'intimité familiale et au rapport avec le père qui avait donné structure et sens à sa vie. Cette distance nouvelle qu'il doit prendre et garder l'exile définitivement d'une enfance d'autant plus précieuse que, et en partie grâce à son œuvre, elle a cessé d'être un âge de l'homme pour devenir une sensibilité. Il espère à bon droit trouver dans la loge une chaleur familiale substitutive en même temps qu'une autorité qui, ayant pour seul fondement la sagesse et le consentement, lui permettrait de retrouver, libérée de ses abus et excès, une figure substitutive du père.

Il est intéressant de constater que, à peine initié, Mozart organise l'initiation de son père. En effet, dès le printemps de cette même année, avec pour parrain son propre fils, sans doute Lange, peut-être Haydn, Leopold est initié à Vienne et franchit en quelques semaines les trois grades pour devenir maître avant son retour à Salzbourg. Cette faveur exceptionnelle montre le prestige dont le fils jouissait déjà. Il lui permettait, renversant les rôles, d'étendre sa protection à son père. Quelle joie, pimentée de malice, que de composer, pour la promotion du père au grade que le fils possède déjà, le bouleversant *Voyage du compagnon* (K 468). « Vous qui approchez maintenant d'un nouveau degré de la connaissance, suivez résolument votre voie. » Est-il meilleur moyen pour Idamante de démontrer à Idoménée qu'il est un au-delà de la relation père-fils qui se nomme fraternité et où tous se retrouvent dans l'égalité de la parole et de l'espérance ?

Lors de sa propre réception Wolfgang Amadeus s'était vu interpeller en les termes suivants : « Fils favori de l'ange gardien, élu de la plus douce muse, choisi par une Nature bienveillante pour émouvoir nos cœurs et par des pouvoirs magiques emplir nos âmes de consolation et de joie, que les meilleurs sentiments dont l'humanité est capable, et que vos doigts, guidés par le magnifique pouvoir de votre imagination ardente, expriment si

bien, viennent vous étreindre et vous porter[22]. »
On mesure le gain affectif et moral, pour celui qui
portait en lui maintes humiliations, de l'entrée en
maçonnerie.

La raison de son engagement est ailleurs. Bons
catholiques sans doute, les Mozart l'étaient peut-
être trop — c'est-à-dire qu'ils l'étaient par convention, tradition, sans réflexion et de telle sorte que
la religion ne pouvait plus répondre à leurs questions intimes et qu'ils ne songeaient sans doute
plus à les lui poser. L'hostilité du fils, héritée du
père, à l'encontre de la prêtrise, le conduisait à
chercher hors de l'Église le soutien moral dont il
avait un besoin d'autant plus grand que la musique ne cessait de l'interpeller et qu'il ne savait que
lui répondre. Vivre en musique, n'est pas vivre en
métaphysique ou en Dieu sans doute, mais c'est
vivre dans un perpétuel questionnement. « Que
me veut cette sonate ! » répondait Fontenelle, importuné par celle — et c'est toute musique — qui
lui demandait : « Que me veut le monde ? »

La maçonnerie est issue, on l'a vu, d'un questionnement moral de la religion. Le salut n'y est
plus individuel mais collectif. Si la sainteté (religieuse) se fait dans la solitude et face à Dieu, la
sagesse (maçonnique) ne peut être trouvée et acquise que dans la fraternité des hommes. Le duel
de Sarastro et de la Reine de la Nuit est aussi celui
du Moi et du Nous — et ce n'est pas un hasard si
celle-ci s'exprime dans l'orgueil et le sanglot d'une
aria et celui-là par le chœur des prêtres. Or l'épo-

que est inquiète. La Révolution se prépare. Mozart, malgré l'étrange joie qu'il exprime, étant à l'en croire « archi-anglais » lors de la prise de Gibraltar par la marine de Sa Majesté britannique, ne s'est jamais intéressé à la politique. Il ne paraît pas avoir compris grand-chose — en dehors du coup de pied du *Contino* — à l'évolution sociale de son temps. En revanche, il y a participé : cette évolution, il l'a mise en musique, fait chanter. Sa sensibilité parfaite ne pouvait rester aveugle et moins encore sourde aux frémissements de l'époque. La maçonnerie fut le lieu, le moyen, le chemin de cette prise de conscience et de cet engagement.

Elle se trouvait au centre des conflits qui l'agitaient. Elle les reflétait. Qui refuse les brumes de l'au-delà court le risque de se retrouver dans le marais de l'en deçà. À trop vénérer la Raison on doit craindre de la perdre. La maçonnerie, fondée sur l'*Aufklärung*, était bientôt dévoyée par les Rose-Croix et leur mystique postmédiévale ; championne de la tolérance religieuse, elle devenait le champ de bataille des tendances mystiques opposées. Comme toute société fondée sur le secret, elle ne devait pas tarder à en pâtir. Au sein de la société secrète, d'autres plus secrètes encore vont se former. À l'intérieur des loges, des loges plus secrètes vont chercher à les subvertir pour les orienter vers l'alchimie et les tables tournantes. Il y aura une réaction des Lumières : les Illuminés de Bavière entreprennent de lutter contre les tendances mystiques, de s'opposer aux Rose-Croix et de ramener la société vers le libéralisme de l'*Aufklärung*. Les amis et protecteurs de Mozart sont des Illuminés, ou sont proches de ce mouvement qui jouit de l'appui de l'empereur. Pourtant, Mozart ne résistera pas à la contagion du secret dans le secret, ni à la dérive sécessionniste. Il va envisager la création de sa propre loge, de son propre mouvement dont on ne connaît que le nom : « La Grotte. » Le texte de sa main, un essai rédigé par lui et par le clarinettiste Anton Stadler qui définissait les buts que se proposait « La Grotte » est perdu. Peut-être Mozart croyait-il pouvoir redéfinir la société pour que, placée sous le signe du Fils qui était le sien et jouant le rôle douloureux qu'il avait dû abandonner, elle redécouvre l'innocence et y reconduise les frères du Fils.

Joseph II entend s'appuyer sur les loges pour promouvoir sa politique de tolérance et de réformes. Les maçons, comme le démontrent les deux solos et chœurs (*K 483 et K 484*) de Mozart qui célèbrent les bienfaits de l'empereur (illustrés par C. Mettenleiter dans la gravure *Triomphe de l'idéal libéral de Joseph II*) ne demandent qu'à le suivre. Ils l'appuient d'autant plus volontiers que son voisin Karl Theodor de Bavière les persécute et s'en prend plus particulièrement aux Illuminés. Mais l'empereur se heurte à des sectes qui reproduisent dans la cruauté verbale et l'intrigue une sorte de guerre de Religion à blanc où chacun, sûr de détenir la vérité tout entière et d'y être seul, s'agite furieusement pour détruire les autres. La belle lumière dont le joséphisme se voulait le bras séculier est assombrie par des croyances et des superstitions qui remontent aux premiers âges et s'en font vertu. Pour secourir ses amis, Joseph n'hésite pas à intervenir et limiter le nombre des loges. Mais un despote ne peut imposer la liberté. Éclairé, il ne projette que son ombre et le règlement de Joseph, le *Freimaurerpatent* (1785), illustre on ne peut mieux ce fiasco d'une bonne volonté qui veut le bien de tous mais entend demeurer seule à le vouloir.

La loge de Mozart « À la bienfaisance » doit se fondre avec d'autres pour former « La Nouvelle Espérance » dont le Vénérable est le baron Gebler, champion de l'*Aufklärung* et l'auteur de *Thamos, roi d'Égypte*. Ainsi protégés, les maçons ont bientôt le sentiment d'avoir perdu leur raison d'être et les loges se vident. L'esprit maçonnique, lui, survivra. Sa sensibilité s'est exprimée dans la musique de Mozart : l'amour en Dieu ayant abouti aux désastres des guerres de Religion, les hommes cherchent à aimer leur prochain sans intermédiaire et sans caution divine. Ces œuvres de Mozart, qui recherchent une spiritualité et un humanisme nouveaux, garantis par un Dieu Grand Architecte que la raison et la science permettent de connaître et vénérer mieux que la prière, trouvent leur ampleur et prennent leur sens dans *La Flûte enchantée* et les *Cantates maçonniques* composées dans la dernière année de la vie du compositeur et comme illuminées par le pressentiment de sa mort. Nous les retrouverons alors.

Le prix de la liberté

Mozart libre, Mozart indépendant ! L'est-il vraiment ? La qualité d'artiste indépendant est aussi difficile à cerner que la notion de liberté. Disons que Mozart est libre de gérer ses dépendances et que, parmi les musiciens, il est l'un des premiers et de loin le plus célèbre à l'oser et le pouvoir — si bien que, ici comme ailleurs, il paraît exemplaire. Il est libre de chercher, et trouver, des leçons particulières qu'il déteste, de composer, destinées à flatter le goût d'un public qu'il connaît bien, des musiques de circonstance qu'il redoute pour l'influence qu'elles pourraient avoir sur son talent, mais libre aussi d'organiser concerts et académies, de faire publier ses œuvres et, surtout, d'explorer un au-delà musical qui ne cesse de l'appeler.

Dans son livre, *Mozart, sociologie d'un génie*[1], Norbert Élias a cherché à établir une sorte d'équation entre l'art artisanal et l'art indépendant : le premier destiné à un commanditaire, tendant à asservir l'imagination, est plus social, prisonnier d'un style, cependant que son œuvre garde pour concurrents des produits d'un autre ordre destinés eux aussi à illustrer le statut du même commanditaire ; le second s'adressant à des clients anonymes par l'intermédiaire d'imprésarios, d'éditeurs, de marchands, assure à l'artiste plus de pouvoir et d'indépendance vis-à-vis de la société et libère son originalité. Élias souligne que la distance *sociale* entre seigneur et valet musicien demeure énorme et d'autant plus cruelle que la distance matérielle est infime, parce que le maître est toujours présent. De ce fait, l'indépendance et l'infériorité sont pour le musicien des expériences quotidiennes, d'autant plus insupportables pour Mozart qu'il est un génie, mais survenu avant l'époque, avant que celui-ci ne reçoive une consécration intime et sociale. À son époque et en partie par son mérite, l'art indépendant va gagner un public anonyme dont le pouvoir diffus va le libérer du mécénat et de ses représentants qui, identifiés et proches, dirigent l'art artisanal. Jusqu'au jour où, en 1801, Beethoven écrira à son ami Wegler : « On ne négocie pas avec moi. J'exige et l'on paie[2]. »

La situation de l'artiste, en une génération, s'était transformée et, selon Élias, le changement était structurel. L'artiste ne compose plus pour un commanditaire, mais pour un public anonyme. Le pouvoir de l'artiste s'est accru. Il est désormais placé sur le pied d'égalité que Mozart recherchait si douloureusement. Élias croit pouvoir conclure que, déchiré entre ces deux structures de l'activité artistique, la biographie de Mozart illustre le destin d'un bourgeois au service d'une cour qui impose sa loi aux artistes.

On en conviendrait volontiers si le sens du mot *loi* dans la phrase était défini. Or, il reste ambigu. La loi imposée par le seigneur n'est dictée ni en tonalité, ni en cadence, ni en contrepoint. Ses interdits sont formulés par des bâillements fatals, une distraction assassine ou des phrases à la fois meurtrières et sibyllines (ou absurdes), pareilles au « trop de notes, Mozart », par laquelle Joseph II, on l'a vu, concluait l'audition de *L'Enlèvement au sérail*. En d'autres termes, la loi du seigneur se résume en un « plaît » ou « plaît pas » sans appel. Seulement si *plaire* devient la loi et le restera pour toujours, *comment* ne pourra jamais faire l'objet de règlement. Sans doute les « dissonances » du beau quatuor dédié à Haydn (il en garde le nom) choquent le goût de l'époque. Mais qui a formé ce goût, sinon précisément Mozart ou Haydn ? La Cour n'aime que ce à quoi elle est habituée. Sans doute, mais qui sont les auteurs de cette habitude ? Elle ne veut entendre que ce qui chante sa gloire. Bien entendu — mais comment en choisit-elle la clé ou devine-t-elle ce qui la servira de la fugue ou du menuet ? Ce sont science et talent dont elle est dépourvue et qui appartiennent à ses seuls musiciens. Ces valets vont lui dire sa gloire et lui dicter son goût, lui enseigner les formes par lesquelles son époque va se distinguer dans la sensibilité et s'imprimer dans les mémoires. Toute cour, toute classe dirigeante, cherchera à s'exprimer et ne saura comment ; chacune voudra faire

faire son portrait... non pour s'y reconnaître mais bien pour découvrir à quoi elle ressemble et apprendre ce qu'elle est.

« L'esprit du XVIIIᵉ siècle ! »... Je doute que ces mots aient eu un sens pour Mozart — et si oui, je crains qu'ils ne l'eussent fait éclater en un mordant arpège plus railleur que tout éclat de rire. Pourtant, c'était bien lui qu'il cherchait : l'esprit de son temps et au-delà, l'esprit de tous les temps qui se cachait au cœur de celui-là. Lui et tous les musiciens de son temps et de tous les temps, lui et tous les hommes de toutes les époques. Tous cherchent. Le génie seul trouve... et, pour ce qui est de Mozart, avec cette sûreté de somnambule dont l'image revient hanter l'esprit dès que l'on interroge sa musique. Elle apparaît telle une réponse à une question dont on apprend en même temps qu'elle ne cessait de se poser.

Mozart a cherché à se libérer de la tutelle de Colloredo avec toute la force que l'on sait, mais il n'a pas choisi l'indépendance. Bien au contraire, avant comme après sa libération, il s'est efforcé d'obtenir un poste auprès d'une cour de l'époque jusqu'à ce que, à la mort de Gluck en 1787, il l'obtienne auprès de Joseph II. C'est dire que le destin qui a fait de lui le héros et le martyr de l'indépendance de l'artiste s'est imposé à lui — comme il s'impose à la mémoire — en partie au moins contre sa volonté.

Il est une autre libération, intime, filiale. Pour la sceller, le père devra assister au triomphe du fils et s'avouer à la fois comblé et définitivement vaincu. La dernière aria d'*Idoménée* sera chantée à Vienne en cet hiver de 1785 qui fut particulièrement dur. Des chutes de neige exceptionnelles coupent les routes. Pendant que Leopold souffre, que sa voiture glisse dans le fossé, qu'il « s'enfonce jusqu'à la taille dans la neige[3] », le fils compose le *Concerto en* ré *mineur*, l'un des plus beaux, celui que Beethoven admirait le plus, qui inaugure une force et une liberté dans l'expression de l'émotion dont le romantisme se nourrira. Ainsi, au bout de la route de verglas et d'embûches, le fils dans toute sa gloire attend le père.

Leopold est ébloui. Wolfgang n'a pas ménagé ses efforts pour y parvenir. Il habite désormais le meilleur quartier « avec toutes sortes d'agréments faisant partie de la maison[4] » et le père ne peut s'interdire de grincer des dents en précisant que le loyer est de 460 florins, c'est-à-dire égal au salaire annuel de ce même fils à Salzbourg où, naguère, il voulait le garder. Bel appartement, il est vrai, que l'on visite encore, bercé par les fureurs de la Reine de la Nuit (transmise par un excellent poste). Surtout, il y a cette pièce décorée d'un plafond du baroque le plus charmant et où l'on se prend à rêver de Mozart le regard perdu dans les feuillages de stuc, cependant que sur le piano ses doigts volent vers les airs sublimes de Suzanne ou de la Comtesse. Bien à tort, à en croire Alfred Einstein, qui paraît le connaître mieux que quiconque, et assure que Mozart n'a de regard qu'intérieur et qu'il n'a jamais levé les yeux vers ce plafond... Il ressemble pourtant si fort à un décor pour *Les Noces de Figaro*. Et on imagine encore si bien, comme s'il pouvait surgir à tout moment si vif et aimable, toujours pressé, toujours courant, grand amateur de punch, champion au billard, le petit homme tout en nerfs et en répliques, farce et gentillesse. Il ne demande qu'à plaire — et à cette condition tout et chacun peuvent lui plaire —, si vif et présent. Cependant, ses gros yeux habités par le silence et sa lenteur, aussi lourds de rêves qu'un ciel qui se dévoile doucement tout chargé encore de nuages, demeurent fixés sur un ailleurs qui les fascine et les garde *étrangers*.

Déjà il faut courir. Dès le soir de l'arrivée du père, il y a concert avec « une foule de personnes de qualité[5] » et le père reconnaît volontiers que le concert fut incomparable, l'orchestre remarquable. Autre concert dès le lendemain, à la maison cette fois. C'est là, alors, que se fit entendre, pareille au point d'orgue d'un *final*, la phrase qui devait annoncer au père son triomphe, consacrer à jamais son mérite et lui signifier sa fin. Car Joseph Haydn s'approche de Leopold pour lui dire avec la gravité, mieux la solennité que l'on imagine : « Je vous l'affirme devant Dieu, en honnête homme, votre fils est le plus grand compositeur que je connaisse en personne ou de réputation[6]. » « Le plus grand ». Or Haydn pourrait à bon droit prétendre occuper la place s'il parle en honnête homme et devant Dieu, il parle aussi en maître incontesté. Il s'adresse encore au père, mais il lui reprend déjà son rôle et l'on devine que derrière l'affectueux « papa Haydn » dont Mozart aimait à le gratifier, se tenait la figure d'un père idéal de douceur et d'autorité. Cette phrase, si importante pour l'histoire du père et du fils, l'est aussi pour celle de l'amitié — d'une amitié qui fut humaine et musicale. Elle est d'autant plus précieuse qu'elle demeure isolée et que l'on n'a pas gardé de lettres qui porteraient témoignage de l'un de ces moments d'humanité que l'on voudrait chérir et célébrer : « l'amitié de Haydn et de Mozart ». On est plus libre pour y rêver.

Né vingt-quatre ans après Haydn, mort dix-huit ans avant lui, Mozart aura trouvé dans ce grand musicien le réconfort de la certitude. S'il l'appelait « papa Haydn » comme le confirme une lettre de celui-ci, c'était sans doute poussé par la bonne humeur, le ton enjoué que les deux musiciens ont partagés et que l'on retrouve dans la musique de l'un et de l'autre, se proposant ici et là de cacher à l'auditeur le dur travail et la science dont est faite la grâce qui le séduit. C'était aussi que par ses *Quatuors du soleil* et ses *Quatuors russes* Haydn fait découvrir à son cadet un espace que celui-ci devait explorer et conquérir.

Il n'y eut aucune leçon donnée. Haydn n'a jamais posé en maître... Mais que les faits sont pauvres !... On ignore quand, comment, où ils se sont rencontrés ! À Vienne, sans doute en 1784. En janvier et février de l'année suivante la phrase déjà citée témoigne avec une noble solennité de leur amitié. De son côté Mozart dédicaçait en italien les six quatuors qui garderont le nom de Haydn — « l'homme célèbre et un ami très cher » — pour le porter aux sommets de la musique. Plus tard Haydn, dans une lettre, affirme que s'il parvenait à faire comprendre la vraie valeur de Mozart, les nations se disputeraient l'honneur d'un tel joyau.

Ils se sont rencontrés encore en 1785 et 1790. Ils ont joué dans les mêmes quatuors. Profondément différents par l'âge, le physique, le caractère, ils devaient se comprendre aussitôt, sans paroles, dans le sourire. On les voit en société ; on les compare ; on les juge. C'est ainsi qu'un écrivain à la mode à l'époque, une certaine Caroline Pichler, les ayant croisés dans les salons, ne trouva pas plus en l'un qu'en l'autre trace de « culture intellectuelle » ! Dans les loges dont ils étaient membres, ils rencontrèrent sans doute des interlocuteurs plus cléments.

Y a-t-il une parenté dans leur musique — en dehors de la bonne humeur qu'ils connaissaient également ? Avec Haydn un monde finit, avec Mozart un monde commence, et leur amitié serait le pont qui les relie ? Non, ils marchaient dans le même sens. Peut-être aimaient-ils l'un et l'autre à s'évader du motif principal, à écouter ce qui chantonnait autour de lui et à le délaisser pour un paradis autonome qui s'opposait discrètement aux prétentions de son récit. C'est dire que ici, en amitié, comme il en fut naguère en amour, pour Aloysia, il vaut mieux que les faits fassent silence et que l'amitié sans nuages, l'admiration réciproque des deux grands musiciens nous soit contées par les quatuors de l'un et de l'autre, ou encore par la comparaison de la symphonie de Haydn (n° 80, en *ré* mineur) et du concerto de Mozart (*K 466*) — prévus pour le même concert à Vienne — c'est-à-dire en pure musique et qu'elles s'impriment directement en beauté dans les cœurs.

Leopold capitule. Il ne peut suivre le rythme endiablé que lui impose son fils. Le voilà à l'opéra où il constate que la princesse de Wurtemberg est émue aux larmes par le jeu du fils (*K 456*), cependant que l'empereur lui fait un compliment et crie : « Vive Mozart. » Le voilà au théâtre... Tous les jours, des académies... Il a beau boire des infusions et prolonger ses siestes, il se sent épuisé. C'est à peine s'il a le temps de caresser son petit-fils Karl Thomas âgé de cinq mois. Et de nouveau théâtre, concert, académie : on ne se couche pas avant une heure du matin, on fréquente comtesses et barons. Leopold entend chanter Aloysia qu'il redoutait tant naguère et doit admirer sa voix. Il fait la connaissance de son mari, Lange, qui entreprend son portrait. Il dîne chez la terrible Mme Weber et le voilà conquis par sa cuisine... un faisan ! Au bout de trois semaines, Leopold soupire après Salzbourg. Il voudrait déjà être de retour. Il restera un mois encore — le temps de participer à une quinzaine de concerts, d'être reçu à la loge « À la bienfaisance », d'être promu compagnon puis maître à celle d'« À la Vraie Concorde ». Il ne trouvera pas pour autant le chemin de la réconciliation. Nous en tenons la preuve désolante dans la lettre qu'il adresse à sa fille en lui recommandant d'écrire de telle sorte que ses lettres puissent sans dommage tomber entre les mains de Wolfgang. La confiance, on le devine, n'est pas rétablie quand à Purckersdorf dans la campagne de Vienne jusqu'où il l'a accompagné, le 25 avril, le père et le fils s'embrassent pour la dernière fois. Ils ne se verront plus. Ils échangeront encore quelques lettres... Leopold meurt à Salzbourg deux ans plus tard, le 28 mai 1787.

Pourtant l'histoire du père et du fils ne se termine pas à Purckersdorf et survit même à Leopold. Dès le départ du fils, ou au moins aussitôt qu'il fut persuadé que celui-ci ne reviendrait plus, le père entreprit de le remplacer. Il avait formé un génie. Il lui avait tout enseigné. Il l'avait pris tenant à peine sur ses jambes. Il en avait fait la célébrité musicale de l'Europe et du monde. Ce qu'il avait fait une fois, il pouvait le répéter. Si Wolfgang se montrait infidèle, il en forgerait un autre pour le détrôner et se venger. Ce furent d'abord Heinrich et Margareta, le fils et la fille de son ami Marchand dont il décida de faire des virtuoses. Heinrich va l'accompagner à Vienne et donner un concert qui sera un demi-succès. Mais c'est surtout avec son petit-fils, Leopold, qu'il espère refaire Wolfgang et retrouver son génie. Il parvient à convaincre Nannerl de lui laisser le nouveau-né et de s'en retourner sans lui à Saint-Gilgen s'occuper des cinq enfants que son mari, le baron von

Berchtold, a eus d'un précédent mariage. Cette décision assez extraordinaire ne semble pas avoir causé de soucis à Nannerl peut-être parce que céder toujours et en tout à son père était devenu sa seconde nature. Leopold croit entrevoir chez son petit-fils, dès trois mois et à voir sa façon de poser la menotte, la promesse du génie. Il guette et relate chaque signe de talent ou de goût pour la musique qu'il observe. Cette adoption doit être cachée à Mozart. Il l'apprend par hasard.

De son côté, Mozart entend jouer au Pygmalion et, en 1787, adopte Johann Hummel dont le talent naissant, il a dix ans, l'éblouit. Ici encore, il réussira où son père échouera. Hummel devient un virtuose, rival de Beethoven, dont les tournées sont triomphales. Il est l'auteur de nombreux opéras, concertos et sonates... tandis que le gentil Leopold fera une très honorable carrière dans les douanes de l'Empire.

Il fut l'occasion d'un dernier échange ou mieux d'une dernière passe d'armes entre père et fils. Wolfgang, ayant appris que l'enfant de Nannerl était adopté par son père, croit pouvoir lui demander de garder ses enfants à lui, le temps d'une tournée en Europe et en Angleterre qu'il veut entreprendre en compagnie de sa femme. L'indignation de Leopold est sincère : « Il me fait la proposition de prendre ses deux enfants en garde, ni plus ni moins, car il aimerait à la mi-carême faire un voyage en Angleterre... Il a appris que l'enfant [le fils de Nannerl] est chez moi... cette bonne idée lui est donc venue ou peut-être à sa femme.

1 Portrait inachevé de Mozart par Josef Lange, vers 1789.
Salzbourg, Mozarteum.

« *La musique, même dans la situation
la plus terrible, ne doit jamais offenser l'oreille,
mais pourtant là encore, la charmer –
et donc rester toujours de la musique.* »

2 *Wolfgang Amadeus Mozart enfant jouant au piano avec son père et sa sœur.* Aquarelle de Louis Carrogis dit Carmontelle, 1777. Paris, musée Carnavalet.

3 Portrait de Constance Mozart. Peinture par Josef Lange, 1782-1783. University of Glasgow, The Hunterian Museum & Art Gallery.

4 Carl Thomas et Franz Xavier Mozart. Peinture par Hans Hansen, 1798. Salzbourg, Mozarteum.

3

« Donnez-moi le meilleur piano d'Europe, mais pour écouter, des gens qui ne comprennent rien ou qui ne veulent rien comprendre, et qui ne sentent pas avec moi ce que je joue, alors j'en perdrai toute joie à jouer. »

4

5 Tamino et les singes. Dessin par Josef et Peter Schaffer pour la reprise de la *Flûte enchantée* en 1794. Vienne, Mozart-Wohnung.

6 *Les Noces de Figaro.* Mise en scène de Pierre Jourdan, théâtre impérial de Compiègne, 1997.

7 Portrait d'Emmanuel Schikaneder. Gravure par Loschenkohl, vers 1784.

8 Portrait de Lorenzo Da Ponte. Gravure, vers 1890.

9 Réunion à la Loge de l'Espérance nouvellement couronnée.
Peinture de U. Maier, 1790. Vienne, Historisches Museum.

10 Portrait d'Ignaz von Born par Johann Baptist Lampi.
Vienne, Gedenkstätte.

11 Portrait de Josef Haydn par Johann Carl Roesler, 1799.

12 Johann Christian Bach. Portrait anonyme.
Bologne, Conservatoire Rossini.

13 Johann Michael Haydn. Portrait anonyme.
Vienne, Société des Amis de la Musique.

« *Pour avoir du succès, il faut écrire des choses*
suffisamment compréhensibles
pour qu'un fiacre *puisse les chanter aussitôt*
ou tellement incompréhensibles
que cela plaise justement parce que personne
de sensé ne peut les comprendre. »

14 Portrait de Mozart
par Johann Georg Edlinger,
vers 1790. Gemäldegalerie,
Staatliche Museen zu Berlin.

15 Portrait de Mozart.
Gravure d'après le portrait à la mine
de plomb de Doris Stock, 1789.

Bien sûr, ça ne serait pas mal, ils pourraient tranquillement voyager, ils pourraient mourir, rester en Angleterre, je pourrais leur courir après avec les enfants ou après le paiement de la pension qu'il me propose... *Basta !* Mes excuses sont fortes et lourdes d'enseignement, s'il veut les utiliser[7]... »

On ignore la réaction du fils. Elle ne nous est pas parvenue, non plus que les enseignements qu'il aurait tirés du refus du père. Toutes les lettres du fils sont perdues. On sait par le père qu'elles se réduisent désormais à quelques lignes et cachent les nouvelles les plus graves, notamment la mort du petit Johann Thomas que l'on voulait naguère confier à son grand-père. Leopold apprend encore l'échec des *Quatuors à Haydn* mais en retient seulement le fait et ne cesse de s'indigner que les critiques, le plus souvent négatives, ne signalent plus le prénom du compositeur — comme s'il n'y avait plus qu'un *seul* Mozart en musique, et que le père en fût définitivement effacé. Il a rejeté la femme du fils prodigue. Il rejette son enfant et meurt six mois après le coup d'éclat par lequel il claquait la porte sur la relation essentielle de sa vie et jubilait de démontrer que seule sa fille fidèle et ses enfants existaient désormais pour lui. Il survivra en son fils — quelques pauvres années — mais par l'œuvre de celui-ci pour les siècles.

Cependant, Mozart perd le contact presque miraculeux dont il avait joui avec le public viennois. Pour reprendre la formule de l'enfant devant la-

quelle l'adulte recule : « On ne l'aime plus ! »
Cette perte est d'autant plus cruelle pour Mozart
que c'est le moment et l'œuvre où il a le mieux
mérité cet amour et où il est le plus sûr de son génie. Que s'il avait des doutes, l'admiration du dé-
dicataire, de Haydn mais aussi de quelques autres
musiciens les dissiperaient. Pour citer Jean-Victor
Hocquard, il donne « l'exemple d'un compositeur
virtuose qui sacrifie sa gloire à vouloir trop élever
ses auditeurs[8] ». De fait, l'ensemble de l'opinion
considère avec le *Wiener Zeitung* de janvier 1787
que Mozart « si inspiré... s'égare à trop vouloir à
tout prix faire du neuf[9] ».

L'échec va marquer l'homme. Il va marquer
l'époque. Mozart ne le comprendra pas. On ne le
comprend pas mieux que lui quand on écoute
aujourd'hui — avec quel bonheur ! — cette musique. Où trouver cette volonté de « neuf à tout
prix » ? Sont-ce de nouveaux accords qui surprennent l'oreille ou, au contraire, de nouveaux sentiments qui confondent le cœur ? La phrase de
Hocquard est à la réflexion singulière : où se situe
le devoir héroïque ? Comment le découvrir ? Comment l'entendre ? À quoi Mozart sacrifie-t-il sa
gloire ? Et qu'est-ce enfin que « élever ses auditeurs » ?

Contrairement à ce que paraît croire le *Wiener
Zeitung,* et beaucoup avec lui à l'époque et à
toute époque, il n'y eut jamais d'artiste véritable,
digne du nom, qui ait « voulu faire du neuf à tout
prix ». Quant à ceux qui l'ont voulu — et ils sont

légion — ils ne sont précisément ni véritables ni dignes du nom. Mozart, comme tout grand artiste, en cette année 1786 comme en celles qui la précèdent et la suivront, avant comme après son initiation maçonnique, après comme avant ses succès et déboires, demeure déçu par toute musique qu'il entend ou qu'il écrit. Il devine qu'elle a quelque chose à dire et qu'elle n'y parvient pas. Elle échoue à rendre compte d'une réalité dont la nature émotive, privée de raison, dénuée de sens, demeure mystérieuse. Peut-être lui parvient-elle, par ses derniers et indéchiffrables échos, de cet arrière-royaume de son enfance qui s'est prodigieusement développé avec les années.

Ici, cette réalité-limite se présente en sons, rythmes, mélodie. Ailleurs, elle sera couleurs et lignes ; ailleurs encore mots et phrases... mais ici, en musique, elle demeure plus mystérieuse. En effet les « impressions » de Monet se réfèrent à un coucher de soleil objectif, que chacun a pu voir ; chacun peut comparer son expérience aux impressions de Monet et en comprendre et estimer la vérité. Si Flaubert entend (pour dire vite et très mal) défendre l'amour contre les mœurs hypocrites qui l'étouffent, chaque lecteur en évoquant l'amour qu'il connaît, les mœurs qu'il observe, pourra trouver des critères pour juger la passion d'Emma. Il en va autrement en musique. Aucune réalité observable, aucune vérité objective ne la précède, aucune ne peut lui servir de modèle. Aucune mimésis n'est concevable, aucun référent. Ce ne sont tout de même pas le vent dans les voiles ou au sommet des arbres, le bruit d'une casserole descendant l'escalier ou même ces borborygmes chers à la famille Mozart qui ont servi de modèle au *Quatuor en* la *mineur* (*K 464*). Rien dans le réel préexistant ne ressemble aux mélodies, aux harmonies que Mozart pressent. Il n'écoute qu'elles. Il ne parviendra jamais jusqu'à elles. Il ne cessera de les poursuivre avec les résultats admirables que l'on sait et pour lesquels on ne lui sera jamais assez reconnaissant. C'est cette Vérité, elle seule qui le guide. Elle seule explique à ses yeux comme aux nôtres pourquoi il compose. Cependant, inquiet sur son chemin et sujet au doute, l'échec auprès d'un public, même s'il ne l'estime pas, lui pèse et le trouble. Il s'interroge et tend à expérimenter une autre forme, c'est-à-dire prendre un autre chemin — mais toujours vers le même seul but : la mélodie sublime qui l'a ensorcelé depuis l'enfance, qu'il entendra jusqu'au dernier jour et qui le fera comme absent de sa vie. Concrètement, il renonce au quatuor, n'y revenant que trois ans plus tard et sur commande du roi de Prusse, Frédéric-Guillaume II, par les *Quatuors prussiens* qui, si beaux soient-ils, se trouvent loin des œuvres géniales qui les ont précédés.

Mozart retourne à l'opéra. Son expérience dans les quatuors l'y reconduisait déjà. L'une des exigences de la musique — celle du paradis, diront Cioran et beaucoup d'autres — concerne la conciliation de la mélodie et du contrepoint. Il lui faut découvrir l'harmonie non dans la sujétion des

voix à un projet commun ou à une voix domi-
nante, mais au contraire dans un plein épanouissement de chacune qui la conduirait à se concilier
toutes les autres et à se retrouver, autrement po-
sée, timbrée, articulée, en toutes les autres. Chaque instrument va découvrir son identité et affirmer son indépendance non comme le moyen de
s'opposer aux autres, mais comme le chemin pour
les rejoindre dans le quatuor. Dans le concerto, le
soliste, loin de réduire l'orchestre au rôle d'ac-
compagnateur, l'interroge, l'écoute pour élaborer
avec lui sa personnalité et découvrir grâce à lui
son destin. Cette identification des timbres, cette
personnalisation des voix ramenaient Mozart à ce
dialogue essentiel qui faisait partie de la domi-
nante filiale de sa personnalité où père et fils ne
cessaient de s'affronter et de rechercher, cependant, l'issue harmonieuse du conflit imposé par la
biologie même. Ce dialogue n'était nulle part plus
éloquent qu'en l'opéra vers lequel, enrichi par ses
expériences — son expérience instrumentale —,
Mozart retourne.

Opéras

« Nous avons ici un certain *abate* Da Ponte, poète de son état[1] », écrit, de Vienne à son père resté à Salzbourg, Mozart. C'était le 7 mai 1783 : un jour dont nul ne pouvait deviner la promesse et les chefs-d'œuvre qui en résulteraient. Et d'autant moins que Mozart ajoute aussitôt : « Il a actuellement follement à faire... Il doit, *per obligo*, écrire un livret tout nouveau pour Salieri... Il m'a promis de m'en écrire ensuite... Qui sait... S'il s'entend avec Salieri, je n'en obtiendrais jamais rien de ma vie. » Par ces quelques lignes deux personnages sont présentés, l'un et l'autre destinés à jouer un rôle de premier plan dans la vie de Mozart et plus encore dans sa légende.

Salieri (1750-1825) : son rôle dans la vie est insignifiant même s'il reste majeur dans la légende. Vénitien de grand talent, adopté par son compatriote napolitain Métastase, le librettiste officiel de Vienne, il devient compositeur de la Cour et directeur de l'Opéra. Il sera le professeur de Beethoven, de Schubert, de Hummel, de Liszt ; il le sera aussi, pour venir en aide à sa veuve, du fils de Mozart, après la mort de celui-ci. De quelque sept ans plus âgé, devant lui survivre près de trente ans, Salieri a reconnu en Mozart un concurrent dangereux. Il occupait la place et Mozart le menaçait par un talent que certains, dont Da Ponte, jugeaient supérieur. Rivalité pour les librettistes, il y eut aussi rivalité pour les cantatrices — Catarina Cavalieri, la créatrice du rôle de Constance, ou Nancy Storace, la première Suzanne. À plusieurs reprises les Mozart, père et fils, dans leur correspondance, font allusion à des cabales montées contre eux par Salieri. Lors de la première des *Noces de Figaro*, Leopold écrit à sa fille le 18 avril 1786 : « Il y a des cabales hostiles étonnamment fortes. Salieri avec toute sa clique va chercher encore une fois à mettre ciel et terre en mouvement[2]. »

On trouve aussi cependant des preuves de solidarité : Salieri s'intéresse à l'orphelin de Mozart ; d'admiration amicale : Salieri dirige *La Messe du couronnement* (*K 317*) à Prague de Leopold II, roi de Bohême, en 1791 ; invité à l'une des premières représentations de *La Flûte enchantée*, il ne ménage pas les manifestations de son enthousiasme et ne tarit pas de « *bravo, bella* ! », etc. Voilà les faits tels que l'on peut les glaner dans la correspondance.

Quant aux faits rapportés ailleurs, le plus important est la navrante anecdote relatée par Niemetschek. Le premier biographe de Mozart raconte que, par un beau jour de son dernier automne (1791), Constance l'ayant conduit au Prater, Mozart lui aurait dit que le *Requiem* qu'il composait, il le composait pour lui-même — car on l'avait sûrement empoisonné. Aucune raison de mettre en doute le récit de Constance. Loin de partager les craintes de son mari, elle s'efforce de lui démontrer l'inanité de « ces imaginations mélancoliques ». Aucune mention de Salieri !... Nulle part, jamais, il n'est dit que Salieri a empoisonné Mozart ou que Mozart ait cru que Salieri l'avait empoisonné. La question de savoir d'où provient la légende de la vengeance de Salieri sur Mozart, et du talent sur le génie, demeure sans réponse et fascine comme le font les rumeurs qui, bousculant les faits, restructurent l'Histoire et rendent impossible de rétablir la pauvre vérité face à leurs mensonges féconds. Exemplaires, ils proposent et bientôt imposent une vérité autrement importante, permanente, par exemple dans le cas de Mozart et Salieri, au-delà des péripéties de la rivalité de deux musiciens du XVIIIe siècle, rien moins que la confrontation permanente de la grâce et du mérite, du savoir et du génie.

On ne sait rien de la rumeur. On connaît seulement son démenti... apporté par le musicographe Johann Rochlitz dans ses *Anecdotes et petits détails authentiques sur la vie de Wolfgang Gottlieb Mozart* (1779-1801) et dans ses articles du *Allgemeine Musikelische Zeitung*. Ce sont ces démentis qui vont donner ses ailes à la rumeur ! Un autre génie, le seul que l'on puisse comparer à Mozart par le caractère miraculeux de son œuvre, l'apprend et s'en empare. Il paraît établi en effet qu'Alexandre Pouchkine, exilé dans son domaine familial, lit l'article de Rochlitz et que, interrompant son travail sur *Eugène Onéguine*, bouleversé, non par le démenti mais par l'histoire qu'on dément, entreprend « la petite tragédie » intitulée *Mozart et Salieri.*

Pouchkine connaît l'époque, le milieu et l'on ne relève pas d'erreur dans le texte bien que les sentiments prêtés aux personnages, romantiques jusqu'à la caricature, conviennent mal à une action qui se déroule en 1791. On voit Salieri se lamenter de l'envie aussi méprisable que douloureuse qui le ronge. Son talent et son mérite sont réduits à rien, tandis que le génie couronne la débauche et la paresse : « Ciel où est ta vérité ! » Disons en passant que s'il n'y eut jamais homme plus travailleur que Mozart et qu'il fût plutôt sage, on a pu accuser le noble Russe d'inconduite et d'oisiveté à bon droit. Le discours qu'il prête à Salieri, Pouchkine l'aura lu dans les yeux de ses contemporains... Entre alors Mozart accompagné par un violoniste aveugle qui joue on ne peut plus faux le délicieux « *Voi che sapete* ». Ce que Mozart trouve drôle et Salieri blasphématoire : « Tu es indigne de toi-même. Tu es divin et l'ignore ! » Voilà encore un reproche qu'Alexandre Sergueïevitch a pu entendre ou deviner autour de lui.

Mozart est sombre : il devine que l'homme en noir venu pour lui commander un *Requiem* venait lui annoncer sa mort. Salieri, pour le dérider, l'invite à dîner au Lion d'Or où il entend l'empoisonner. C'est son devoir. Il lui faut tuer cet archange qui venu du ciel doit y retourner parce que son œuvre, trop supérieure à toute œuvre humaine, ne tardera pas à la détruire, à détruire l'art et, en particulier, la musique... On espère un nouveau Haydn qui saurait concilier le terrestre et le céleste... ce que Pouchkine ne tardera pas à entreprendre. Cependant, Mozart empoisonné s'en va mourir non sans avoir déclaré, flèche du Parthe, que génie et meurtre sont incompatibles. Salieri se console en se rappelant que Michel-Ange, pour représenter mieux et plus fidèlement l'agonie du Christ, n'avait pas hésité à tuer le jeune homme qui lui servait de modèle.

Voilà la petite tragédie. Naguère, dans un texte aussi lumineux qu'ironique, l'historien et juriste russe Arkadi Vaksberg composait un procès de Salieri[3], citant les témoignages et les évaluant, l'accusation et la défense, pour conclure d'évidence que rien ici tient debout : pas plus dans « cette petite tragédie » que dans le chef-d'œuvre dramatique du même auteur, *Boris Godounov*, tsar dont la culpabilité est aussi loin d'être prouvée. Pouchkine ne respecte guère l'histoire et moins encore le principe selon lequel tout accusé est innocent jusqu'au moment où sa culpabilité est établie.

L'intérêt pour nous est ailleurs. Il est dans ce postulat, à vrai dire singulier, auquel le lecteur adhère avec une étrange inconscience malgré son caractère fantastique, qu'il est un niveau de l'art ou de la création humaine dont le dépassement est interdit. Haydn reste en deçà. Mozart, et Pouchkine paraît craindre de le suivre, s'aventure au-delà, vers un horizon satanique où le Mal devient source fécondante. Que Pouchkine, dans une culture naissante, ait éprouvé le vertige de son génie qui portait au sommet ce qui naissait à peine, ne saurait surprendre : et l'on connaît la richesse d'un thème romantique qui, par le chemin du *Second Faust*, aboutit à l'apologie du satanique et aux *Fleurs du mal*. C'est pourquoi, il importe de souligner que rien n'est plus antimozartien que ces vertiges et que la musique de Mozart est la meilleure thérapie qu'on leur puisse proposer. Le pouvoir de la rumeur est ailleurs. Partie de son démenti, elle s'impose comme si elle se situait au-dessus de la volonté des hommes et de leur entendement. Par là, elle devient tragique et transforme en tragédie le petit drame de Pouchkine. Car là où la tragédie parle, ni la vérité ni le vraisemblable n'ont cours. Loin de courtiser le bon sens, elle affirme son règne en le violant. Elle refuse cette concession au monde humain comme pour mieux démontrer qu'elle représente les forces dont il est le prisonnier et l'esclave. Affranchi de toute logique, Salieri doit empoisonner. En effet, la rivalité du génie et du talent et celui du mérite et de la grâce sont des puissances qui gouvernent les hommes et se moquent de leur raison.

La rumeur aura convaincu Karl Maria von Weber ; Beethoven en fait mention dans ses cahiers de sourd ; Rossini s'en serait moqué. Elle fut mise en musique par Rimski-Korsakov. Plus récemment, la rumeur aura encore inspiré une pièce à Peter Shaffer et un film à Milos Forman. Pleins de qualités, il manquait seulement à l'un comme à l'autre l'avertissement d'usage : toute ressemblance avec des personnages réels ne peut être que le fruit de la coïncidence !

Personne n'a ressemblé aussi peu au loubard paillard, au rire stupide, présenté par cinéastes ou dramaturges que Wolfgang Amadeus Mozart. Mais l'immortel Mozart ne peut mourir de mort naturelle. Incarnant l'innocence et la grâce — et chaque morceau de sa musique nous le rappelle —, sa fin doit être celle d'Abel, le favori de Dieu, et Caïn doit rétablir contre l'injustice divine la justice humaine. Et s'il faut que Mozart soit stupide et débauché, c'est qu'il est en chacun un Salieri qui ne supporte ni l'innocence ni le génie.

On retrouve ici, comme en maintes occasions passées et à venir, cette auréole mythique qui paraît couronner « le petit homme », ce don ou cette malédiction qui transforme en mythes les péripéties de sa courte vie. Il n'y eut pas de musicien plus génial dans l'Histoire, mais Mozart y compte tout de même un nombre d'égaux. Aucun n'aura possédé comme lui cette qualité mystérieuse qui, transformant l'existence et la mort en les archétypes dont la mémoire humaine a soif et qui lui permettent de donner un sens à son aventure, illumine l'imagination, émeut et féconde le cœur.

Da Ponte se libère et, mieux encore, après l'échec de *Il ricco d'un giorno*, fruit de sa collaboration avec Salieri, il se brouille avec lui. Le voilà prêt à accueillir Mozart et sa proposition d'adapter

Le Mariage de Figaro. L'idée est bien de Mozart : Da Ponte dont la modestie n'est pas le point fort le confirme dans ses *Mémoires*. Le risque est grand : la pièce de Beaumarchais a connu dans toute l'Europe un succès d'autant plus retentissant qu'elle a eu à vaincre la censure française dans un combat auquel se trouve mêlé Louis XVI lui-même. Il aurait déclaré : « Cela ne sera jamais joué… Il faudrait détruire la Bastille pour que la représentation de cette pièce ne soit pas une inconséquence dangereuse. » Ce combat avait passionné l'opinion éclairée. Mais la pièce aussitôt traduite en allemand est interdite à Vienne.

On comprend que Da Ponte ait été séduit par la proposition et qu'il ait tenté l'aventure de transformer en un opéra bouffe italien *La Folle Journée*. Il ne pouvait qu'aimer Figaro. Il devait se reconnaître en lui.

Combien séduisantes les rencontres improbables dont les œuvres géniales sont issues : d'un côté le petit-bourgeois autrichien pur et sage dont le génie est d'autant plus énigmatique que rien, dans la vie de Salzbourg qui l'a formé, si bien rangée, ordonnée de génération en génération de telle sorte qu'elles se succèdent avec une grâce un peu ennuyeuse au rythme des carillons de ses églises, sans incident ni excès d'aucune sorte, ne l'annonce, et de l'autre l'extraordinaire aventurier, le *picaro*, héros du XVIIIe siècle. Né près de Venise, de son vrai nom Emanuele Conegliano, fils d'un tanneur juif qui se convertit pour épouser en secondes noces une jeune chrétienne, il devient le protégé d'un évêque, Lorenzo Da Ponte, qui le baptise, lui donne son nom et le fait entrer au séminaire. Il reçoit les ordres mineurs, part pour Venise, s'y ruine une première fois, devient vicaire, s'éprend de la maîtresse de son protecteur, fait scandale, doit fuir, entre en littérature, séduit une autre belle... Objet d'un mandat d'arrêt, il se réfugie à Dresde puis à Vienne, laisse trotter sa plume si bien que, à la mort de Métastase en 1782, avec la protection de Salieri, il parvient à obtenir la charge de poète du Théâtre impérial et à gagner la confiance de Joseph II. C'est alors qu'il rencontre Mozart.

Mais avant de revenir à cette rencontre, suivons son parcours jusqu'au bout. Après avoir composé une vingtaine de livrets pour Mozart, mais aussi pour Salieri, Martin y Soler et Weigl, à nouveau compromis par ses relations amoureuses, à la mort de Joseph II Da Ponte fuit Vienne et s'installe à Londres où il devient le librettiste du King's Theater. Nouvelle cabale, nouveau scandale : Da Ponte fuit ses créanciers en 1805, jusqu'à New York, où il vit trente-trois ans. Libraire, marchand de légumes, maître d'école, il est aussi créateur du premier opéra du Nouveau Monde — où il fera représenter le *Don Giovanni* de Mozart et... Da Ponte.

L'initiative des *Noces de Figaro* revient bien à Mozart, mais c'est Da Ponte qui a rendu l'entreprise possible, plaidant sa cause auprès de l'empereur, avec tant d'adresse que celui-ci aurait déclaré pour conclure qu'il était prêt à se fier au goût de Da Ponte pour la musique et à sa prudence quant aux mœurs... (Vit-on jamais confiance mieux placée ! Il est vrai que c'est Da Ponte qui raconte l'histoire.) Il n'importe : l'opéra est déjà composé dans le secret et une complicité si grande que, l'un écrivant les paroles, l'autre les mettant aussitôt en musique, en six semaines tout était terminé. Ainsi devait naître l'un des chefs-d'œuvre dont l'humanité s'honore et qui font à la fois son portrait et sa gloire. Ainsi l'opéra devait parvenir à son plein épanouissement et atteindre des sommets que rien dans ses débuts ne laissait prévoir.

L'opéra ! Il n'est genre plus faux. Qui d'entre nous n'a vu, ou imaginé, l'infortuné ténor gringalet chercher de son bras trop court, sa main glissant sur le satin trop tendu et rose qui drape les formes énormes, à enserrer la taille éléphantesque de la soprano à la voix de rossignol se gargarisant d'amour ? Qui n'a ri en entendant les « je m'en vais ! » du baryton, repris à l'octave par la soprano « tu t'en vas ! » et suivi du « il s'en va » de la basse... ? Ou encore, ces « je fuis » tonitruants qui, repris *da capo* au moment où l'on croyait toucher au but, se révèlent interminables ? Comment accorder confiance à tel bon garçon qui, pour exprimer un sentiment sublime, grimace tantôt comme un singe et maintenant comme un poisson ? Ou à telle dame à l'âge respectable et à l'embonpoint avantageux qui se prétend épouvantée par la seule pensée de l'amour ?

Il n'est genre plus haut. Nul mode d'expression ne permet comme celui-ci de prendre en charge le tout de l'homme et de son destin. Du plus lointain au plus profond, du plus présent dans son insaisissable chatoiement au plus passé dans le labyrinthe de ses échos. Du plus durable dans son entêtement, à l'ondoiement d'une pure mobilité. L'homme, sa condition, mais aussi tous les rapports dont il se trouve le prisonnier, toutes les relations qu'il entreprend de nouer et qui vont tisser la constellation de sa destinée et faire jaillir, éphémères mais éblouissants dans leur *coloratura*, les moments de sa liberté. On a prétendu que la parole descend du chant, que le chant la précède et que l'homme comme l'enfançon a chanté avant de parler. On ne peut le prouver, ni se défendre contre l'illusion d'une sorte de paradis où chaque désir, chaque intention, chaque mouvement du cœur serait aussitôt traduit en un chant, en un souffle qui, gonflant la poitrine, assurerait à la fois l'expression et le bonheur de la vitalité. Le chant d'une poitrine grosse de printemps viendrait, en même temps que les significations dont elle est chargée, exhaler l'orgueil de la vie, glorifier la présence, encenser l'ici et maintenant... Déjà l'envie de chanter s'empare du cœur pareil au désir de gagner d'un coup d'aile le ciel ! À côté de la pure vitalité qui s'envole, se tient l'amour qu'elle veut partager. Le chant n'a qu'une morale : l'amour. Il est né pour aimer, pour exhaler et exprimer le bonheur d'aimer, le malheur d'aimer, pour s'en enivrer, pour l'oublier, le trahir, y revenir... Le chant répète avec Suzanne : « *Oh vieni, non tardar... Vieni, vieni !* » Ne dirait-on pas que l'espèce a été divisée en deux sexes, deux formes, deux esprits à seule fin de rendre possibles ce feu, cette joie, cette douleur — et que la voix n'a été créée que pour les dire et les exalter !

Bien entendu, c'est de Mozart que je parle et de son chef-d'œuvre : *Les Noces de Figaro.* Comme chaque fois que l'on évoque ces merveilles, les phrases sont gagnées par le vertige. Henri Ghéon croit reconnaître en Mozart un saint qui entre en Dieu par la musique. Quant à Hocquard, dans un effort à mon sens malheureux pour être précis, il enseigne que l'aria remonte l'axe vertical selon lequel s'exerce le destin. On peut se moquer de cette exaltation, comme on ne manquera pas de rire de la nôtre. N'est-ce pas que la voix humaine, à peine entendue, paraît aussitôt la meilleure métaphore de l'âme ou qu'il n'est pas de moment où l'âme ne devienne chair avec plus d'évidence, d'éloquence ou de sensualité ?

Mozart et Da Ponte sont bien trop occupés pour nous répondre. Le librettiste approche la quarantaine. Le musicien va avoir trente ans. Ni l'un ni l'autre ne manquent d'expérience : le premier compte une dizaine de livrets, le second autant d'opéras — dont au moins deux chefs-d'œuvre, *Idomenée* et *L'Enlèvement au sérail.* Mais dès *La Finta Semplice* de 1768 (il a onze ans) et surtout *Lucio Silla* (1772 : il en a quinze), on avait entendu des accords, des accents, des airs de bravoure ou au contraire de tragédies — et surtout d'amour heureux ou contrarié — qui annonçaient si exactement Mozart qu'on a l'impression que Mozart, son monde, sa musique ne se sont pas formés, forgés au feu de l'expérience, qu'ils étaient là depuis toujours, qu'il suffisait de les découvrir et que, comme le dit André Tubœuf, ce que l'homme vient de trouver, le musicien déjà savait le dire...

C'est surtout *L'Enlèvement au sérail* qui annonce *Les Noces* et qui serait resté incomparable si *Les Noces* ne l'avaient détrôné. Les deux opéras baignent l'un et l'autre dans la même bonne humeur qui s'élève vers une sérénité dorée, brillant des feux singuliers et contradictoires de la sagesse particulière à la jeunesse. Mourant à trente-cinq ans Mozart ne devait pas en connaître d'autre, il est vrai, et cette sagesse si riche d'espérance autant que d'amertume, lui seul a su la consacrer. Dès *La Finta Giardiniera* de 1775, par une musique qui sait s'emparer du grotesque pour le porter au sublime quand les amants privés de raison par les subtilités insensées de l'intrigue errent et délirent dans une forêt obscure, on découvre la hardiesse shakespearienne qui métamorphose le ridicule en destin, le guignol et son bâton en l'Olympe et sa foudre. Frôler le terrible, apprivoiser le tragique, faire paraître un instant la démence de *La Folle Journée* de Beaumarchais, et de la vie, pour les reconduire bientôt vers un apaisement et une réconciliation dont l'angoisse réveillée révélait la valeur, était d'autant plus nécessaire qu'il fallait châtrer *Le Mariage de Figaro* et, pour apaiser la censure, le priver de son mordant politique.

Le passage en musique facilitait la démobilisation. On ne cesse jamais de s'émerveiller à l'écoute de Mozart ! Entre la perception du livret, de ses thèmes et l'éclosion des sons et des rythmes, la distance est si réduite qu'elle devient incommensurable, inimaginable, pareille à celle qui sépare la pensée du langage et fait que, s'il est évident que la pensée précède les mots, il l'est aussi qu'elle ne peut se former sans eux. En les cherchant, elle se cherche. En les découvrant, elle se découvre.

N'est-ce pas la même immédiateté qui sépare Figaro de la musique par laquelle il se révèle et s'impose... D'autant plus que ses premiers mots... « *Cinque... dieci... venti...* » (il mesure, on s'en souvient, le logement promis à Suzanne et lui) sont ineptes. J'entends d'une objectivité où nulle personnalité ne peut se cristalliser, se former, révéler... Pourtant, Figaro est là tout entier. C'est tout lui. On dirait que la musique est la matière première d'une réalité qui devient audible par l'intercession du musicien. Il lui donne forme et, comme dans la Genèse, il parachève son œuvre par la création de l'homme, le personnage dont le chant expose la vie intérieure, le caractère, la substance psychique.

Un exemple de cette démiurgie mozartienne, et des plus singuliers, apparaît dans le personnage de Basile, être falot chez Beaumarchais, rival malheureux de Figaro par la situation sociale, le goût des arts (il est professeur de musique), de la réplique, son amour singulier de Marcelline (qui se révèle être la mère de Figaro) et, faute de succès, réduit au rôle de traître et d'entremetteur du comte Almaviva — Basile. Devenu Basilio, et gardant à peu près les mêmes rôle et fonction — sauf l'amour pour Marcelline —, il s'annonce, se révèle, s'exprime par un air faussement apologétique mais qui, par la pureté et l'énergie, paraît venir du ciel : « *En mal punto, son qui giunto... Perdonate, il mio signor...* » Importun ? il va surprendre le Comte faisant sa cour à Suzanne !... Par sa nature désolée, cet air, ce ton, cette pureté descendue d'un ciel corrompu par l'envie, il les retrouvera bientôt quand le Comte, découvrant Chérubin caché dans le fauteuil, croit tenir la preuve de sa liaison avec Suzanne... « *Era solo il mio sospetto...* », angélique encore, rien qu'un soupçon, triomphant bientôt « *meglio ancora* », il livre si bien son âme dans sa complexité que la confession de son malheur et de sa solitude au dernier acte y est déjà inscrite. Il est le bien qui tourne à l'aigre, la vertu et l'intelligence putréfiées parce que restées sans emploi, faute d'amour.

On pourrait faire les mêmes remarques pour Bartolo ou le jardinier Antonio, mais c'est évidemment par le personnage principal Figaro que ce renouvellement de « l'antique alliance de la parole et de la musique », pour citer la belle formule de Starobinski dans *Les Enchanteresses*, devient le plus fécond. Dès ses premiers mots — et malgré leur nullité psychologique, l'euphorie des chiffres croissants — « *cinque, dieci* » — pour citer le même auteur, préfigure « l'énergie sans ancêtres qui va évincer les prérogatives héréditaires[4] ».

Figaro avait le plus à perdre dans le passage à l'opéra bouffe et la neutralisation de la folle journée. L'insolence de ses répliques, le cinglant de ses aphorismes, le bonheur même de l'expression, aussi étroitement liée à la langue française et à son génie qu'à l'esprit révolutionnaire, ne pouvaient qu'être compromis et perdus. Le monologue : « Il m'a fallu déployer plus de science et de calculs, pour subsister seulement, qu'on en a mis depuis cent ans à gouverner toutes les Espagne » est limité à une diatribe contre les femmes — « *guardate queste femmine* » — qui serait bien plate si la musique ne venait la relever et la porter vers une plainte à la fois ridicule et sublime que la drôlerie — « le métier de mari » annoncé par les cors —, loin de compromettre, parachève. Par elle, Figaro, complétant son image ébauchée dès son apparition par les calculs d'une ambition bien prosaïque, incarne le *masculin*. Il l'est par l'énergie qui ne se dément jamais et enflamme jusqu'à son désespoir, par sa jalousie vite en éveil — « *Susanna pian, pian* » ; par sa confiance, pas toujours justifiée, en soi : « *Se vuol ballare, signor Contino* » (qui paraît la réponse au coup de pied du *Contino* Arco que l'on n'a pu oublier) ; par sa malice trop ingénieuse couplée à une maladresse qui aurait pu être fatale si, sa jalousie allumée (comme voulu et prévu) par le billet que Figaro lui a fait parvenir, le Comte, revenu en toute hâte au château, avait trouvé Chérubin chez la Comtesse où il se trouvait en effet ; par sa balourdise qui lui fait oublier ses propres mensonges et croire à ceux des autres.

Tant d'autres traits encore font de Figaro dans son chant, par sa vigueur, son ironie, sa sentimentalité pathétique, l'incarnation de cet *éternel masculin* qui ne le cède en rien pour ce qui est de l'énigme et de l'arbitraire à son rival, plus notoire sans doute, féminin.

Car évidemment, *Les Noces*, telles que métamorphosées et célébrées par Mozart, instituent le règne des femmes. C'est d'elles que provient la tendresse qui gouverne l'opéra et double chaque moment en secret. Elle est l'ombre portée de l'ironie dont les hommes sont le plus souvent les victimes, désarme la violence et la brutalité — mieux la ridiculise. N'est-ce pas aussi que si les hommes sont coupables, c'est par amour ? Ils aiment trop les femmes qui se trouvent par le désir devenir leurs complices. Si à peine remises de la scène où, l'épée au poing, le Comte menaçait de tuer le page, elles entreprennent de l'attirer dans le piège d'un faux rendez-vous, c'est bien dans l'espoir qu'il aime encore l'une et désire assez l'autre pour se laisser berner. Il convient d'écouter la lettre dictée, avec quel amour, par la Comtesse, « *che soave zeffiretto* », écrite et reprise par Suzanne avec une bien sensuelle complicité — adressée au vil séducteur, au *traditore* mais avec des accents si angéliques et séduisants — ô perfide Mozart — qu'ils ne pourraient l'être davantage si — « *Ei già il resto capirà* » — elles le destinaient au bien-aimé.

Cette ambiguïté de l'amour fera la profondeur du Comte. Il ressemble assez au personnage de Beaumarchais : moins d'esprit sans doute, plus brutal, moins colérique et intelligent — mais sa voix, son chant l'entraînent à des profondeurs insoupçonnées de lui-même et des hommes. Toute une part cachée de sa personnalité, mais aussi du désir masculin, de sa gloire, de sa misère apparaît naturellement et sans effort. L'oreille les perçoit et les juge. On entend la qualité sensuelle de son amour pour Suzanne. Ce n'est pas Don Giovanni, ni son appétit de conquête. C'est un besoin presque suppliant qu'il éprouve et qui émeut : « *Verrai, non mancherai.* » Suzanne joue le trouble, mais un peu trop bien à en croire la musique, et son merveilleux lapsus disant oui — « *Si* » — alors que c'est *No...* « *Non vi mancherò* » qu'il fallait dire — révèle qu'il est plus qu'un jeu. Elle a beau s'adresser à nous et nous demander, à nous qui connaissons l'amour, « *ch'intende te amor* », de lui pardonner son mensonge, nous, instruits par Mozart, le connaissons trop justement pour ne pas deviner son trouble et nous en inquiéter. Si bien que nous sommes aussi choqués que le Comte lorsque cette colombe blessée et roucoulante se retourne pour dire à Figaro qui entre, vite et bas, mais trop haut pourtant : « Tu as gagné ton procès ! » (« *Hai già vinto la cosa !* ») et que l'on s'exclame avec Almaviva : « *Cosa sento !* »

L'air qui suit est l'un des plus beaux de l'œuvre.

Une gamme de mauvais sentiments s'y déploie : douleur méchante, humiliation, soif de vengeance, dépit aristocratique (et le génie de la pièce demeure antiaristocratique)... « *Vedrò mentre, io sospiro, felice un servo mio...* » La musique nous rappelle le rebond d'orgueil dans tout amant bafoué qui lui fait trouver le mépris nécessaire à la transformation de son rival en « valet heureux ». Le péché cependant se révèle dans ses sombres replis et enseigne qu'il n'est pas de débauche isolée et que chacune corrompt le tout de l'âme. Mais Almaviva n'est pas Don Giovanni. Il n'est pas destiné à la damnation, mais au salut. Là où Elvire échouera, Rosine réussit, bien que — ô perfide Mozart — ce soit par mensonge, ruse et tromperie. Mieux encore, c'est par l'humilité du Comte et sa soumission que dans le *Tutti* final paradisiaque (divin Mozart), qui précède celui, endiablé, de l'invitation au bal, autant que par le pardon céleste de la Comtesse — « *e dico di sì...* » — que s'accomplira, à la sortie de l'enfer délicieux du désir et du trouble sexuel, le salut de tous, et que, pour citer Yves Bonnefoy, sera retrouvée l'identité de la Nature et de la Vertu... Seigneurs et valets, bons et mauvais. Dans le pardon, les hommes sont égaux...

Agapè ! On aime à citer la phrase de Gottfried von Jacquin, le fils du célèbre botaniste : « Ni intelligence élevée, ni imagination, ni toutes deux ensemble ne font le génie. Amour ! Amour ! Amour ! Voilà l'âme du génie[5]. » Toute la folle journée baigne dans une bonté toujours malicieuse, toujours souriante, toujours triomphante et veillant à ce que tout, ou presque, pour tous, ou presque, se termine pour le mieux... c'est-à-dire par un mariage. Tout le monde s'aimera, nul ne sera puni, parce que le pécheur se réveillera à temps pour comprendre que le mal était un mauvais rêve et qu'il suffit d'aimer. Chez Beaumarchais, Figaro fait encore ses comptes : trois dots et même la femme y figure comme un bien. Dans *Les Noces*, il sera comblé par l'amour... non sans épreuves. Il ne sera pas humilié comme le Comte, mais il a bien mérité la volée de gifles qu'il reçoit, ne serait-ce que par son stupide « *Guardate queste femmine !* »...

C'est ici le royaume des femmes, gouverné par leur intelligence, soumis à leur morale. Guidée par elles la journée s'élèvera d'Éros vers *Agapè* — tel est son sens et celui de la vie. Le sort de la journée et des hommes — but vers lequel tend la musique — est entre les mains de Suzanne et de la Comtesse. La camériste est la cheville ouvrière de ce complot généreux. Dès ses premiers accents, elle révèle et impose une joie vigoureuse, une malice bienfaisante, un élan vital qui gagne l'auditeur et le ravit — tandis qu'elle met Figaro en garde contre les menées du Comte. Il lui faut réorienter le désir mais sans l'affaiblir, non pas tuer la bête en l'homme mais l'élever par l'esprit car l'esprit n'aura pour vigueur que celle de la bête. Sans la vitalité d'Éros, on ne parvient pas à *Agapè*.

Suzanne salue la naissance du désir chez Chérubin. Il fera de lui un homme et donc un bon sujet de la femme. Il est trop tôt pour le conduire où il doit aller. Jouer avec lui n'est pas sans risques cependant, et quand le Comte les surprend, que Basilio qui les avait dénoncés et calomniés triomphe et rend une première fois le jugement — « *Così fan tutte* » —, elle est un instant désarmée.

Elle ne tarde pas, toutefois, à prendre la meilleure, et plus gracieuse, revanche quand elle sort du cabinet où le Comte mais aussi la Comtesse croyaient savoir que Chérubin se cachait. Hocquard souligne bien que, en ce moment, la musique — au sommet du vaudeville, contre toute attente — crée une stupeur recueillie et mystérieuse… « *Susanna* » ! Le Comte était prêt au meurtre. L'apparition désarmant la violence, sauvant la Comtesse est divine. *Dea ex machina.* Toute la malice féminine, sa ruse, son énergie trépidante levée dans l'exquis *prestissimo* « *Aprite, presto, aprite* » par lequel elle avait libéré le page, toute sa finesse — dans un triomphe dont la feinte humilité et l'ironie soulignent encore l'éclat : « *Il brando prendete, il paggio uccidete…* », « saisissez l'épée, tuez le page » —, sont mobilisées et réunies pour le *Bien.* Dans le sextuor, l'un des sommets de la musique vocale quand, parce qu'elle croit Figaro résigné à épouser Marcelline, part la première gifle de Suzanne — *senti questa* —, dans l'étonnement, religieux par sa gravité qui suit, le récipiendaire mais aussi les parents qu'il vient d'acquérir s'accordent pour reconnaître dans cette violence l'amour — « *Tutto amore è quel que fa* » — et trouvent des accents de piété qui rendent à leurs mots tout leur sens. *Tutto amore !...* On en tient la preuve « quand tombe la nuit, que tout baigne dans l'ombre, qu'on ne reconnaît plus personne », que Figaro, sous une nouvelle pluie de gifles, saluant en elle son bonheur retrouvé, reconnaît la voix de Suzanne... « *la mia voce...* » apportant « la vérité enfin révélée au terme de la folle journée qui fut aussi une épreuve initiatique[6] », conclut Starobinski.

Nancy Storace, italienne par son père, anglaise par sa mère, devenue la soprano la plus prisée de Vienne, fut la première Suzanne. À en juger par la gravure de Petro Buttelini, datée de 1788, elle était ravissante. On dit que Mozart l'aimait. Peut-être a-t-elle prêté à Suzanne certains traits de son caractère. Elle lui aura certainement légué l'une de ses images les plus convaincantes.

Pourtant, malgré l'apothéose de l'air des marronniers, où Suzanne attend et annonce le triomphe de l'amour, c'est la Comtesse qui domine la journée, lui donne son sens et la guide vers son idéal. L'amour de Suzanne est encore tout humain — *Agapè* sans doute (et Éros caché en lui comme le plus leste et émouvant Chérubin), mais pour une destinée sensuelle. La Comtesse va l'élever vers la spiritualité.

Rosine, mais on hésite à lui rendre ce prénom doucereux tant elle impressionne celui qui l'écoute, est l'une des plus hautes figures que Mozart ait sculptées et peintes en musique. Son âme douloureuse — qui fut pécheresse, a souffert, regrette les plaisirs —, comme au bord de ses lèvres, s'exprime dès les premiers accents dans leur majestueuse douceur : « *Porgi, amor* »... « Que l'amour apporte un réconfort ». Déjà on la connaît dans sa vérité. Elle aime le Comte et n'aimera jamais autre que lui. Elle ne cherche pas à guérir de son amour, ce serait se renier. Il est son destin, justifie son existence et doit la conduire à l'idéal qui est le sien. Admirons le fait que tout de suite après cette femme qui sait si bien ce qu'est l'amour qu'elle va l'enseigner à tous, surgit, haletant de désir aveugle, l'ignorant Chérubin : « *Voi che sapete...* » Éros l'habite ; quel nom lui donner, comment le comprendre ? Et si la Comtesse est attendrie, émue, troublée même, c'est que de son pantelant départ à sa sereine arrivée, elle connaît tout le chemin que le désir doit parcourir.

Purification de l'amour par les épreuves... Pour reprendre la belle intuition de Hocquard, on dirait que Mozart a découvert la Comtesse et qu'il en est tombé amoureux — qu'il l'écoute comme le fait l'orchestre et comme nous ne cessons de le faire depuis que sa plainte « *Dove sono* » a retenti à nos oreilles et que, pour reprendre de nouveau une formule de Hocquard, elle nous a conduits, loin de l'anecdote, vers « l'ordre intemporel de la réalité ». Curieux intemporel pourtant, placé sous le signe du regret des délices perdus — avec le temps. Mais c'est que, parvenus à leur juste hauteur et pureté, libérés de soi, du Narcisse de l'identité, regrets et délices sont de toujours et partout, et que, libérés de l'histoire ou de l'historiette qui les emportaient, ils illustrent l'humanité, faiblesses et vertus, dans sa permanence.

Sans doute, Rosine se souvient assez pour rester femme, garder ses armes, avoir recours à l'émotion et à la ruse, monter un vilain piège à un vilain mari. Ce dernier croit courtiser Suzanne, c'est elle qu'il courtise déguisée en sa cameriste et masquée par la nuit, ses marronniers, ses pins. C'est à sa femme qu'il donne une bague. C'est sa peau dont il vante la tendresse et le velouté. La Comtesse joue bien son rôle : elle n'a rien oublié de la douceur et du plaisir — « *di dolcezza e di piacer* » — d'aimer. Si elle ruse et trompe, c'est qu'elle garde l'espérance de changer un cœur ingrat et de le ramener non pas seulement à elle, mais au chemin de son salut. Car il est peu de moments aussi lourds de sens religieux, aussi habités par l'espoir du salut et du pardon, aussi proches de la pure prière que celui annoncé par la défaite du Comte qui s'agenouille et se rend : « *Contessa, perdono...* » On manque de mots pour dire l'émotion qui saisit à l'écoute de la réponse de la Comtesse : « *Più docile io sono, e dico di sì.* » Le pardon qu'elle accorde n'est pas réservé au Comte et à son infidélité. Il concerne chaque auditeur en son intimité et le genre humain dans sa généralité. Et le *Tutti* ne s'y trompe pas, chantant « *tutti contenti saremo così* » sur un air si extatique et pieux, d'une ferveur si religieuse qu'il devient évident que lorsqu'il assure que la journée de caprice et de folie ne pouvait être conclue ou sauvée que par l'amour et lui seul — « *solo amor può termi-*

nar » — c'est de la vie même qu'il s'agit — « *giorno di tormenti, di capricci e di follia* » — et de son espoir de salut.

Et Chérubin ? On a garde de l'oublier, ni lui ni Barberine qui l'aime et qu'il caresse. Il est l'anti-comtesse, non pas qu'il s'oppose à elle, mais il est situé au début du chemin qu'elle vient de parcourir pour parvenir au port et à l'idéal. Il ne sait ce qu'il fait, ce qu'il est... « *Cosa son, cosa faccio.* » Il est perdu. Tantôt de feu, tantôt de glace et la pauvre petite Barberine lui répond dans la nuit par une plainte d'autant plus pure que son objet concret est plus insignifiant : une épingle — « *l'ho perduta...* je l'ai perdue, pauvre de moi ». Si profonde la plainte, si insignifiant l'objet que l'on comprend vite que c'est une enfant, une âme enfantine qui est perdue dans la nuit et, les premiers pas faits dans la vie adulte, que son chant si douloureux dans l'ombre répond ou même fait écho à l'éclat haletant de Chérubin. « Je parle d'amour en dormant, veillant, à l'eau, à l'ombre, aux montagnes, aux fleurs, à l'herbe, aux fontaines, à l'écho, à l'air, au vent... » « *Vani accenti* — accents inutiles... »

Kierkegaard a écrit que Chérubin est Don Giovanni enfant. Mais le page incarne le premier sanglot d'Éros, le désir qui ne connaît pas encore son objet. Don Giovanni n'est plus habité par le désir, mais par la volonté de possession. Frustré d'amour : les femmes lui cèdent mais — à l'exception d'Elvire qui vient trop tard et l'insupporte — elles ne l'aiment pas. L'amour du Don est vengeance. En lui comme en les femmes des *Noces* l'Éros a évolué, mais loin d'*Agapè*, il s'est mué en volonté de puissance. Chérubin est au contraire au premier moment d'Éros, au moment de pure vitalité dont tout le reste de la vie, de l'élévation, du dépassement vers la spiritualité va dépendre. On en trouve la preuve émouvante dans le fait que c'est une voix de femme qui nous dit son émoi masculin. Il est loin de l'initiation amoureuse, ignorant, perdu dans les limbes hermaphrodites où le désir commence à peine à prendre forme et se diversifier. Non, certes, qu'il ne soit déjà « bien orienté », mais Chérubin a dans la voix l'objet de son désir ; il est comme inscrit dans sa voix : « *Parlo d'amor con me.* » C'est une voix de femme qui nous fait entendre — et c'est déjà un pas vers l'homme, une promesse, une espérance — la détresse du désir masculin. Kierkegaard a raison. Don Giovanni est une menace qui pèse sur ce premier moment encore hermaphrodite de l'amour où, tandis que Barberina erre et se plaint, Chérubin halète et se débat. Cette menace nous la retrouverons en écoutant le Sévillan Don Giovanni.

Pour celui qui cherche à conter son histoire, Mozart tend à disparaître derrière son œuvre. De plus en plus, c'est elle qui représente sa vie : ce que l'on vient de lire sur *Les Noces* peut être interprété comme une analyse bonne ou mauvaise, fausse ou juste, de la psychologie de Mozart adulte et, autant que de son art, de sa conception de la vie. L'œuvre, s'élevant vers le sublime, tandis qu'il reste un homme, accède à une universalité qui ne laisse plus place à la personnalité de son auteur, ni aux incidents de l'existence dont l'essentiel est à son service. Le succès des *Noces* fut éclatant, mais de courte durée. Malgré « Salieri et toute sa clique » pour citer à nouveau Leopold, à en croire le ténor irlandais O'Kelly (Basilio) — à la fin de la première représentation, les spectateurs ne cessaient d'applaudir et d'appeler Mozart. Il y eut encore neuf représentations... ce qui est peu pour un triomphe. Non, c'est à Prague, à la fin de cette même année 1786, que *Les Noces* remportent le succès qu'elles méritent. Les cochers sifflent les airs dans la rue, les harpistes de cabaret les modulent pour séduire leur public. *Les Noces* tiennent l'affiche tout au long de l'hiver et, peu avant Noël, Mozart reçoit une invitation du comte Thun, accompagnée d'une pétition des musiciens de l'orchestre, pour se rendre à Prague. L'invitation est la bienvenue, même si l'été s'est déroulé dans le contentement, les parties de billard où le professeur Mozart entraîne son élève pour lui enseigner, entre queue et boule, la composition, ou encore le jeu de quilles auquel on doit, selon la tradition, le *Trio* qui en porte le nom (*K 498*), écrit pendant l'une de ces parties et dédié à Franciska von Jacquin, la fille de l'illustre botaniste dont la famille est devenue amie intime de Mozart. Mais voilà que d'autres amis, anglais, la belle Storace que l'on a vue en Suzanne, le ténor O'Kelly croisé en Basilio, le musicien Attword qui l'entouraient d'une chaude amitié et d'une sincère admiration, partenaires de jeu et d'étude avec lesquels il aimait boire du punch dans les tavernes, le quittent. Mozart voudrait les suivre à Londres, mais dans les conditions que l'on a vues et les termes que l'on devine, son père refuse de garder ses deux enfants. La mort se chargera du troisième qui, né en octobre, meurt dès novembre.

L'hiver serait bien sombre si ce n'était l'invitation à Prague et l'accueil enthousiaste qui l'y attend. Dès le 15 janvier, Mozart écrit à son ami Gottfried von Jacquin, le plaisir qu'il a trouvé au bal donné en son honneur, où il n'a pu danser étant trop fatigué, mais où il a « constaté avec un énorme plaisir que tous ces gens s'amusaient fort à sautiller sur la musique de mon *Figaro* adapté en contredanses et en allemandes : car ici on ne parle que de Figaro, on ne joue, ne sonne, ne chante, ne siffle que *Figaro*[7]... » Le voilà heureux comme on l'aime et gai comme un pinson, se plaignant de Morphée, ce « lare qui nous est extrêmement favorable à Prague », et leur fait manquer l'heure du réveil ; visitant la ville et admirant tout à se faire sortir les yeux de la tête ; rebaptisant ses amis : Hinkiti Honky, Rozka Pumpa ou Schwimuri, sa femme : Schabla Pumfa et lui-même : Punkitititi. Il va voir son opéra salué par des applaudissements qui ne veulent plus finir ; donne des concerts dont Niemetschek, qui en est le témoin, assure que jamais on n'avait vu théâtre aussi plein ni ravissement aussi puissant et unanime. Ovations délirantes ! Observant le bonheur qui est celui du « petit homme », Niemetschek assure que celui qui ne l'a pas entendu ne peut se faire une idée de ce dont un virtuose est capable. Mais le plus important est ailleurs : Mozart obtient la commande d'un nouvel opéra. Ce sera *Don Giovanni* !

Dès les premiers jours de février, il reprend la route de Vienne. On ignore les raisons pour lesquelles il quitte si vite Prague où il était si heureux... Peut-être est-ce pour revoir une dernière fois Nancy Storace à laquelle il dédie — « Pour Mademoiselle Storace et moi » — le bouleversant *Ch'io mi scordi di te* (*K 505*) où le piano dialogue avec la voix. Alfred Einstein croit y reconnaître une désarmante déclaration d'amour à la diva avec laquelle Mozart continuera de correspondre jusqu'à sa mort. Avant de disparaître quelque trente ans après celui qui l'aimait avec une tendresse que la musique nous restitue comme au premier jour, la dame jugea nécessaire de détruire toutes ses lettres. N'est-ce pas mieux ainsi ? Il ne reste de l'amour porté à la première Suzanne par son créateur que *Ch'io mi scordi* à elle dédié et l'air des marronniers — *Deh, vieni, non tardar* — qu'elle a inspiré. Une fois encore, la mémoire de Mozart ne sera que musique. Elle conservera dans son ambiguïté énigmatique tout ce que l'on voudrait connaître de ce passage sur terre qui se refuse au savoir et n'accorde ses confidences, limitées, qu'au seul sentiment.

À leur retour à Vienne, les Mozart quittent leur bel appartement de la Schulestrasse pour un logement à la Landstrasse, plus modeste mais plus proche de la famille des Jacquin, devenus depuis le départ des Anglais leurs meilleurs amis. Ce même printemps Mozart (1787) aurait fait la connaissance du jeune Beethoven qui, à dix-sept ans, serait venu chercher l'enseignement du maître. Les preuves de la rencontre manquent. Rien ne vient confirmer la froideur de l'accueil ni la reconnaissance accordée après l'écoute de variations au piano décrites par l'un de ses premiers biographes, Otto Jahn. Toujours est-il que Beethoven quitte en hâte la ville, sa mère étant tombée malade à Bonn. Mozart travaille déjà à son nouvel opéra...

Si la vie s'estompe, si elle apparaît de plus en plus comme une ombre de l'œuvre, c'est aussi que Mozart vient de perdre son alter ego redoutable, son meilleur correspondant, témoin, commentateur, son plus grand ami, son pire ennemi et, en plus d'un sens, son créateur — son père, Leopold.

Hommage que tout biographe doit lui rendre avant de prendre congé de ce personnage dont on s'est efforcé de souligner et faire revivre le caractère, la personnalité complexe et fascinante dans ses contradictions : nous lui devons l'essentiel de ce que nous savons de son fils, et peint en vives couleurs. Leopold disparu, la correspondance va s'appauvrir, devenir exsangue... Il meurt le 28 mai 1787. De nouveau la vie du fils et du père se révèle chargée de signes et de prémonitions : c'est le 4 avril de la même année, dans sa dernière lettre à son père, que Wolfgang l'entretient de la mort et, en quelques formules souvent citées, lui en vante les bienfaits. Il vient d'apprendre que Leopold est sérieusement malade, « nouvelle qui m'accable beaucoup ». Serait-ce un prêté pour un rendu ? On se souvient des leçons tout de même assez singulières que le père donnait aux enfants, en particulier à Nannerl qui s'en trouvait plus proche, sur les avantages d'une mort précoce. C'est au tour de Mozart d'encourager son père et de lui rappeler que la mort est « le véritable et meilleur ami de l'homme ». On ne peut s'empêcher d'interrompre pour demander quel serait alors son ennemi, ni d'évoquer la formule américaine : « Avec de tels amis, qui a besoin d'ennemis ? » On retrouve des allusions au credo maçonnique : « Je remercie mon Dieu de m'avoir accordé le bonheur (vous me comprenez), de le découvrir comme *clé* de notre véritable félicité. Je ne vais jamais me coucher sans penser (quel que soit mon jeune âge) que je ne serais peut-être plus le lendemain — et personne parmi tous ceux qui me connaissent ne peut dire que je sois d'un naturel chagrin ou triste[8]. »

Fin mai à son ami Jacquin, début juin à sa sœur Nannerl, Mozart dit sa douleur : « Vous pouvez imaginer mon état[9]. » Toutefois il lui est « absolument » impossible de quitter Vienne, car il est trop pris par son travail, son *Don Giovanni* : l'œuvre passe avant la vie. Pour régler la succession, il ne vaut pas la peine d'entreprendre le voyage de Salzbourg. Il se contentera de 1 000 florins pour sa part de la vente publique —

et semble-t-il ne touchera rien de plus —, ce qui paraît d'un désintéressement singulier, l'héritage de Leopold ayant été évalué à plus de 7 000 florins. Nous allons, hélas, et de plus en plus, nous heurter à des problèmes d'argent.

On a souvent reproché à Mozart de n'avoir rien écrit au sujet de la mort de son père hormis : « vous pouvez vous imaginer mon état », lui qui avait consacré, on s'en souvient, un poème à un étourneau mort :

Ici repose un gentil fol[10]...

Il conviendrait sans doute mieux aux cœurs sensibles (et choqués) de chercher, comme Mozart le leur demande, « à imaginer son état[11] » dans toute sa complexité que l'œuvre conservera et dont *Don Giovanni,* auquel il travaille d'arrache-pied et qui débute par le meurtre d'une figure paternelle, témoignera bientôt.

Éros contre *Agapè*

1787. L'année de la mort du père, le fils compose un opéra qui commence par le meurtre du père. D'évidence, Wolfgang n'est pour rien dans la mort de Leopold. Mais quand la relation du père domine et organise la psyché, le fils est toujours coupable de la mort du père et en porte le poids. Cette mort au sein de cette relation va hanter le *Don Giovanni* de Mozart et parachever le mythe qu'il illustre.

Les Noces étaient le royaume des femmes. Ici nous entrons dans le royaume des hommes et la tragédie les suit jusqu'au sein du *dramma giocoso*. C'est en partie en raison de ce projet que Mozart renonce à retourner à Salzbourg pour y régler les questions de succession et saluer la dépouille ou la tombe de son père. Il travaille tout l'été. Da Ponte, qui lui aurait proposé le thème, le précède, l'accompagne, le suit. Selon une légende qui ne manque pas de charme, le vieux Casanova participe à leurs travaux ou, même, leur sert de modèle. Il est exact qu'il s'est réfugié à Vienne, qu'il connaît Da Ponte, vénitien comme lui, et entretient avec lui des relations orageuses, exact surtout qu'il est à Prague lors de la création de l'opéra. Mieux encore : on a retrouvé dans ses papiers, écrites de sa main, deux variantes de la scène de l'acte II concernant Leporello. On rêve volontiers au café de Vienne où les trois compères sont réunis autour d'un bol de punch et où, tandis que l'aîné se raconte et s'explique à la lumière trébuchante des chandelles, l'autre prend des notes tandis que le troisième fredonne déjà. Mais ici, il convient de se défendre contre la légende parce que, ici, si séduisante soit-elle, loin de servir la vérité par son demi-mensonge, elle risque de la défigurer. Bien peu de commun en effet entre Casanova et le héros de Mozart.

On l'a souligné souvent : il n'est plus de Don Juan autre que celui de Mozart et ceux qui lui ont succédé — Byron, Pouchkine, Zorilla, Shaw —, comme ceux qui l'ont précédé, ne sont que pâles reflets ou premières ébauches du destin de feu et de nuit de l'incomparable Don Giovanni. On peut être sûr que son créateur ignorait tout autant le *Burlador de Sevilla* qui, en 1630, devait faire la gloire durable de Tirso de Molina, que la légende faisant de Miguel de Manera y Colonna y Lecca le modèle du dramaturge sévillan. Selon cette dernière, le grand seigneur débauché, croisant un cortège funèbre et se moquant de ses pompes, découvre à sa stupéfaction dans le cadavre que l'on porte en terre, son propre corps déjà à demi putréfié. Il se repent, entre dans les ordres, fonde l'hospice de la Charité dont les moines ont pour vocation de recueillir la dépouille des suppliciés morts sous la torture et de les enterrer. Or Miguel de Manara (1627-1679) avait trois ans quand le Burlador faisait son apparition sur les scènes de Séville. Et ce n'est semble-t-il qu'à quatorze ans (1641) qu'il le découvrit au théâtre et décida de l'imiter... Jusqu'au jour où, tombant amoureux de l'une de ses conquêtes et l'épousant, il eut la douleur de la voir bientôt mourir. Croyant reconnaître dans la mort de cette jeune femme, elle n'a pas vingt ans, le châtiment de son inconduite et de ses péchés, il entre dans l'ordre de la Charité et y meurt en odeur de sainteté.

Mozart devait connaître, en revanche, le personnage de Molière, non pas seulement en raison de sa renommée ou parce qu'on l'avait représenté dans des villes où il séjournait, mais aussi en raison du cadeau que lui avait fait lors de son départ pour Paris son ami Fridolin Weber qui, s'il avait vécu, serait devenu son beau-père : les œuvres de Molière. Il est certain que Mozart connaissait sinon le *Don Giovanni* de Goldoni, du moins celui de Bertati qui s'en inspirait : sur une musique de Giuseppe Gazzaniga, il avait connu le succès au début de la même année et Da Ponte devait le piller sans scrupules. Mozart connaissait aussi certainement le ballet de Gluck : *Le Festin de pierre*.

De toute façon, légendes, œuvres anciennes ou contemporaines, lectures ne sont pour l'opéra que matériaux. Avec eux Mozart va bâtir ce que Wagner a nommé : « l'opéra des opéras ». Sans doute, *L'Enlèvement au sérail* et, plus évidemment encore, *Les Noces de Figaro* sont des chefs-d'œuvre indépassables. Mais à la suite de *Don Giovanni*, Mozart s'aventure dans un domaine qu'il n'avait encore que superficiellement exploré, invite, à l'imitation de son héros, la mort dans son œuvre, l'écoute et s'inspire de son mystère. Goldoni, dans la préface à son *Don Giovanni*, avait regretté de traiter un sujet qui paraissait militer en faveur des superstitions d'un autre âge et tourner le dos aux Lumières. La maçonnerie sans doute avait rendu à l'énigme de l'existence et au mystère qui l'entoure leur légitimité et convaincu Mozart que, loin de contredire les Lumières, *Don Giovanni* leur apportait une ténébreuse clarté.

Dès les premiers accords de l'ouverture, le mythe et son étrangeté, bien loin de Casanova, de Sade, des *Liaisons dangereuses*, imposent leur gravité. L'orchestre hésite au bord du silence, levant les pressentiments ainsi que des voiles hissés lourdement, imposant une volonté inhumaine à coups de boutoir tandis que fuient vers l'horizon des présences transparentes ou qu'éclate, comme un rire puissant, un élan vital pur et se replie sur soi — dans une ironie mordante pour se retrancher dans un orgueil aussi aride qu'inexpugnable —, une conscience inconnue jusqu'alors et qui ne tarde pas à devenir celle de l'auditeur. Cette ouverture a sa légende. Le génie a sa propre histoire et la correspondance garde peu de traces de son progrès. Si Mozart parle de *Don Giovanni*, c'est pour se plaindre des difficultés qu'il rencontre avec le personnel du théâtre de Prague, où il vient d'arriver

— et où l'opéra sera représenté — le théâtre Nostitz, la troupe de Bondini — « qui n'est pas aussi habile que celle de Vienne pour monter un tel opéra[1] ». Il se plaint de retards apportés à la mise en scène. Il oublie les siens. Bien installé dans la villa de ses amis, Franz et Josepha Duschek, la *Bertramka*, il regrette — « trop de gens... trop peu à moi-même » — la vie mondaine dont il jouit et qui ne lui laisse pas le temps d'achever son œuvre. Si bien que, à en croire Nissen, l'ouverture est écrite dans la nuit qui précède la représentation. Commencée avec l'aide du punch et des récits que lui fait Constance — Aladin et Cendrillon qui, on ne sait pourquoi, font rire Mozart aux larmes —, elle est interrompue par le sommeil provoqué par l'abus de punch. Mozart dort si bien que sa femme ne se résout à l'éveiller qu'à cinq heures du matin. Or les copistes venaient chercher la partition à sept heures... Elle était prête !... et le chef-d'œuvre que l'on sait.

Les Massin insistent, à juste titre, à propos de cette anecdote sur la nécessité de distinguer chez Mozart l'écriture et la composition. Comme il l'a expliqué souvent, le musicien avait tout dans sa tête avant de le coucher sur le papier. Les idées viennent : « Je les fredonne. » On ne peut s'interdire de rêver à ce que peuvent être des idées que l'on fredonne ! Mozart explique encore que invention, élaboration coulent en lui comme un rêve et que s'il est un don pour lequel il remercie son Créateur, c'est de les garder en mémoire et de n'avoir qu'à les noter. C'est un tel rêve — qui devait en inspirer tant d'autres — qui cette nuit-là, du 28 au 29 octobre 1787, fut ainsi noté.

Il venait en dernier. C'était pourtant l'ouverture ! Ce n'est point paradoxe, mais évidence. L'ouverture ne devient possible qu'une fois l'œuvre achevée puisqu'il lui appartient d'annoncer tout ce qui va advenir avec assez d'ambiguïté pour que rien ne soit prévisible, avec assez de précision pour préparer l'âme à ce qu'elle devra accueillir. Ici : annoncer la venue d'Éros ! On l'a vu dans *Les Noces* palpiter et intriguer, se faire piéger, apprivoiser, détourner vers un idéal qui lui est contraire, un humanisme dont il est convaincu qu'il est menteur, un esprit bientôt philosophique, une spiritualité abstraite ; alors qu'il est fait pour affirmer la vérité concrète d'un corps et la solaire évidence de la sexualité. Éros triomphe ici, maintenant. Bientôt, grâce à *Don Giovanni*, on entend déferler son rire. Il n'est pas gai. Sa vérité est difficile. Il dénonce trop de mensonges pour ne pas se faire menaçant. Je ne puis m'empêcher de penser au rire par lequel Don Giovanni aurait salué les interprétations philosophiques qui lui sont consacrées — et bien entendu celle qui doit suivre. Mais d'abord Kierkegaard...

À l'en croire, Don Juan est le héros du stade esthétique du développement moral : celui de la sensualité pure et de l'instant. Mais sensualité n'est pas sexualité, ne serait-ce que pour l'évidente raison qu'il est une sensualité féminine, une autre masculine et qu'elles s'opposent, même si leur but ultime est de mieux s'accorder. Ce choix de l'instant et de la sensualité doit masquer l'angoisse existentielle... Mais Éros n'a pas besoin de Thanatos pour se dresser. Il est si proche de l'instinct que c'est à peine s'il connaît la mort — et son ignorance est confortée par son intuition d'être source éternelle de vie ; grâce à lui, elle triomphera jusqu'à la fin des temps. Éros reconduit la conscience si près de l'animalité qu'elle apprend à ignorer la mort. Le désir est antérieur à la connaissance de la finitude, et lui survivra.

On verra Éros sans faillir déjouer les pièges que lui tend *Agapè*, dénoncer son hypocrisie, se moquer de lui. Parce qu'il est plus proche de l'instinct, il est plus proche de la vérité nue qui fait de l'homme un animal. Il est de l'instant et n'est en rien coupable du fait que c'est ce même instant — le désir — qui contraint la femme à découvrir l'avenir, c'est-à-dire le temps. On veut capturer Éros, pour le conduire à épuiser ses forces dans la construction du nid et la fidélité à un désir satisfait, pour le mener ensuite vers un idéal qui, trahissant le corps, le trahit pour le châtrer et l'enfermer dans un autre monde aussi suspect et impotent du côté des idées et de l'esprit, que de celui de la personnalisation divine et de Dieu. Il échoue, semble-t-il, à connaître l'objet même de son désir : l'Autre ! Kierkegaard assure que c'est la raison pour laquelle il s'épuise en « *mille e tre* »... Don Giovanni éclate de rire !... mais Mozart ?

Le véritable obstacle sur le chemin d'Éros est ailleurs. Il va surgir l'épée au poing... Don Giovanni, dans l'instant qui précède le duel, est encore comme le veut Kierkegaard une puissance issue des laboratoires où la nature forge ses forces. Il surgit, la femme abusée à ses trousses, « musicalité absolue » (dit Kierkegaard), parce que la musique étant antérieure, en droit sinon en fait, à la parole est langage des passions et intervient avant que le verbe ne cherche à les articuler et légitimer. Si l'on donne là parole à Don Giovanni, il va prendre une personnalité ou un masque, trouver un visage et compromettre la puissance qu'il doit à la généralité et à l'universalité du Désir qu'il incarne. Il surgit : « musicalité absolue », brutalité, animalité mais véhicule d'une franchise en regard de laquelle toute vérité pâlit et paraît esquisser des ronds de jambe.

Il se heurte au Commandeur, le père de la femme qu'il a abusée, le père de Donna Anna, le père tout court. Le fils refuse le combat. Le père l'y oblige. Ce seront six coups d'épée que la musique, s'entrouvrant, accueille et consacre. Déjà s'élève, venu d'un autre monde qui ne garde pas souvenir de la violence de celui-ci, le chant de la mort qui a pour vocation de s'opposer au péan vitaliste de Don Giovanni. Dans son beau livre, *Le Don Juan de Mozart*, Pierre Jean Jouve souligne l'impression de lumière que la musique impose : « Sans aucune trace de transcendance, la mort nous transporte dans sa douceur et sa clarté[2]. » Le destin s'accomplit. La mort du père fait partie des grands rythmes de la nature et exprime leur gravité. L'obéissance à leur loi, si cruelle soit-elle, apaise la conscience. Le chant annonce aussi sa mort au fils qui ne demeure immortel qu'aussi longtemps que le père se tient entre lui et la mort : la stupéfaction de Don Giovanni, la panique étouffée de Leporello sont les pressentiments de cette fin qui sera celle de l'opéra.

La figure paternelle qui paraissait la régente de la réalité, déléguée par Dieu même, n'est plus. Il ne reste que son ombre besogneuse, pusillanime, ridicule et ne trouvant son salut que dans la fuite et l'ironie : Leporello. Il n'est le double de Don Giovanni que parce qu'il est d'abord celui du Commandeur et avilit celui-ci avant d'avilir son maître. Otto Rank, dans son étude sur le double, proposait de reconnaître en Leporello la conscience du héros. De fait, il ne ménage pas ses conseils à Don Giovanni, aussi plein de bon sens que vains, et l'on ne peut s'interdire de reconnaître en certains, et pour le ton et la musique plus encore que pour le texte, Leopold dans ses mauvais moments. Double du père, il règne dans l'intimité du fils. Sans doute, la relation maître-valet dans le siècle, la comédie bouffe, toujours et partout, garde une ambiguïté riche en profondeurs psychologiques. Mais le gentil Pedrillo, sans perdre les caractéristiques de son rôle, reste aussi loyal qu'étranger à son maître Belmonte. Figaro, on l'a vu, est le véritable héros des *Noces* par sa maturité et sa conscience. Ses relations avec le comte sont complexes mais n'entament jamais les identités en présence. C'est avec Leporello que la richesse de la situation trouve ses échos sentimentaux, sexuels et prend toute son ampleur. Dès sa première révolte qui peut paraître servile puisqu'il veut « *far il gentiluomo* » — faire le gentil homme — on s'aperçoit que au-delà des conditions de l'emploi — « *mangiar male e mal dormir* » — elle concerne le rôle qu'on lui impose : « *far la sentinella* ». Le maître s'est introduit chez sa belle et le valet, dans la force de l'âge et, on en aura bientôt la preuve, fort porté sur le beau sexe, ne peut s'interdire, faisant le guet, d'imaginer ce qui se passe derrière les fenêtres closes où il guette. On écoute dans son chant les accents d'une jalousie par laquelle il s'identifie déjà à son maître. Bientôt celui-ci l'y contraindra.

On suit le progrès de cette identification dans la scène où, Don Giovanni s'éclipsant, Leporello se retrouve seul avec Donna Elvira et, pour la « consoler de son tourment », entreprend de lui lire le catalogue des conquêtes de son maître. Les conquêtes sont du maître ; le catalogue est du valet qui le souligne avec fierté. Père impuissant et ridicule, il n'a pour vie que celle du fils et cherche à se persuader que c'est la sienne. Le « *Madamina* » par lequel il s'insinue auprès de Donna Elvira, accompagné par l'ironie de l'orchestre, gagne vite en fierté et ne tarde pas à s'épanouir en majesté triomphante. Lorsque, avec une insolence insupportable, le valet ose — ne dirait-on pas qu'il pousse la *donna* du coude — lui susurrer « Dès qu'elle porte la jupe, vous savez bien ce qu'il fait... *Purchè porti la gonnella...* », il s'est identifié au maî-

271

tre. Il a poursuivi son œuvre, devenant l'instrument d'Éros perverti.

Pourtant le désir est pur, étant pur désir. Comment, pourquoi, devient-il pervers ? Est-ce pour surmonter l'obstacle du père qu'il faut, l'épée au poing, vaincre afin de gagner la femme ? La perversité est un ricanement qui, par l'intermédiaire de son double déchu, vise le père et se moque de sa loi. Surtout Don Giovanni, quand bien même il est auprès de nous le héraut de l'instinct, demeure un homme : même s'il refuse de mentir à la bête qu'il porte en lui, il ne peut que la mépriser. Il ne se pardonne pas son animalité. Il se venge du mépris qu'il s'inspire en abaissant Elvire et en la reconduisant à la sexualité dont sa passion est issue et en laquelle elle investit, avec une superbe qui appelle le châtiment, son mérite et son droit.

Cette perversion s'affirme dans le travesti. Vite remis des déboires que lui vaut son bal et réconcilié, moyennant bon argent, avec Leporello que, dans son effort pour lui imputer la violence faite à la petite paysanne Zerlin, il a failli tuer, Don Giovanni oblige le valet à endosser son manteau, son chapeau, à contrefaire son allure et sa voix pour tromper et éloigner Elvira dont il veut séduire la cameriste. Pendant que le maître s'occupe de la servante, le valet s'occupera de sa femme. Le jeu est d'autant plus cruel que la musique s'y prête et que Mozart devient le complice de Don Giovanni pour faire de ses déclarations d'amour les plus belles et passionnées que l'on puisse entendre : « *Gioia bella !* » Elvira répond à son amour et descend de son balcon. Jean-Victor Hocquard, dans *La Pensée de Mozart*, croit que le séducteur est de nouveau amoureux... Curieux amour ! Don Giovanni s'éclipse, livrant sa femme au valet après l'avoir assuré, par une phrase aux échos ténébreux, qu'elle ne le reconnaîtra pas s'il ne le veut pas. La perversité, le sadisme par le masochisme : en avilissant sa femme, Don Giovanni s'avilit. Il s'avilit encore en empruntant l'habit et la personnalité de son valet pour séduire la cameriste qu'il désire. La haine qu'il se porte, le seigneur trouve à l'exprimer magnifiquement lorsque, toujours sous le déguisement de Leporello, il croise Masetto, le fiancé de Zerlina, qui le cherche pour se venger et le tuer. S'il n'a pas la malice de Figaro, ce paysan nourrit une haine plus mûre et son désir de vengeance s'est accru — en moins d'un an. On souligne l'intervalle, parce que la vindicte du personnage fait partie de l'histoire de son siècle. Figaro se proposait d'apprendre au *Contino* à danser, c'est-à-dire le mener par le bout du nez sur le ton et le rythme du menuet. Impossible, en revanche, de ne pas reconnaître dans le « *Cavaliera ancora te* » « Il te "cavalera" aussi » que chante Masetto pour prévenir du danger sa fiancée, Zerlina, les accents qui deviendront ceux de la *Carmagnole*. Et quand toujours protégé par son déguisement et l'ayant assuré qu'il partageait sa soif de vengeance, Don Giovanni lui propose de se contenter de casser un bras ou démettre une épaule — il refuse. Il faut tuer !

Le thème masochiste prend son ampleur quand Don Giovanni prétend accepter le projet et le diriger. Il entonne un péan à son adresse qui dit aussi bien l'amour et la haine de soi. Avec quelle complaisance ne décrit-il pas le grand chapeau, le grand manteau sous lesquels on ne peut manquer de le reconnaître ! Il se désigne à la vindicte paysanne avec un orgueil sans pareil : si l'on voit ici ou là un homme parlant d'amour à une jeune fille, ce ne peut être que lui, c'est-à-dire moi — qui seul ai le pouvoir de séduction. Alors : « *Ferite, pur ferite* » « Tirez ! », et la phrase musicale résonne comme un coup de feu ou d'épée. Jamais l'orgueil dans la haine de soi, ni la haine incluse dans l'orgueil n'auront été exprimés avec plus d'économie et plus d'éloquence. Le travesti réussit : Masetto trompé est désarmé, roué de coups...

Il y a là une belle invraisemblance ! Elle sera plus grande et évidente encore du côté d'Elvira et de Leporello restés en tête à tête. Mais c'est par cette invraisemblance que l'opéra s'impose dans sa grandeur et la puissance de sa création. Le spectateur convaincu accepte de voir donna Elvira, abusée, humiliée, se soumettre au faquin sans reconnaître sa bassesse, et de l'entendre supplier Ottavio et Donna Anna survenus de lui pardonner : « *È mio marito... Pietà, pietà !* » Ce n'est qu'à la réflexion ou dans l'analyse que l'on s'interroge. À l'écoute, la situation, si intenable soit-elle, n'est pas mise en doute. On adhère aux émotions exprimées. La musique a imposé son impossible réalité. La réflexion ne peut que s'efforcer de l'interpréter et chercher à la réconcilier avec le mode de comprendre, percevoir et juger qui lui est propre et familier.

Alors, à travers le travesti impossible, l'ambiguïté du désir devient évidente et son dualisme — le corps ici, l'âme là — irrécusable et douloureux. On désire d'abord ou l'on désire aussi un corps. Celui de Leporello vaut celui du maître et ils peuvent se confondre ou être confondus. La sexualité balaie les distinctions de classe, de personnalité, toute valeur. Elles deviennent imperceptibles et le désir peut confondre Leporello et Don Giovanni, le maître et le valet. Cette leçon d'humilité, cruelle pour tous, sur scène et dans la salle, dans l'opéra ou la vie, vient châtier l'orgueil d'Elvira, châtier la superbe par laquelle elle se présente et se définit dès son entrée en scène, superbe que lui inspire son amour absolu et le droit régalien qu'il lui donne de condamner sans appel — faisant de son auteur un « *traditore* », un « *barbaro* » — tout manquement à sa loi.

Elvira est le personnage le plus attachant de l'opéra. Sa passion, inhumaine par son exigence et son éclat, va trouver, en des accents sublimes, le chemin de l'humilité et de la charité. Elle saura se jeter aux pieds de Don Giovanni dans l'espoir de le sauver. Le repentir du péché d'orgueil et de la flamme infernale qu'il prête à la passion, avant de la conduire vers le monastère et vers Dieu, lui confère les accents d'une bouleversante humanité. Pierre Jean Jouve y voit justement la fin des conflits entre la vengeance dont elle était la voix, le désir et la foi. Mais on doit protester comme le fait Hocquard quand le poète conclut qu'Elvira est guérie de son amour. Elle aime mieux que jamais et va le prouver, avec une violence qui démontre sa fidélité à elle-même — par son effort désespéré pour arracher son amant à l'enfer.

Hocquard propose de voir dans l'opéra et dans chacun de ses personnages, deux faces : extérieure, intérieure. Ce qui peut choquer ou surprendre de l'extérieur est sauvé et s'impose par sa vérité intérieure. Cette analyse permet d'interpréter l'autre personnage féminin majeur, Donna Anna, sa conduite et son destin. Comment la fille du Commandeur de si noble famille a-t-elle pu laisser entrer nuitamment un homme dans sa chambre — fût-il, comme elle est censée le croire, son fiancé ? Alfred Einstein, faisant preuve, une fois n'est pas coutume, de quelque naïveté, assure que tout le XVIIIe siècle était convaincu que Don Giovanni était « arrivé à ses fins », et nous invite en conséquence à refuser tout crédit au « respiro » par lequel Don Ottavio exprime, au récit de la scène, son soulagement — et de ne plus chercher à défendre l'honneur de la *donna*. Il faut alors rappeler l'évidence : ni la dame ni son fiancé n'ont jamais existé ailleurs que dans l'imagination de Da Ponte et le génie de Mozart, et la question de savoir ce qui s'est passé *en fait* demeure par suite gratuite. S'il y a doute, c'est qu'il a été créé, voulu, et qu'il importe en conséquence, non pas de le lever, mais au contraire de l'interpréter. L'ambiguïté du personnage et de son expérience fait sa richesse et légitime la vengeance dont il devient le porte-parole. Hocquard reconnaît en Donna Anna la plus grande création de Mozart, non pas seulement en ce sens que, dans les autres versions du mythe, son rôle est secondaire, mais aussi parce que la richesse de ses accents et sa profondeur psychologique la campent en rivale de Don Giovanni et, pour reprendre la belle image de Hocquard, la dressent simple ou même massive « à la façon d'une victoire de Samothrace[3] ». Dans son amour de son père, dans sa douleur de sa mort, il est légitime de reconnaître un dernier, et sublime, hommage rendu à Leopold qui vient de s'éteindre. Ce que Anna pourrait avoir de conventionnel — « *Or Sai chi l'onore* » — est élevé par la musique à une vibration intime où l'honneur se confond avec l'existence même. Le monde manifesté, extérieur, n'a pour rôle que de conduire vers le monde intérieur et sa vérité supérieure et plus complexe. N'est-ce pas en ce sens que Schiller écrivait à Goethe, dans une lettre citée par les Massin, que l'opéra est dispensé de l'imitation servile de la nature et que par cette voie subreptice, en se réclamant modestement de l'indulgence, l'idéal pourrait se glisser sur scène ? À quoi Goethe répondait que ses espoirs avaient été réalisés d'une manière éclatante dans le *Don Giovanni* de Mozart.

L'amour de Donna Anna pour Ottavio est du meilleur aloi, mais c'est au père que va sa passion — et celle-ci se transforme en vengeance. Pourtant lorsque, en compagnie d'Ottavio et Elvira, tous trois masqués, elle va affronter Don Giovanni, qui les invite au bal, le trio que Pierre Jean Jouve compare à « une vaste invocation à la douleur qui a le drapé des divinités antiques sur le rivage de la mer[4] », on a le sentiment que la grâce qui en émane est d'abord son œuvre et qu'elle l'impose. La résignation qu'elle trouve dans le magnifique « *Non mi dir* » la conduit, ainsi que le souligne Hocquard, à renoncer à la vengeance personnelle et à s'effacer devant celle du ciel. De même que dans celle précédant le bal, dans la scène où Leporello déguisé en son maître, cherche, tel en un mauvais rêve, la porte qu'il ne trouve plus, l'issue par où s'enfuir, elle guide l'action, ou la musique, vers le surnaturel et le salut, dans un ensemble vocal admirable où les humeurs, les caractères et les situations ne s'opposent que pour mieux s'accorder dans l'au-delà de l'harmonie.

On ne peut suivre Pierre Jean Jouve quand il prête à Donna Anna un amour, refoulé bien entendu, pour Don Giovanni. Il n'en est rien dans la musique et où le chercher ailleurs ? Il est vrai que sa haine du séducteur est ardente. Mais si tous les sentiments forts se ressemblent, ce n'est pas sans se contredire et garder leur nature opposée. Si elle demande à Ottavio un sursis, à la conclusion de l'opéra, on n'a jamais l'impression que c'est en raison d'un amour coupable à se pardonner, mais bien parce que sa douleur n'est pas apaisée et qu'elle veut laisser au deuil le temps de faire son travail.

Si bien que le *dramma giocoso* ne trouve une solution heureuse comme il le doit que pour la seule Zerlina. Elle seule petite paysanne, bergère (dont Adorno assure qu'elle va bientôt devenir citoyenne !), saura vaincre la tragédie, dont le Désir ou Don Giovanni sont les porteurs, pour trouver le bonheur. Quand, le jour même de ses noces, le seigneur cherche à la séduire, elle hésite au bord de la faute et, par son innocence et sa fraîcheur, la transforme en sourire... « *Vorrei* »... Et si l'amour n'était ni faute ni péché, mais pur délice sans conséquence... Bien sûr, c'est impossible : « *Non vorrei.* » Don Giovanni n'est si séduisant dans cette rencontre que pour la raison qu'il est lui-même séduit et les deux voix s'enlacent dans la joie d'aimer : « *Andiam !* » Après tout on ne fait de mal à personne ! Si ! Surgit Elvira et tout à l'heure reviendra le fiancé, Masetto. Zerlina accepte sa colère, attends ses coups : « *Batti, batti, o bel Masetto* »... une agnelle ! Zerlina, qui saura si bien guérir son amant des coups et humiliations infligés par Don Giovanni mais aussi par l'existence, dans sa fraîcheur, sa malice, sa bonne humeur trouve une belle insouciance dont Hocquard souligne qu'elle est celle même de Mozart. À en croire Pierre Jean Jouve Mozart aime la faiblesse féminine : elle l'attendrit et l'émeut. Sans doute en a-t-il trop profité pour la condamner sans appel. Cet amour singulier, contraire aux intérêts de son sexe, lui permet d'accéder à cette angélique bisexualité qui fera l'étrange magie de *Così fan tutte*.

Il la prêtera à Don Ottavio. Le destin de ce gentilhomme est singulier. Rares sont ceux qui le comprennent — tant est grande la fascination exercée par Don Giovanni. On dirait que critiques, metteurs en scène, les chanteurs mêmes le voient et le jugent par les yeux du séducteur. Oubliant tout à fait que le séducteur le craint... « *Don Ottavio ? Ah credete !* » dit-il avec un tremblement quand il le découvre sous le masque — et le « *Si Signore* » d'Ottavio est admirable de fermeté. Malgré la beauté et la vérité de ses airs, de ses monologues — « *Della sua pace* » — de la tendresse de ses accents, on le condamne comme le fait Jouve : « Un rossignol en soie noire ! » Don Ottavio incarne pourtant la vie et le bien. On se souvient des lettres de Mozart au sujet des femmes et de l'amour. Ses vues et sentiments, qu'il confie à Ottavio, n'ont pas changé depuis le temps de son premier amour et de son mariage. On en tient la preuve dans la lettre qu'il adresse, de Prague où il assiste aux représentations du *Don Giovanni*, au jeune fils Emilian Gottfried de son ami Jacquin : « Vous semblez maintenant avoir abandonné votre ancienne façon de vivre... Vous vous persuadez un peu plus chaque jour du bien-fondé de mes petits sermons — n'est-ce pas ? Le plaisir d'un amour volage, capricieux, n'est-il pas éternellement éloigné du bonheur que procure un véritable et raisonnable amour... Vous me remerciez bien souvent dans votre cœur pour mes leçons !... Vous finirez par me rendre bien fier. Mais sans plaisanterie, vous m'êtes au fond un peu redevable d'être devenu ainsi digne de Mlle N. » (Mlle von Netorp, élève de Mozart[5]). On peut conclure avec les Massin que Mozart a toujours pris son cœur au sérieux — ou croire qu'il connaissait toutes les palpitations de ce singulier et métaphorique organe — y compris sa gravité. Pour ce qui est de Don Ottavio, je dois invoquer une expérience personnelle : la mise en scène de Zeffirelli à l'opéra de Vienne. Don Giovanni y était admirablement chanté, mais présenté comme un maniaque, incapable de dominer ses passions. Le héros, sûr de l'amour et de lui-même, respectant la vie et le sens que l'on peut lui donner, était Ottavio. Il souleva si bien l'enthousiasme du public que, à la fin du spectacle, Don Giovanni refusa de venir le saluer, humilié, comme s'il avait pris conscience du caractère grotesque de la passion qu'il incarnait et craignît de se faire huer.

« *Di rider finirai pria dell'aurora...* » En écoutant cette prédiction qui annonce la fin du rire — et de la vie —, on ne peut que se souvenir de l'intuition de Jouve : « l'œuvre n'est pas vraiment connue du créateur mais éprouvée par lui... c'est lui qu'elle a d'abord dépassé[6] ». La vengeance du père s'annonce ici et, dominant bientôt l'opéra, va donner au mythe sa profondeur et ses échos métaphysiques. Fini de rire ? Le rire de Don Giovanni déferle dans le cimetière où il retrouve Leporello. Alors le Commandeur intervient. Kierkegaard a souligné que, dès sa première apparition précédant le duel, la musique transformait le Commandeur en un être surnaturel. Sa voix, qui vient d'outre-tombe, est une puissance égale et aussi impersonnelle que celle du Désir et elle lui répond. Si celle de Don Giovanni est la vie dans sa fièvre conquérante, le Commandeur fait entendre la voix du mystère qui la cerne, qu'elle pressent et devant lequel elle est désarmée. Si, dans un premier temps, un premier acte, il le faut écarter pour accéder au *dramma giocoso* de l'existence, il reviendra toujours hanter le fils et lui annoncer sa mort.

Le Commandeur est cette figure qui, ayant ordonné la formation et le développement de la sensibilité, la domine, l'inspire, l'oriente, cette figure paternelle qui, dans la vie de Mozart comme dans l'opéra, vient de mourir. Il est aussi le porte-parole de ce destin métaphysique que, croyant ou non — et Mozart contrairement à Don Giovanni est certainement croyant, et même, dirais-je, deux fois : en catholique et en maçon —, la conscience doit accepter. Elle ne peut que l'interroger dans sa spiritualité et sa mortalité et s'efforcer de le comprendre. Or la figure métaphysique — ce destin dont la conscience est la conscience — et la figure paternelle se confondent parce qu'elles exercent, sur l'existence et dans la psyché, un pouvoir qui échappe à la raison.

Le monde a été fait par le père, avant l'arrivée du fils. Cette antériorité lui confère un pouvoir métaphysique puisqu'il fonde la *physis* actuelle où le fils doit vivre. Le père est l'auteur des jours : un fait aussi irrécusable qu'inassimilable pour la raison. Devant lui, elle est aussi désarmée que Don Giovanni, qui pourtant l'a expédié dans l'autre monde en trois coups d'épée, le sera tout à l'heure devant le Commandeur. Loin de le libérer de son pouvoir, cette facile victoire a donné à la figure paternelle densité et réalité. Sans doute Leopold n'a prêté aucun de ses traits au Commandeur. Dans ses mauvais jours, il ressemblait plutôt, on l'a dit, en père déchu, à Leporello. Pourtant, on doit le reconnaître dans l'implacable figure du Commandeur. C'est sous cette forme qu'il va hanter Mozart jusqu'à son dernier jour ou, au moins, jusqu'à ce qu'il découvre et compose Sarastro, le grand prêtre de *La Flûte enchantée*.

La voix du Commandeur n'est pas humaine ? C'est aussi que, ne serait-ce que par son antériorité, le père est plus qu'humain. Don Giovanni invite la statue à dîner, comme Wolfgang avait naguère invité Leopold à Vienne : pour l'éblouir par sa réussite. Mais l'hôte du seigneur sévillan vient de l'Au-delà et il l'invite non pas seulement pour l'impressionner par la richesse et la beauté de l'Icibas, mais dans l'espoir de le convertir, de le vaincre ou de s'en moquer. Si sa mort n'est pas parvenue à étouffer la voix du père, si le fils l'entend encore, que le « *Vecchio buffonissimo* » revienne participer à sa gloire. Mais parce que le mort refuse de se taire, acceptant l'invitation par un « *Si* » inoubliable — ce que Jouve a nommé un mystérieux « outre-mort », pressenti par notre inconscient qui se dévoile quand résonne ce « *Si* » —, le fils se met à douter de sa libération comme le mécréant doute de sa raison ou le séducteur de son droit.

Don Giovanni demeure néanmoins le maître du présent qui ne se souvient ni ne prévoit — tout entier ici, maintenant. Qu'il soit un défi au Père, à Dieu même ou au temps, rien ne pourra gâter le festin solitaire qu'il s'offre : celui de la vie. Rien, pas même l'irruption bouleversante d'Elvira qui lui demande de se repentir... Mais de quoi ? D'être vivant ! d'aimer la vie ! « *Viva le femmine, viva il buon vino !* » Vive la vie enfin, et Elvira, si elle veut être son alliée et bien-aimée, doit participer à sa fête. Un cri inoubliable répond : Elvira a vu le Commandeur, le mort, la mort. Le père trépassé l'apporte au fils sur un air terrifiant. En quelques mesures, l'infinie diversité de la vie est balayée — ce ne sont plus que pas puissants et monotones... Don Giovanni interpelle la pierre — et la musique lui donne un tel écho qu'il retentit en chacun... Le rapport des voix établit la relation du père âgé au fils adulte. Don Giovanni est ébranlé, Don Giovanni doute de sa raison, de lui-même : « *Non l'avrai giammai creduto !* »

Il se reprend bientôt et tend la main qu'on lui réclame. Mais il ne se repentira pas ! De quoi ? en vérité ! Serait-ce de la vie même et de l'avoir trop aimée ? Accepter la mort : il le faut. Y consentir : jamais ! « *No ! No ! No !* » Ce cri est moins celui du libertin châtié que celui d'Éros, de la vie même qui refuse de s'avouer vaincue. On doit sans doute, selon une interprétation différente — et ici, loin de se contredire, les lectures se complètent —, évoquer dans cette scène le problème de la Grâce ou celui des superstitions honnies par Goldoni, c'est-à-dire la question du repentir ultime capable de racheter une vie pécheresse, ou même celle de la Contre-Réforme puissante dans l'Autriche des Habsbourg. Le refus et le mépris de la mort — « *vecchio infatuato* » — n'en demeurent pas moins gravés dans le dernier cri de Don Giovanni. En effet, étant le bon père, le Commandeur dicte la loi et la représente. Cette loi prévoit une exception, celle de la Grâce qui exprime l'amour du père pour le fils. Mais elle ne peut être accordée que si le fils revient au père et se soumet à sa loi. Le fils dans sa liberté, c'est-à-dire dans la complexité de son identité, ne peut y consentir. Le père lui offre le salut. Il s'en tient à l'honneur : c'est-à-dire à lui-même : être celui qu'il est, vivant, la vie même qui échappera toujours à la main de pierre ! Le chœur, surgi à ce moment de sous terre, ne pourra rien contre la résurrection du fils. La lutte implacable des générations devient évidente, dévoilée par l'anonymat du Ciel et de ses volontés.

Il était sans doute inconvenant d'évoquer Dieu au théâtre. Dans cette censure, Mozart a découvert la forme qui rend à la Nature son rôle silencieux et son ambiguïté. Le chœur assure : « Tout châtiment est trop léger pour ta faute. » Mais quelle est cette faute ? On reconnaît en elle le péché d'orgueil par lequel le fils, au prix de la mort, refuse au père révolu l'empire de la vie.

Reste l'*ultima scena* — où réapparaissent tous les personnages qui cherchaient vengeance et se voient comblés par le Ciel et frustrés dans leur entreprise. Elle ne plaît guère, dérange et d'aussi illustres musiciens que Gustave Mahler ont jugé bon de la supprimer. Bien à tort. Elle est nécessaire à l'organisme vivant de l'opéra. Sans elle, il serait mutilé. Par elle, il accomplit et parachève sa forme. Loin d'insulter à la grandeur de Don Giovanni, elle apporte l'apaisement qu'il n'a pas su trouver. Il est nécessaire à la forme avant de l'être à la morale. Dans un premier rapport hautement respectable et ne relevant nullement de la flatterie d'un mauvais goût, l'opéra, et celui-ci mieux que tout autre étant « l'opéra des opéras », représente une expérience émotive et intellectuelle qui ne peut s'achever dans un cri. Le rideau tombe. Le spectacle est fini. Le spectateur lui survit et doit réconcilier dans son intimité les antagonismes qui se sont affrontés sur scène, réveillés, stimulés, inspirés, personnalisés par l'opéra. Parce que tout le drame, ses passions, ses meurtres, ses fantômes, ses amours, ses fêtes et ses cris, se déroule dans le cœur de Mozart et, par son génie, dans le cœur de chacun des spectateurs, l'apaisement presque triomphal en mémoire de tout ce que l'on vient de connaître et traverser, est essentiel... *Nunc dimitis !*... Don Ottavio, dans l'équilibre entre corps et esprit, Éros et *Agapè*, entre deux sexualités, propose la réconciliation nécessaire à la paix du cœur. Par un air magnifique, il conduit vers une spiritualité qui rachète la sympathie, accordée naguère malgré son obsession sexuelle, en raison de sa vitalité supérieure, au forban.

Don Ottavio, repris et accompagné par tous sur scène, mais aussi dans la salle, affirme qu'il est une vie autre, que l'on peut vivre autrement sans trahir la vie. Et tout l'orchestre nous invite enfin avec un dernier sourire — celui même de Mozart par sa tendresse et son ironie — à suivre l'exemple de Leporello et à nous mettre en quête d'un autre et meilleur maître... On peut conclure avec Pierre Jean Jouve que « toutes ces réalités sont dans *Don Giovanni* à l'état de symboles de l'existence et l'art qui les enveloppe demeure résistant : il ne dit point tout ce qu'il est, il conserve toujours un secret ; il est, et nous sommes à son image[7] ». C'est dire que nous n'avons jamais quitté Mozart — l'homme, ni sa vie. L'opéra est aussi la représentation de sa psyché, un passage à l'acte — *acting out* — qui, mieux que les faits ou commentaires, révèle son âme par les personnages, père et fils, mort et amour, grâce et châtiment, l'instinct aux prises avec l'esprit, Dieu et la vengeance, la tendresse mystique enfin qui la peuplaient. Mozart était heureux à Prague, tellement heureux qu'on se demande pourquoi il l'a quitté.

Non sans un sourire. Accueillons-le car il en reste peu pour les années qui vont venir. Le fils de Mozart, Karl Thomas, raconte que Josepha Duschek, la cantatrice chez laquelle le compositeur résidait, « après lui avoir préparé de l'encre, des plumes et du papier », enferma le grand Mozart dans un pavillon « en lui déclarant qu'il ne recouvrerait la liberté qu'après lui avoir remis l'air qu'il lui avait promis sur ces paroles : « *Bella mia fiamma. Addio…* » Mozart se soumit mais, pour se venger de l'espiègle Mme Duschek, mit dans cet air des pièges d'une interprétation difficile et menaça sa despotique amie de le détruire sur-le-champ si elle ne réussissait pas à le chanter *a prima vista*[8]… Hommage à l'espiègle hôtesse : l'air nous est parvenu (*K. 528*).

Addio ! Mozart rentre à Vienne. Il apprend la mort de Gluck. Joseph II nomme aussitôt Mozart pour lui succéder au rôle et fonction de « musicien de la Chambre impériale et royale ». Mais son salaire annuel, 800 florins, sera inférieur à plus de la moitié de celui de Gluck. L'argent ! Nous allons le retrouver souvent au cours de ces dernières années de Mozart, et ici encore, comme pour nombre d'éléments de la vie du compositeur, l'argent est comme enveloppé de mystère. Sa valeur objective doit être précisée. Pour sa part, Gluck, en qualité de « musicien de la Chambre impériale et royale », gagne 2 000 florins, ce qui constitue un salaire très élévé. Mieux vaut établir une base comparative. 300 florins par an est dénoncé par Leopold comme le revenu du musicien raté que Wolfgang deviendra s'il ne suit pas ses conseils ; 1 000 florins, en revanche, paraît être le revenu d'une réussite honorable — par exemple celle du commandant de la forteresse de Salzbourg. Les revenus de la famille Mozart de son arrivée à Vienne à sa mort ont été évalués au montant suivant : « 1781 : entre 1 080 et

1 280 florins » ; « 1782 : entre 2 170 et 3 170 florins » ; « 1783 : entre 1 900 et 2 400 florins » ; « 1784 : 3 750 florins » ; « 1785 : 2 959 florins » ; « 1786 : entre 2 600 et 3 700 florins » ; « 1787 : 3 320 florins » ; « 1788 : entre 1 380 et 2 060 florins » ; « 1789 : entre 1 480 et 2 156 florins » ; « 1791 : entre 3 670 et 5 670 florins ».

Ces chiffres sont empruntés à Maynard Salomon[9]. On le voit : à aucun moment, le revenu de Mozart n'est inférieur à 1 000 florins. À plusieurs reprises, en 1784, 1785, 1786, 1787 et de nouveau, année record, mais la dernière, 1791, il gagne l'équivalent de cinq fois le montant d'un revenu annuel que nous avons qualifié d'« honorable ». Comment expliquer alors la misère qui paraît s'abattre sur lui dès les premiers mois de 1788 au retour de son triomphe de Prague ?

Peu de lettres nous restent pour les quatre dernières années de sa vie : moins d'une centaine. Près de la moitié témoigneront du besoin pressant d'argent. Certaines seront pénibles, parfois déchirantes dans l'humilité, la gratitude… Comment concilier les sommes importantes gagnées avec ces appels ? La réponse est sans doute assez simple et s'imposait même avant que ne fussent entreprises d'innombrables enquêtes à ce sujet. Mozart gagnait beaucoup. Il dépensait davantage. À l'égard de l'argent, il faisait preuve d'indifférence et d'insouciance, deux sentiments que l'argent ne pardonne pas. Personne sans doute ne fut plus, et dès le plus jeune âge, exploité que Wolfgang. Il n'en était pas moins un enfant gâté. Son père avait dû conquérir sa place. Celle de Mozart était préparée. Il n'eut pas à lutter pour s'établir parmi les musiciens, mais seulement pour se faire reconnaître pour ce qu'il était : le premier d'entre eux. De toute façon le fils, quand disparaît le père et quel que soit son âge, ressemble à ces acteurs de Pirandello en quête d'un metteur en scène : il ne sait plus ce qu'il doit demander à lui-même ou attendre de soi, quelle valeur satisfaire, pourquoi se gronder ni de quoi être fier. Coïncidence sans doute, mais la vie en est faite, la première lettre implorant un secours financier, malgré les gains considérables de l'année précédente (3 000 florins), date de l'année qui suit la mort du père — 1788. Il y avait eu un frein intérieur. Il a lâché. On ne peut que s'adresser aux amis, aux frères, à un certain Michael Puchberg, commerçant, banquier, fort riche — mais ne dédaignant pas de prêter à intérêt, surtout quand au bénéfice matériel viennent comme ici s'ajouter ceux de la fraternité maçonnique et de l'amitié. Puchberg, au cours des trois dernières années de la vie de Mozart, fut conduit à lui prêter plus de 1 000 florins. On ne sait si la somme fut en totalité ou en partie remboursée par la veuve à celui qui était devenu le tuteur de ses enfants. De toute façon, ce n'était pas cher payé l'immortalité de son nom acquise par la dédicace du *Trio* en mi *bémol majeur* (K 563), dit *Trio Puchberg,* qui, par sa sérénité et son ampleur, est l'un des nombreux chefs-d'œuvre de Mozart.

Mozart emprunte à l'un pour rembourser l'autre. S'il s'adresse à ses frères, c'est dans l'espoir d'un taux d'intérêt plus favorable que ceux, jusqu'à 80 %, pratiqués par l'usure (et la totalité des intérêts déduite du montant dès l'ouverture du prêt !). À sa mort, ses dettes se montent à quelque 3 000 florins. On lui en attribue dix fois plus. L'empereur lui-même croit bon d'intervenir et d'aider la veuve pour les rembourser.

Comment expliquer des dépenses si énormes ? À quoi ont servi, par exemple, les 1 400 florins empruntés au prince Lichnowsky, frère maçon et compagnon de voyage que, le 9 novembre 1791, Mozart fut condamné à rembourser par saisie de la moitié de son salaire de musicien ? Il devait rembourser l'un, rembourser l'autre, payer les intérêts, mais aussi satisfaire un goût de luxe et de bien vivre dont il pensait sans doute — et avec quelle raison ! — que, autant par l'intensité que par la qualité de son travail, ils lui étaient dus. Pour voyager, il achète une voiture si belle qu'il avoue vouloir la couvrir de baisers. Jusqu'au dernier été, il garde un cheval. Il est coquet : à sa mort, il doit plus de 300 florins à son tailleur — et l'inventaire de ses toilettes, surtout quand on garde mémoire de leur prix à l'époque, est impressionnant. Joueur ? On l'a dit. Sans preuve aucune ! Comment se fait-il que le secret en fut gardé et que ceux mêmes qui ne lui ménageaient pas leurs reproches, de son vivant et ensuite, ne l'aient jamais mentionné ? Il était ardent au billard, aimait les quilles... Ce n'est pas là qu'on se ruine... Et s'il aimait les cartes, pourquoi et comment le cacher ? Il est vrai que Mozart parle d'une dette d'honneur, contractée à Strasbourg, mais c'est un abus de termes. Il doit une somme, il croyait que son père l'avait réglée. Il se fait un point d'honneur à la rembourser dans les meilleurs délais. Quant à la somme due à Lichnowsky, elle ne peut avoir été perdue aux cartes puisqu'elle est reconnue en justice et que les dettes de jeu sont dites dettes d'honneur justement parce qu'elles ne le sont pas.

Mozart a une nature de saltimbanque. Enfant de la balle dès sa prime enfance, quand bien même cette balle est musique et cette musique géniale. On a salué l'immense talent dramatique de Mozart. Il devait bien en garder un peu pour lui-même. On ne s'identifie pas seulement à un personnage ou à autrui. On s'identifie aussi à soi-même, ne serait-ce que pour mieux convaincre et se prendre en pitié pour faire pitié comme Mozart ne cesse de le faire : par exemple dans la lettre à Puchberg le 12 juillet 1789 : « Si vous, mon meilleur ami et frère, m'abandonnez, je suis perdu... ainsi que ma pauvre femme malade et mon enfant... » « Pardonnez-moi pour l'amour de Dieu, pardonnez-moi seulement... » On a honte de rappeler que le cheval du *Kappelmeister* est à l'écurie. Sa femme malade, il est vrai, ne tarde pas à gagner les stations thermales à la mode ; le fils est dans une pension réservée à l'aristocratie et des plus coûteuses. La sincérité n'est pas en cause : Mozart se sait perdu. Il faut le soutenir, le sauver à l'instant même « par ce dont vous pouvez vous démunir ». Oui, il est perdu, maudit, lui le plus grand musicien de tous les temps qui, en ce même mois, écrit le *Quatuor à cordes en* ré *majeur* plein de charme (*K 575*), la Sonate pour piano (*K 576*), riche en bonne humeur autant qu'en inquiétude, étincelante ! Non ! mille fois non ! Mozart ne joue pas la comédie... Ou seulement parce que toute la vie est une comédie avec un Leporello sous la table à faire le pitre tandis que l'on meurt — d'angoisse ou autrement.

Les temps ont changé. Mozart n'est plus à la mode. D'évidence ceux qui aiment la musique continuent de vénérer Mozart mais le succès ou l'échec, loin de dépendre d'eux, est fait, alors et toujours, avec le même entêtement ignare, par la même opinion mondaine. *Don Giovanni* qui a triomphé à Prague doit, à Vienne, se contenter d'un honorable succès. C'est aussi que Joseph II, toujours envieux des lauriers de son cousin de Prusse, bien qu'il fût mort depuis deux ans, et voulant l'égaler encore, a quitté sa capitale et pris la tête de ses armées pour les mener contre les Turcs. Mozart, pour l'accompagner, compose des chansons guerrières (*K 539*), et célèbre le siège de Belgrade (*K 535*). Mais la guerre tourne vite assez mal. L'empereur rentre malade à Vienne. Il assiste pourtant à l'une des représentations du chef-d'œuvre. Il le juge « divin », mais trop dur pour les « dents de mes Viennois ». Le propos étant rapporté à Mozart, celui-ci aurait répliqué qu'il fallait leur laisser le temps de la mastication !... Mais le temps, justement, n'est pas favorable aux arts. La guerre coûte cher et ruine le pays. L'empereur sombre dans la dépression. On l'abandonne. Le joséphisme est en faillite. La culture est la première à subir les sacrifices nécessaires. La vie se ralentit et les concerts autant publics que privés baissent de moitié. Cependant, Mozart poursuit ce long chemin de croix de dettes successives et entrecroisées et, tandis qu'il prend toujours plus conscience de la désaffection du public viennois, son quatrième enfant, Theresia Constanzia, meurt de convulsions à sept mois...

Or c'est au milieu de cette crise personnelle et sociale que naissent les trois grandes symphonies (*K 534, 550, 551*). Véritable épopée écrite en quelques semaines (entre le 26 juin et le 10 août), elles transforment le genre : il était dans la marge, une introduction ; il sera désormais au centre de la création musicale. Pour citer Einstein, ces trois symphonies qui ne répondent à aucune commande, aucun projet, dont on doute même qu'elles aient été exécutées du vivant de Mozart, sont « comme un appel lancé à l'éternité[10] ». La première, a-t-on dit, est maçonnique ; la seconde, pathétique ; la troisième, *Jupiter*, proprement sublime — comme si élevée dans les airs, elle se détachait de l'ici-bas... L'exaltation conduit à proférer des inepties et l'on ne sera pas les premiers sur un chemin où de grands noms nous auront précédés. Tout de même par la fermeté implacable des accents, par l'orgueil qui gonfle telle une voile au vent, certains développements, par leur majesté, par la mélancolie qui entraîne tel mouvement vers le rêve avant qu'une joie espiègle ne vienne s'en moquer et danser, par le bonheur pastoral de certains accords, l'angoisse douloureuse de thèmes qui fuient puis reviennent briser l'espoir ou alourdir jusqu'à la grimace le menuet, ces trois symphonies paraissent l'expression musicale la plus complète et la plus concise de toute la gamme des sentiments humains.

Elles constituent ainsi une réponse à ceux comme les Massin qui, ici, deviennent violents, établissent un lien primaire, impérieux, despotique entre l'œuvre et son créateur... comme si la vie dictait l'œuvre ou, à tout le moins, l'orientait de façon décisive. Il n'en est rien. Car si l'homme peut exister sans l'œuvre, la refuser, l'interrompre, il n'en va pas de même du créateur. Presque par définition, l'un ne peut exister *sans* l'autre, ils coexistent. L'un *et* l'autre auront une influence immédiate l'un *sur* l'autre. Si l'œuvre veut ou doit rire, c'est en vain que l'homme cherchera à pleurer. Ou, s'il pleure, il n'y aura plus d'œuvre. On ne comprendra pas la création artistique, qu'elle soit des mots, des sons, des traits et des couleurs, tant que l'on ne sera pas convaincu que, pour l'artiste, et c'est en quoi il est artiste, l'œuvre est un *Autre*. Elle devient œuvre, elle naît à ce moment douloureux, et merveilleux, où elle prend la parole, s'impose à son créateur ; où il n'est plus libre ; où il n'a plus le choix ; où il écoute ; où, s'il parle, on lui répond. Retrouver l'œuvre alors, ce n'est plus — et surtout quand elle devient cruelle — obéir à l'existence, mais lui échapper, oublier soi et son temps. L'œuvre se transforme en refuge, en un ami, seul ami, moitié de moi-même — mais *autre* moitié qui possède sa forme, ses règles, son humeur et son chemin. Voilà comment en un été, dont on peut être assuré qu'il fut celui de la détresse, naquit une œuvre dont la majesté sereine a fait que l'on a cru y reconnaître Jupiter lui-même ! Voilà pourquoi tout ce que l'on peut *dire* à ce sujet ne peut être vrai qu'à moitié puisqu'il sera dit en mots et que si le créateur en relève, l'Autre, l'œuvre, sa moitié n'appartient qu'au langage, vocabulaire et syntaxe de la musique qui ne souffre pas la traduction.

Mozart serait-il enfant du voyage ? On lui avait imposé ce sort. Il l'avait aimé devenu adolescent. Mais l'homme mûr vient de refuser de rester à Prague où on le célèbre et de décliner les offres très avantageuses de Londres. On comprend mal en conséquence sa décision de partir pour Berlin en avril 1789.

L'ami et frère en maçonnerie, le prince Lichnowsky, qui avait épousé cette année-là la fille de la comtesse de Thun, amie et protectrice de Mozart, devant se rendre à la cour de Prusse, invite le musicien à l'accompagner. Pourquoi celui-ci accepte-t-il ? Aucune invitation, ni offre précise, seulement des rumeurs selon lesquelles Frédéric-Guillaume II souhaite le voir. Le risque est grand mais se justifie. Le concert de Potsdam rapporte au musicien 700 florins. De plus, le roi commande six quatuors à cordes. Il promet à Mozart un poste rémunéré de 3 700 florins — plus de quatre fois son traitement de Vienne. Pourquoi refuse-t-il dans la situation financière où il se trouve ?

Le voyage demeure enrobé de mystère. À la mi-mai, Lichnowsky abandonne son protégé à Potsdam (à la suite d'une querelle peut-être dont on ignore la cause) — non sans lui avoir pris 100 florins, « car sa bourse se vidait... je ne pouvais guère lui refuser, tu sais pourquoi », écrit Mozart à sa femme (sans doute Mozart lui devait-il de l'argent). Le voyage se termine mal et malgré les 700 florins du roi de Prusse, Mozart revient à Vienne les poches vides. Dès le mois suivant son retour, il écrit à Puchberg les lettres déchirantes déjà citées.

En revanche, la postérité doit à ce voyage des lettres pleines de bonne humeur et de sensualité qui la renseignent non pas seulement sur l'état des relations de Mozart et de sa femme, mais aussi sur le courage ou l'insouciance avec lesquels Mozart affrontait les difficultés de sa vie. On trouve à chaque ligne la tendresse espiègle dont la vivacité réjouit le lecteur comme elle devait certainement rassurer la « très chère excellente petite femme de mon cœur ».

On s'étonne que les censeurs, qui nous ont privés de tant d'informations précieuses, aient heureusement conservé les confidences qui se murmurent sur l'oreiller concernant la conduite du

« petit coquin » et ses projets. Le nombre de baisers promis demeure incalculable, Mozart ayant toujours recours dans son espièglerie à de vertigineux trillions. « Le chenapan brûle encore plus et ne se laisse pas dompter[11]. » « Ô Strustrie, je t'embrasse et t'étreins. » « Je contemple ton portrait et je pleure[12]. » « ... Quand je tire ton portrait de sa prison, je dis : Dieu te bénisse Stanzer ! Dieu te bénisse, coquine, petit pétard, nez pointu, charmante petite bagatelle... » Ou encore : « J'ai embrassé ta lettre un nombre incalculable de fois avant de la lire... » Et enfin : « Les recommandations — faire attention à ta santé » — Constance était enceinte de son cinquième enfant —, mais aussi « faire attention non pas seulement à *ton* honneur mais à *mon* honneur ». Une première note de jalousie enregistrée par la correspondance ? Othello est loin encore et le ton reste affectueux et enjoué. Mozart paraît préoccupé moins par une infidélité que par l'imprudence qui pourrait conduire à la faire croire — tout de suite après avoir demandé à l'excellente petite femme de demeurer « totalement assurée de mon amour[13] ».

Si Mozart est jaloux, il l'est avec une retenue exemplaire et sans perdre son humour. A-t-il des raisons de l'être ? On l'ignore. De même que ne sachant rien des causes de ce voyage incohérent avec ses étapes prolongées à Dresde, ses détours par Leipzig et le retour dans cette ville après le séjour aussi énigmatique à Berlin, on peut supposer que le périple n'était pas sans rapport avec les sentiments qu'inspirait à Mozart la belle cantatrice

Josepha Duschek, l'hôtesse qui l'avait enfermé naguère dans le pavillon de sa villa de Prague pour qu'il achève la *Bella mia fiamma, addio !* (*K 528*) à elle dédiée. Elle se trouvait en tournée dans ces villes. Peut-être s'agit-il de l'intérêt éveillé en son cœur par une autre cantatrice, la célèbre soprano berlinoise Henriette Baranus qui, tenant le rôle de Blonde dans *L'Enlèvement au sérail* et ayant appris que Mozart, à peine arrivé à Berlin, s'était, incognito, glissé dans la salle où l'on représentait l'opéra, s'en trouva si intimidée qu'elle refusa de revenir sur scène avant que Mozart ne gagne sa loge pour l'assurer qu'elle chantait à ravir et que, si elle voulait chanter mieux encore, il serait ravi de lui faire répéter le rôle.

Escapade amoureuse ou, au contraire, tournée dont on espérait un changement de fortune, le voyage finit mal. De retour début juin, à peine achevé le premier des quatuors commandés à Berlin, Mozart doit faire face à la maladie de sa femme et à l'épuisement (toujours aussi énigmatique) de ses ressources. C'est de juillet que datent les lettres dont les termes dépassent de très loin ceux du demandeur, de l'ami ou du frère en maçonnerie : « ... Je voulais épancher mon cœur mais je n'ai pas eu le courage... ce n'est qu'en tremblant que j'ose le faire par écrit[14]... » Il demande à Puchberg d'être convaincu de son « innocence ». Le concert par souscription n'a été souscrit que par le seul baron van Swieten. Si grave que soit la situation, comment comprendre le déchirant « pardonnez-moi, pour l'amour de

Dieu, pardonnez-moi seulement[15] ! ». N'est-ce pas que, comme le suggère Maynard Salomon, Puchberg, riche et donc relativement puissant, de quatorze ans son aîné, aurait repris auprès du fils errant, le rôle de père. Au père seul, semble-t-il, peut-on demander pardon de l'échec, de la maladie de la femme, tout en l'assurant de son innocence ! De quoi est-il coupable, en effet, sinon que fils, il a trahi l'obligation de bonheur souscrite auprès de l'auteur de ses jours ?... La lettre est du 14 juillet. Une autre suit, le 17, plus implorante encore, plus filiale par l'abandon de toute dignité : « à l'instant même... ce dont vous pourrez vous démunir... » Ce seront 150 florins — sur les 500 demandés —, mais une somme suffisante pour envoyer Constance faire une cure à Baden, comme le médecin l'a recommandé.

La séparation nous vaut trois lettres (de Mozart — aucune réponse de Constance n'a été conservée) qui jettent une nouvelle lumière sur la crise de l'été : « Je veux te parler très franchement : tu n'as absolument aucune raison d'être triste. » Point nécessaire d'être femme pour comprendre ce que cache pareille déclaration : « Tu as un mari qui t'aime, qui fait pour toi tout. » Mais la suite ? « Je suis heureux lorsque tu es gaie — c'est certain. » (Tiens, il y a deux lignes, elle était triste !) « Je souhaiterais seulement que tu ne sois pas aussi légère... parfois avec NN tu es trop libre » (N.N. : *nomen nescio* : les censeurs [Nissen probablement] s'en sont chargés), de même qu'avec N.N. : « un autre inconnu » lorsqu'il était encore à Baden... « Songe que les N.N. [pluriel !] ne sont avec aucune femme aussi libre qu'avec toi... Un homme correct et particulièrement respectueux envers les femmes a été conduit à t'écrire des sottises les plus abjectes et les plus grossières. » Le ton se gâte. Voilà que Constance a avoué un jour qu'elle cédait trop facilement. Qu'elle se souvienne que « seule l'attitude réservée d'une femme peut enchaîner l'homme[16] ». Curieux ! Et pour conclure cet échange : « Chérie ! Ne sors jamais seule — cette pensée m'effraie à elle seule ! » On devine un couple en détresse. Les sentiments qu'il éprouve, les tempêtes qu'il affronte lui seront bientôt, avec une perfection et une hardiesse inégalées tant pour la subtilité que pour la richesse de l'humanité du discours, exprimées pour l'éternité de la musique, dans *Così fan tutte*.

On ne sait rien de l'origine de cet opéra : ce qui laisse la place libre à la légende. Il en est une fort bien venue selon laquelle, ayant appris que deux de ses officiers avaient fait le pari de séduire l'un, la femme de l'autre, et réciproquement, en vingt-quatre heures, et étaient l'un et l'autre parvenus à leurs fins — l'empereur lui-même aurait proposé le thème à Da Ponte et à Mozart. La légende a le mérite de rappeler la misogynie de Joseph II, fils d'une mère autoritaire, contraint de partager le pouvoir avec elle, contraint par elle d'épouser une femme qu'il n'aimait pas — après la mort de celle qu'il aimait — et qui ne l'aimait pas. Elle demeure peu vraisemblable ; l'empereur était déjà malade en cet automne 1789, au cours duquel l'opéra avait été composé. On ne connaît qu'une date le concernant : celle de sa répétition privée en décembre. Joseph meurt en février, interrompant les représentations.

Il n'est pas de source immédiate pour *Così fan tutte* comme pour les opéras qui le précèdent. Le pari des officiers sans doute eut lieu et fit quelque bruit. Quant au thème de l'inconstance des femmes qui d'Ovide à Boccace, Goldoni ou Marivaux, n'a cessé d'être exploité pour ses qualités tragi-comiques, Da Ponte a pu s'en inspirer directement chez l'Arioste — dont il était fervent. On ignore tout des origines ? N'est-ce pas mieux ainsi — *Così* est un miracle et doit le rester : « Voici l'opéra le plus clair, le plus fluide, le plus parfait de tous pour la justesse de la touche et pour la cohésion de style », écrit Jean-Victor Hocquard dans sa belle analyse de l'œuvre[17].

Si une bulle de savon pouvait être de diamant, si un temple élevé à la fragilité pouvait être de marbre, ce seraient les images de cette œuvre magique. Dès l'ouverture avec ce gracieux et cruel avertissement de *Così fan tutte* qui fait toujours sourire (car qui n'a pas profité de la légèreté des femmes), qui fait toujours souffrir (car qui n'en a pas pâti), on se trouve transporté dans une féerie proche de celle délicieuse et cruelle de *La Tempête* shakespearienne. Une surréalité gracieuse encore, caressante, mais qui tout à l'heure menace la raison, s'ouvre et se propose. Il n'est pas inutile d'interroger sa nature : n'étant pas métaphysique, le féerique ne peut être composé que de l'ici-bas. Il s'inscrit dans le réel comme son secret d'enfance. Il ne cherche pas à s'en évader par la force de l'esprit. Il impose seulement la dualité du réel et enseigne que l'image qu'en garde le cœur en fait légitimement partie. La réalité du désir, du rêve, de la fantaisie est une réalité irréfutable. L'imagination menace et parfois ruine la réalité telle que l'on en convient entre nous, en société quand la vie intérieure doit se taire ou porter le masque. Le spectacle du monde n'est jamais objectif : nous sommes au théâtre, à l'opéra. Le théâtre, où nous sommes pour écouter et voir *Così fan tutte*, est le reflet de celui du monde, son ombre qui le suit partout pour le commenter, et bientôt prendre sa place : ce n'est pas que le monde est un théâtre, mais que le théâtre est un monde véritable parce que lui seul est double et que la réalité intérieure s'y trouve représentée.

On ne sera pas surpris de retrouver au centre de l'action la figure paternelle dans son ambiguïté. La perversité de Don Alfonso, qui engage les jeunes gens à parier sur la fidélité de leurs fiancées, devient évidente dans le *recitativo* où il dénonce la folie de celui qui fonde ses espérances sur le cœur de la femme. Le seul accent proprement satanique de l'œuvre de Mozart : il veut le mal, il le fera triompher et l'on devine qu'il se venge d'avoir été mal aimé. Le scepticisme du père à l'égard de l'amour — qui est son ennemi puisque l'amour seul pourra affranchir le fils et détruire le pouvoir paternel — a trouvé dans les lettres de Leopold une éloquence que l'on n'a pas oubliée. Don Alfonso, cependant, illustre ces intermittences du cœur dont Mozart est le virtuose en démontrant comment, malgré retournements, reniements, contradictions, la personnalité garde son visage et son identité. Il est aussi le père débonnaire et sage qui veut désarmer Éros et, on s'en souvient, assure son fils qu'il aime Aloysia par pitié et amitié. Le père propose le retour à la raison et, comme l'indique Rémy Stricker dans son *Mozart et ses opéras*, Don Alfonso, par ce détour, annonce Sarastro, le mage de *La Flûte enchantée. Car Così fan tutte* présente aussi les épreuves d'une initiation où il faut apprendre que les femmes sont humaines et non divines, mieux : une initiation à la complexité et à la fragilité humaine. Qui ne sait les accepter, ne saura aimer. Les deux jeunes officiers devront l'apprendre et l'enseigner à leurs fiancées.

Un café dans le port de Naples : Guglielmo, baryton comme le fut Don Giovanni, est un jeune homme d'une belle sensualité dont on devine qu'elle tend à faire de l'amour un plaisir plus qu'une vocation. Il est encore du côté d'Éros et s'il proteste autant que son ami Ferrando à l'idée que sa fiancée, Fiordiligi, puisse lui être infidèle, s'il met la main à l'épée aussi vite et ne s'en distingue que par le timbre de sa voix, il saura bientôt séduire la fiancée de son ami et chanter, avec un appétit de vivre égal à celui de Don Giovanni, que, s'il défend l'honneur des femmes et les aime « comme chacun sait », tirant mille fois l'épée pour défendre leur honneur, leur infidélité — l'« *avvilisce in verità* » — le chagrine. Mais il est prêt à en jouir. On entend vibrer son orgueil de séducteur. Si toutes les femmes trompent, il est toujours du bon côté de leur infidélité, jamais leur victime.

Ferrando, lors du pari et dans les premières scènes, les déguisements, la joie d'un premier succès, ressemble à son ami. Pourtant, dès le moment où, ne doutant pas de son pari sur la fidélité de Dorabella, il se promet de lui offrir une sérénade avec l'argent ainsi gagné, on entend, on devine un amour et une âme différents. Guglielmo n'a jamais connu de dépit amoureux et il lui faudra en apprendre l'humiliation. Ferrando ignore la passion dont il est capable, qui constitue sa vérité et qu'il découvrira dans son ultime effort pour vaincre les résistances de la fiancée de son ami.

Dans le port de Naples, les deux officiers buvant, pariant avec leur aîné, si sûrs d'eux-mêmes et de leurs femmes, c'est-à-dire de la vie, ont une grâce, une suavité dans la voix qui a « littéralement » atterré Henri Ghéon, quand, dans ses *Promenades avec Mozart*, il a compris qu'il s'agissait d'un chef-d'œuvre de la dérision. Il lui restait sans doute à apprendre qu'il n'en va guère autrement de la vie, et que celle-ci ne devient supportable et ne sonne vrai que lorsque, comme dans *Così fan tutte*, grâce et dérision s'entremêlent et pèsent d'un poids égal. Voilà sans doute la leçon que le père, *vecchio filosofo* pervers, comme l'est le vieux pour le jeune et l'hiver pour le printemps, sera chargé d'administrer avec une sagesse qui doit transformer l'échec des jeunes gens en l'épreuve qui les guide vers la maturité. Le lieu est bien réel autant que le pari, les querelles, la leçon préparée, la morale qui l'inspire. Pourtant, l'ambiance est féerique et plus proche de la *Vie est un songe* que de la comédie proverbe, comme le note Hocquard, tandis que l'on est emporté vers le moment où chacun des personnages doit découvrir son caractère et que l'action se simplifie, se purifie, devient exemplaire, se libère des contingences et conduit vers la forme choisie. La féerie gagne, sans devenir l'arbitraire, parce que son déroulement épouse un relief intérieur commun et, quitte à bousculer en chemin crédibilité et vraisemblance, impose une objectivité différente : celle du sentiment. Un autre langage va naître, issu de cette *Aura amorosa* célébrée par Ferrando, qui exprime et désigne les résonances qu'il trouve dans l'expérience profonde, les pénombres de l'oubli, l'avant-aube de l'inconscient.

On comprend alors, non par la tête mais le cœur, par le timbre de la voix plus que par les mots toujours aussi affligeants dans leur banalité, que Ferrando est un homme très différent de son ami. L'amour porté par la grâce virile de son chant lui est essentiel : au-delà des plaisirs qu'il en attend, des souffrances qu'il redoute, de la réussite sur la place publique affichée, il attend de lui, par un narcissisme plus secret et profond, le salut de son identité et du sens de sa vie.

Il se déguise en Albanais avec la même bonne humeur que son ami et, avec le même comique bouffon, fait la cour à la fiancée de celui-ci. Naguère, au moment où les deux compères, suivant les instructions de Don Alfonso, annonçaient leur départ pour la guerre, c'est à peine s'il était plus ému et d'une émotion moins conventionnelle que Guglielmo par la plainte sublime, la plus belle qu'on puisse entendre, des deux abandonnées. Tout en faisant admirer son déguisement aux filles épouvantées, son œil, son pied, son nez, ses belles moustaches *pennachi d'amore,* Ferrando n'en prépare pas moins ainsi sa déconfiture.

Les deux compères gardent le même entrain pour mourir empoisonnés par amour de leurs belles, et ressusciter dès qu'ils obtiennent leur sympathie et leurs soins. S'ils ne comprennent pas le danger qui les menace quand, au lieu de l'amour charnel des moustaches, on propose aux jeunes filles la pitié, ils devinent que la colère des dames éclatant contre les désespérés risque de se transformer en une ardeur nouvelle.

Les personnalités ne s'affirment et le drame ne prend son ampleur que lorsque les couples se séparent : Guglielmo, le bon vivant, ne peut alors retenir une exclamation de jalousie en voyant sa fiancée disparaître avec Ferrando, pris par un intérêt nouveau suivant la pente de sa passion. Avec l'ardeur puisée dans la conscience qu'il prend d'une souffrance d'amour inattendue, il ne tarde pas à séduire Dorabella, la fiancée de Ferrando.

Ils paraissent se découvrir l'un l'autre — ou bien se révéler — dans un duo émouvant, unis par une même sensualité heureuse, des affinités électives cachées comme s'ils avaient trouvé sous le masque l'amour vrai dont jusque-là ils ne connaissaient que le travesti.

Ferrando échoue, se laissant décourager quand Fiordiligi lui avoue qu'elle a perdu la paix du cœur : « *Tu vuoi tormi la pace.* » Il fuit, inquiet, non qu'elle lui déplaise, il l'aime déjà, mais dans la crainte de perdre la vision idéale de l'amour à laquelle il demeure attaché et qui le rapproche de cette femme. Ensuite, apprenant qu'il est trompé, Ferrando, dans son désespoir, porté par un chant bouleversant qui fait craindre pour sa raison, révèle sa personnalité. Un idéal s'est brisé. Comment vivre désormais ? Plus violent que tout, on devine l'orgueil qui le pousse. Pourtant la force à laquelle Fiordiligi ne pourra résister est ailleurs, inscrite dans sa fragilité. La voix de Ferrando le dit : il a besoin de la femme non pour le plaisir, non pour aimer, mais pour vivre. Étant le moyen de la vie, elle doit en devenir l'idéal, et le besoin est trop récessif pour supporter le partage. La femme sera le but de l'existence de telle sorte que celle-ci se résume et se consume en elle : la passion ! Elle est une exaltation narcissique de la psyché que Fiordiligi, dans la plus belle musique que l'on puisse entendre, ne tarde pas à partager. La subtilité de l'opéra ne résiderait-elle pas dans ce jeu cruel qui fait que l'amour se découvre sous le masque, que les couples formés par le pari absurde sont ceux qui répondent aux affinités électives... Et la musique ne cesse de nous vanter, malgré quelques grognements du réaliste Guglielmo, mais sans la moindre hésitation de l'idéaliste Ferrando, l'harmonie et le bonheur de leurs amours.

Guglielmo, en effet, gronde à part soi contre les coquines sans honneur : « *volpi senza onore* ». Avec Dorabella qui lui ressemble, il lui faudra renoncer à la visée supérieure que lui proposait sa fiancée Fiordiligi. Le couple de la passion garde quant à lui tout son aveuglement. L'amour que le toast a célébré, est certitude. Comment expliquer alors le retournement de la fin, le retour des amants, le pardon, les couples qui se reforment pour chanter ensemble qu'il faut savoir prendre l'expérience atroce du bon côté et que celui qui le sait « *bella calma troverà* ».

Ce ne sont pas des marionnettes qui font trois tours en un sens, trois tours dans le sens opposé pour se retrouver au point de départ. Le véritable amour est bien au bout de la route, mais il n'est pas celui que l'on croyait. C'est que les affinités électives qui avaient rapproché les sensuels réalistes ici et les passionnés idéalistes là sont contraires à la vocation plus haute de l'amour. Il n'a pas à découvrir la similitude, mais à établir la complémentarité. Fiordiligi et Ferrando paraissent connaître l'amour, mais c'est la passion, c'est-à-dire un narcissisme où l'on s'aime de s'aimer jusqu'à se perdre en un amour de soi extrême. *Agapè*, lui, exige autre chose sur le dur chemin que les deux couples véritables vont maintenant emprunter. Non la complémentarité, mais l'altérité, non la découverte de celui qui vous ressemble, mais l'amour de l'autre — si différent qu'il est comme une autre face de la réalité. Il faut l'aimer tel, difficile, dangereux, intangible dans son altérité. Si les accents derniers de cet opéra ont une qualité religieuse, c'est que, au-delà des péripéties du jeu d'Éros et d'*Agapè* et du songe étrange qu'elles inspirent, l'amour de l'homme et de la femme n'est encore qu'une épreuve, une étape, une formation qui conduit à l'amour véritable : celui du prochain.

Sans doute faut-il traverser le pari et le perdre pour apprendre comme le font les victimes du pervers mais trop sage Alfonso que l'on n'est pas unique, que ni la femme pour l'homme, ni l'homme pour la femme ne sont une propriété, qu'ils demeurent une liberté qu'il faut sans cesse convaincre. Mais la leçon la plus haute, presque imperceptible dans sa grâce onirique, demeure celle qui initie au mystère de l'altérité et, comme l'œuvre bientôt saura la formuler et graver en musique, sait transmuer Éros et ses folies de chair et de sang en l'or de la sagesse et de l'amour. Et Mozart dans tout cela ? J'entends l'homme. Encore une fois, tout l'opéra n'est que le reflet de sa vie, mais dans le miroir secret, indéchiffrable de sa vie intérieure. Ni les lettres de jaloux à la femme trop libre, ni les étranges périples à la chasse de voix célèbres (et si bien incarnées) qui ont marqué l'année ne se retrouvent en *Così fan tutte*. On peut croire cependant qu'ils n'en sont pas absents et que parfois, tels les rêves d'une autre vie possible, ils sont venus hanter l'œuvre et l'enchanter.

Au-delà

Musique et Église. On hésite à les penser ensemble et même à les écrire côte à côte. Trop de liens, trop intimes et parfois empoisonnés, lient les concepts et les résonances qu'ils trouvent dans l'Histoire et dans la sensibilité. On pourrait penser, croire ou souhaiter que le bruit, le cri, le son ne deviennent musique qu'en pénétrant dans ce lieu où les hommes se trouvent ensemble (*ekklesia*), liés par un espoir qu'ils partagent et qui pour quelques heures, années ou siècles forge leur unité. On aimerait croire que dans une origine imaginaire, les hommes seraient parvenus dans le même temps et par le même effort à accorder leurs voix et leurs pensées. Chanter ensemble n'est-ce pas donner voix à une vie commune où l'on entrevoit au-delà des violences, un salut — c'est-à-dire et le plus simplement du monde, un avenir ? En inventant le chant qui le séparait du bruit enseigné par le vent, la forêt ou le torrent, l'homme découvrait, en même temps que son identité, une fraternité qui promettait l'*ekklesia* souhaitée.

La musique serait-elle la source originelle de la

communauté ecclésiale naissante ? N'y aurait-il pas au contraire une musique rebelle qui trouve dans le cœur de chacun la volonté et le moyen de se libérer, de secouer l'emprise d'une société bientôt hiérarchisée ? Ce n'est pas dans l'église, c'est sur son parvis, pour railler ses conventions et ses règles, que se développe ce carnaval qui mime l'autorité ecclésiastique, source de toute autorité pour s'en moquer. Là naît cet esprit *bouffe* dont Mozart était destiné à assurer l'épanouissement et la grandeur. L'Église, et celle de Salzbourg en particulier, n'est-elle pas une prison pour le cœur qui voudrait s'envoler dans le chant ? Au lieu de les réunir pour la fraternité, l'égalité, la liberté, elle enferme ses fidèles et leurs voix dans des bâtiments privilégiés où les seuls sentiments admis, vénérés et, à Salzbourg, comme inscrits dans l'envol des pierres, qu'elles soient taillées par l'homme ou la nature, sont ceux qui les contraignent dans une stricte discipline à ne connaître et ne vénérer que l'*ailleurs* et l'*au-delà*. Faire de la musique enfin, une voie pour échapper au monde, une manière de s'en absenter. On comprend que rien n'est plus contraire au génie de Mozart que le projet de pareille évasion.

Est-ce en entrant dans l'Église que la musique devient elle-même, cherchant sous les voûtes protectrices et dans la rigueur du dogme cet *Au-delà* dont ses accents deviendront l'écho ? Est-ce en en sortant pour libérer le cœur de sa prison, l'esprit de ses liens, le corps de ses attaches et pour exprimer la richesse ambiguë du monde ? L'Église avait

313

conscience des contradictions qui habitent, opposent mais apparentent l'émotion musicale et l'esprit religieux, conscience du danger qu'elle faisait courir à une âme pieuse. Elle était intervenue pour établir une distinction rigoureuse entre la musique liturgique, c'est-à-dire le chant grégorien, soit une musique paraliturgique seulement tolérée et portée uniquement par l'orgue et la voix humaine et les concerts d'expression religieuse, cantates, oratorios, messes à grand orchestre... accueillis dans l'enceinte religieuse « à condition que le recueillement n'en pâtisse point[1] ». La bulle, il est vrai, l'œuvre de Pie X, date de 1903 — mais elle répond aux conflits qui avaient agité les siècles précédents et notamment l'époque que Mozart a illustrée et qui fut celle de l'épanouissement de la musique et de son influence sur la vie sociale.

Encore une fois, la musique devient-elle elle-même quand elle entre dans l'Église ou quand elle en sort ? La question se complique d'autant plus, pour ce qui est de Mozart, que son œuvre culmine et s'achève dans le plus bouleversant des *Requiem* et le plus consciemment hétérodoxe pour ne pas dire hérétique des opéras, dans le plus déchirant des *Miserere* et la construction parallèle d'un temple de la sagesse où les hommes se trouvent à eux-mêmes réconciliés.

On peut penser qu'un grand musicien est pour ainsi dire contraint par son talent même de chercher à surmonter, autrement que la bulle papale, les contradictions du cœur et de l'esprit de la musique religieuse et à chercher leur solution à une source plus profonde, là où les émotions se confondent, c'est-à-dire dans l'espérance, absurde entre toutes, à laquelle l'homme doit non pas seulement ses œuvres les plus hautes mais peut-être son humanité même et qui se nomme la foi : que l'homme ait créé Dieu ou que Dieu ait créé l'homme demeure sans conséquence pour notre propos. On peut entendre par religion ou religieux le caractère singulier de l'espèce qui l'a conduit à créer Dieu, à le vénérer, le représenter par les plus belles formes et images, à lui construire les plus beaux temples et lui consacrer la plus belle musique pour demander ensuite à ces œuvres de donner un sens à sa vie et l'unité à son peuple. Pareils caractères et conduites paraissent un mystère guère moins pénétrable, riche ou fécond que celui qui fait de l'homme la créature et de Dieu le créateur. Mais à l'époque de Mozart, c'est en Dieu créateur que s'affirme la foi. Quelles que fussent les *lumières* qui s'allumaient déjà alentour, il paraissait encore impossible d'entrer en musique sans la partager.

La foi de Mozart est certaine. Pourtant, elle change singulièrement quand on passe des œuvres à la correspondance et de la musique aux mots. L'homme de lettres est un bon catholique, pratiquant, qui s'indigne quand son père se permet de douter que son fils manque au rituel et ne va pas à confesse. Conformiste, il garde cette pointe d'anticléricalisme qui paraît garantir l'authenticité de la foi. Ce n'est pas sans raison que dans la requête qu'il adresse à l'archiduc François d'Autriche, en mai 1790, pour solliciter le poste de second maître de la chapelle, il assure que, contrairement au candidat rival, Salieri, qui « ne s'est jamais consacré au style d'église... je me suis dès ma jeunesse rendu maître en ce genre[2] ». Il aimait les orgues plus que tous les autres instruments : c'était sa joie d'en découvrir de nouvelles dans les villes étrangères qu'il visitait, de les essayer et d'éblouir l'auditeur par la qualité et la puissance de son jeu. Mais Mozart appartient à cette génération et à ce type d'hommes dont Alfred Einstein écrit si bien qu'ils ne faisaient pas de Dieu un problème personnel et l'acceptaient — aussi omniprésent, inévitable, imprévisible, inexplicable, que la météorologie dans ses manifestations. On lui attribue, il est vrai, quelques déclarations mystiques que l'on a citées, mais qui sonnent faux. Nul besoin de s'y référer pour découvrir l'abîme qui sépare Mozart de la correspondance de celui de l'*Ave Verum*.

Tout d'abord d'évidence, l'on passe du langage à la musique, des mots aux sons, et Mozart, génialement doué pour ceux-ci, ne l'est guère pour ceux-là. Dans la messe chantée, chaque terme indéfiniment répété par la musique cherche, dirait-on, à épuiser toute la richesse de son sens. La musique l'y invite et lui en donne les moyens. Pour combler les germanophiles, sans doute, ou plutôt pour s'en moquer, Charles Quint aurait prétendu qu'il ne parlait l'allemand qu'à ses chiens, l'italien qu'aux femmes, le français qu'aux hommes, mais l'espagnol rien qu'à Dieu. Pour ce qui est de cette ultime adresse, l'on pourrait en dire autant de la musique qui peut paraître non pas l'accompagnement, mais le langage naturel de la prière. C'est à bon droit que Mozart peut prétendre qu'il « s'est rendu maître en ce genre » puisque près du sixième de son œuvre — quelque cent compositions, messes, sonates, oratorios — lui est consacré — et certainement « dès sa jeunesse » puisque le premier motet composé à Londres, *God is our refuge* (*K 20*), en juillet 1765, a pour auteur un Mozart de huit ans.

On a reproché à Mozart de ne pas respecter les particularités et l'autonomie du genre religieux. Sans doute, maints passages des messes et des oratorios paraissent appartenir aux salles de concerts plus qu'aux nefs des églises. Qui n'a pas reconnu dans le bouleversant *Agnus Dei* de la *Messe du couronnement* une tendresse nostalgique proche du « *Dove sono* » des *Noces de Figaro*. Mais l'inverse est plus vrai encore : bien sourd celui qui n'entend pas dans le « *Contessa perdono* » d'Almaviva un besoin de pardon qui se situe très au-delà des intrigues des folles journées ; plus sourd encore celui qui entend seulement dans la plainte de Barberina la perte d'une épingle et non, pour un instant, comme si le cœur cessait de battre, la perte de la vie. Et le désespoir profane qui habite tel *Miserere* (notamment dans la *Messe en ut mineur* [*K 427*]), loin de l'éloigner de la liturgie, le reconduit à sa source.

La musique religieuse de Mozart paraît avoir la vocation de rapprocher l'humain du divin : si celui-là est la substance de celui-ci, le divin est le

souffle qui permet à l'humain de naître, s'affirmer, trouver et prendre forme — de devenir une
note de musique à partir d'un cri à peine articulé
de désir ou de crainte. Elle donne à entendre le
chemin intérieur par lequel le divin devient le sens
de l'humain — qui n'est humain que par sa demande d'un sens. Dans l'intimité parfois presque
chuchotée d'un *Miserere* ou dans le triomphe
presque matériel, mondain d'un *Credo*, cette unité
du profane et du divin aux dépens, il est vrai, du
sacré, apparaît et convainc. Mais le triomphe du
Credo n'est pas gratuit puisqu'il célèbre la victoire
sur le doute, autant que sur les siècles, de la vie
organisée d'une société ecclésiale.

On entend, il est vrai, et notamment dans le
Mozart prisonnier de Salzbourg, des accents qui
paraissent transformer le triomphe de la foi en la
célébration de l'ordre public et assimiler l'*ekklesia*
à la société dans sa réalité conventionnelle. Il faut
cependant s'interroger sur ce *galant* si souvent cri-
tiqué pour y écouter autre chose qu'une soumission au milieu et aux goûts d'une cour épiscopale.
L'apaisement qu'il apporte n'est ni artificiel ni
gratuit. La liturgie porte en elle ou révèle au cœur
du fidèle cette angoisse que le *galant* mozartien a
pour mission d'apaiser par l'évidence de son harmonie. La liturgie est historique, relativement récente, habitant encore sinon la conscience, du
moins l'inconscient de la congrégation, et lui rappelle les violences des guerres de Religion — et à
Salzbourg notamment où l'exil des protestants ne
remonte qu'à quelques décennies. Surtout cette

première angoisse, encore politique et faisant partie de la vie de la cité, en réveille une autre singulièrement plus profonde et ancienne qui, au seuil de son histoire, concerne son fondement. En écoutant les messes de Mozart, celle en *ut* mineur, celle du *Couronnement* — les sauts soudains d'une tonalité à l'autre, du murmure au cri, les changements surprenants de timbre ou de volume —, on est conduit à redécouvrir que, au cœur de la liturgie, il y a mort d'homme — « offrit sa très chère jeunesse », se souvient Villon —, c'est-à-dire un sacrifice humain qui, lointain sans doute, n'en demeure pas moins le parent de ceux que l'on trouve au fondement des sociétés primitives et qui paraissent, dans le remords ou la jubilation, en constituer le ciment. Par le retour au *galant*, au profane et à son harmonie, si artificielle soit-elle, Mozart emprunte à la convention mondaine l'apaisement nécessaire. Elle pourrait conduire vers une réconciliation qui, libérée du poids de l'Histoire, affranchie du joug de ses origines mythiques, apporterait à la société humaine une garantie contre les avatars du temps tels qu'ils sont perçus dans l'époque de la décomposition des despotismes et le pressentiment des nationalismes. Donnons-lui un nom quitte à y revenir pour le corriger : non la sainteté mais la *sagesse* au sens maçonnique du terme.

Celle de Mozart est particulière. Dans un livre bien décevant malgré son sujet, *Vies de Haydn, Mozart et Métastase*, malgré son auteur Jean Alexandre Bombet, pseudonyme où se cache cet Henri Beyle qui allait devenir Stendhal (en fait une traduction et un plagiat), on découvre pourtant une métaphore utile où la musique religieuse antérieure à Mozart est comparée à une monarchie dont le souverain est le chant tandis que celle de Mozart serait une république où des voix différentes se font entendre et participent à l'événement. Sans doute cette république est instaurée par une évolution générale de l'art de l'époque qui le libérait des règles anciennes. Mais elle était inspirée aussi, et d'autant plus profondément, qu'elle était religieuse, par la vie et la personnalité qui cherchaient à se faire entendre par son instauration.

La musique religieuse ne connaît qu'un seul Destinataire. Elle provient d'une âme collective qui découvre et maintient son unité pour s'adresser à Lui. Le musicien s'efface en même temps que ses personnages, qu'ils soient ceux de l'opéra ou, plus discrets mais affirmant mieux encore la personnalité intime du maître, les thèmes, motifs, mélodies ou harmonie de la musique instrumentale. Bas les masques : nous entrons dans le domaine d'une sincérité pure, universelle qui ne connaît que deux moments, deux battements : systole du remords, diastole de l'espérance avec, pour pause, entracte ou distraction, l'apaisement du *galant*. Il n'est plus que Mozart en prières, mais par une ascèse admirable ce *moi*, sans perdre son extrême mobilité, en gardant toute son originalité, est métamorphosé en le *moi* de tous. Mozart, son intimité devenue le bien de la communauté, son espérance et le moyen de son expression, ne prie pas pour Wolfgang mais pour l'homme.

Il demeure que l'ascension et son sommet dépendent d'un point de départ et qu'ils obéissent à un parcours : celui de la vie, de ses épisodes et de ses épreuves. Sans doute, la musique, immatérielle, transparente, impalpable, entraîne le musicien comme l'espagnol de Charles Quint vers la transcendance et sa liturgie. Mais c'est la vie qui le guide et l'expérience qui oriente son expression. Les circonstances de son existence, autant que sa situation familiale et son caractère, ont rendu Mozart particulièrement sensible à tout ce qui dans la liturgie évoque le Fils. Son ascèse — en musique — est la méditation de ce qu'elle dit de Lui.

Et incarnatus est : incarné, il a connu la terre et ne peut en avoir perdu le souvenir que Mozart va célébrer et dont la richesse doit rendre plus douloureuse encore la croix. Surtout, la nature ou la vocation filiale du musicien doit être bouleversée par le martyre évoqué, et refuser l'inspiration qui, venue du fond des âges, exige dans la liturgie son rite et son spectacle, avant de se soumettre et se repentir — le sacrifice humain. Pour un fils aussi douloureux que l'est Mozart, aussi conscient de sa condition filiale, le ballet de la piété, même s'il va en devenir le maître, garde son ambiguïté cruelle, et toutes ses figures dans leur grâce ne sauraient effacer le couteau et le sang dont l'*Agnus Dei* sera la victime et dont elles ne peuvent occulter le souvenir.

Mozart va chercher un apaisement autour de lui, dans la réalité qui l'entoure, dans son milieu, ses racines. Le plus italien des Allemands l'est encore assez pour partager leur foi en la nature. Ne pourrait-elle étouffer, dans son mystère et son silence, la cruauté du Verbe et par ses renaissances périodiques effacer le destin irrémédiable marqué au fer rouge de l'Histoire ? Le musicien va rejoindre au sortir de l'église un esprit germanique qui cherche dans la création un recours contre le Créateur — et espère trouver dans l'inhumain le salut de l'humanité. Il refuse l'évidence que l'humanité de l'homme, le seul fauve à s'être dompté lui-même, ne peut se trouver dans la nature — puisqu'elle a été conquise sur elle.

Le Talmud avait jeté l'anathème sur celui qui s'arrête pour admirer un bel arbre. Rome a conquis le monde par une géométrie contre nature, qu'elle fût de pierre ou de mots recomposant en lois les rapports humains pour les affranchir du règne naturel. Malgré la tendance récente de ne retenir de la Grèce que le bouc de sa tragédie et la bacchante de son Dionysos, c'est bien par la lumière d'Apollon, la volonté de se représenter et de se comprendre pour dissiper la nuit de l'animalité que se définit le Grec.

L'esprit germanique, au contraire, garde l'espérance de parfaire la civilisation au cœur des forêts. La musique qui cherche à fonder la culture sur l'émotion sera son alliée. Autant par sa fidélité de fils à ce monde incarné qui le rend sensible aux phénomènes dans leur libre inhumanité, que par sa conscience, plus aiguë elle aussi parce que filiale, du sacrifice barbare inscrit dans la liturgie, Mozart sera conduit vers l'idolâtrie d'une *hyper-*

physis qui, se substituant au *metaphysis*, conduirait non au dépassement anxieux mais à l'apaisement du retour. En la magie de *La Flûte enchantée* cette idolâtrie trouvera sa plus belle expression.

L'opéra, par une synthèse dont le cousinage de Papageno et Tamino demeure le vivant symbole, évitant la métaphysique, va allier naturalisme et sagesse. Par un retour salvateur au pré-humain, cette alliance découvre une voix alternative qui, en effaçant le péché originel, épargne à l'homme le sacrifice du fils et, pour mieux effacer l'angoisse de la liturgie, le conduit à la maçonnerie. Rappelons ce fait, ô combien symbolique, ô combien éclairant pour la vie de Mozart : à peine initié, Wolfgang fait initier Leopold... et le *père* devient le *frère*.

En tout destin exemplaire — comme celui de Mozart — la nécessité intime rejoint un appel de l'époque. Si par la redécouverte de la sagesse, ses contemporains cherchent à se réconcilier non plus seulement avec Dieu qui les a si cruellement brouillés, mais avec eux-mêmes, le fils sera d'autant plus ardent dans cette recherche que, par ce retour à la fraternité, dans cette même acceptation du fait que si Dieu est Un, les chemins qui conduisent vers Lui sont innombrables, il voit le moyen de la réconciliation avec le père. Dans la fraternité à laquelle l'époque aspire, il lit la promesse d'une fraternité des générations pour un partage de la réalité d'autant plus difficile que les lois de la Nature, lois du temps, du renouvellement s'y opposent.

L'expérience vécue par le fils va devenir la matière première de la musique religieuse nouvelle dont l'époque a besoin. Issue de l'alliance de l'*hyperphysis*, *Sturm und Drang*, ou esprit des forêts avec les Lumières, elle saura cependant, libérée de la métaphysique et de la liturgie, apporter le même espoir. Ce sera la musique maçonnique. Elle exprime une piété qui ne s'adresse plus à un dieu personnel mais à l'Esprit, un amour du prochain qui évite le relais divin pour aimer directement le frère, accepte la mort pour l'intégrer dans son respect des lois universelles — afin de concilier la Nature instinctive et la Raison et parvenir à la fusion de Dieu et de l'Idéal humain. En célébrant « les liens sacrés de l'amitié des frères fidèles » (*K 148*), en exprimant la crainte de l'égarement et la jubilation de la découverte par un effort tout humain de la vérité (*Thamos, roi d'Égypte, K 345*), dans la cordialité alliée à la majesté qui règne dans la *Cantate maçonnique* (*K 429*) comme dans celle plus tardive qui sera la dernière, Mozart donne la forme, le son, la parole à la Sagesse. Par une expérience pour lui plus intime que le rite catholique, plus personnelle et voulue, il nous apporte, avec *Mauresfreunde* (*K 71*) ou la grande *Ode funèbre* (*K 477*), « l'essence même du recueillement », comme le dit si bien Jean-Victor Hocquard.

1790. L'année pénultième est aussi la plus triste. Notons que les événements qui l'ont marquée, pas plus que ceux de l'année précédente, qui devaient pourtant changer le monde, ne semblent pas avoir intéressé Mozart. Vienne est plus loin de Paris qu'il n'y paraît. L'événement qui le frappe est la mort de Joseph II, le 20 février. Elle brise la carrière de *Così fan tutte* qui avait connu un grand succès : les représentations sont interrompues pour cause de deuil national. Mozart perd un protecteur. Certes, l'empereur n'avait pas su comprendre le génie de Mozart et paraît lui avoir préféré le talent de Salieri. Mais il lui avait à plusieurs reprises commandé des opéras et, à la mort de Gluck, l'avait nommé, même si c'était, comme on l'a vu, pour un salaire décevant, « musicien de la chambre impériale ». Il lui avait commandé *Le Directeur de théâtre* (K 486), créé à l'Orangerie de Schönbrunn le 7 février 1786, un divertissement dont il aurait suggéré le sujet : les coulisses du monde théâtral. Il avait autorisé *Les Noces de Figaro*, action qui, pour un souverain absolu, était d'une noble hardiesse. Il avait commandé et dit-on proposé le sujet du *Così fan tutte* à Mozart et Da Ponte.

Le nouvel empereur, Leopold II, connaissait Mozart et avait même, on s'en souvient, envisagé de le retenir à sa cour de Toscane. Bien décidé à mettre un frein aux réformes de son frère et ne partageant pas son goût pour les Lumières, on pouvait craindre qu'il ne changeât le personnel qui avait entouré Joseph II. De fait, Da Ponte et le comte Rosenberg, intendant général des théâtres, entrent en disgrâce. Mozart garde sa place et son titre. Il espère améliorer sa situation et brigue le poste de vice-*Kapellmeister* de la Cour. Il souffre cependant d'une désaffection singulière qui n'a pas empêché le succès de *Così* mais qui — venant après les enthousiasmes des années précédentes à Prague surtout, mais aussi à Vienne — le décourage.

La misère paraît le guetter. On a déjà rappelé qu'il garde un cheval à l'écurie, que son fils fréquente des établissements coûteux, sa femme une ville de cure élégante, et que sa toilette est celle d'un dandy. Mais il ne parvient plus à défendre ce train de vie et multiplie les dettes. Les 900 florins de *Così fan tutte* sont vite dépensés ; dès le mois de mars, il doit de nouveau solliciter l'aide de son frère en maçonnerie, le riche Puchberg. Sur les vingt lettres que nous gardons pour l'année, la moitié sont des demandes insistantes, humiliantes, larmoyantes, d'argent. « Votre amitié… votre bonté… si vous pouviez, si vous vouliez me confier encore 100 florins[3]. » Ou encore : « Je vous en prie excellent ami, envoyez-moi quelques ducats pour quelques jours seulement[4]. » Tout en renouvelant le mois suivant sa demande avec la même douloureuse — presque insupportable — humilité, tout en se berçant de l'espoir d'obtenir le nouveau poste sollicité, il écrit et l'aveu est d'autant plus émouvant qu'il est le seul de cette nature : « Vous avez remarqué que j'ai toujours l'air un peu triste ces derniers temps[5]. » C'est la première et unique fois, il me semble, que l'on trouve chez ce maître de la bonne humeur et du courage pareil aveu : sa santé est mauvaise ; il se plaint de douleurs rhumatis-

males ; la litanie reprend : « gêne momenta-
née... » « Pardonnez mon insistance » (8 avril).
« Pouvez-vous faire quelque chose pour moi ? »
(23 avril). Mais on ne tarde pas à retrouver les
merveilleuses sautes d'humeur coutumières. Si la
demande aboutit : « Avec quel plaisir je vous rem-
bourserai mes dettes, avec quel plaisir je vous re-
mercierai. Quelle impression divine quand enfin,
on atteint son but ! Quel sentiment de félicité
lorsqu'on y a aidé... mes larmes ne me permettant
pas d'achever le tableau[6] ! » Cependant, comme le
notent les Massin[7], « la courbe des sommes prê-
tées par Puchberg épouse fidèlement la valeur sociale éventuelle de Mozart », passant de 150 à
10 florins.

Mozart cherche des élèves. Il en trouve deux.
On se souvient qu'il affirmait détester enseigner.
On imagine son sentiment de défaite quand il se
voit contraint à reprendre ce collier. Depuis le début de l'année, il ne compose plus. En juin, il va
se réfugier auprès de sa femme, aux eaux, à Baden, note qu'il y fait des économies et ne vient à
Vienne que lorsqu'il y a nécessité absolue. Le ton
des lettres qu'il adresse cependant à Puchberg est
si plaintif que l'on tend à donner raison à Maynard Salomon quand il suggère, comme on l'a dit,
que Mozart, fils éternel, a trouvé en celui-ci une
image paternelle. Quand il écrit à sa femme, le ton
est tout différent. Sans doute, à « sa petite femme
chérie », Mozart doit-il se montrer fort et confiant.
On le voit non plus triste mais affairé, courant
d'un opéra à une messe et de là à un déjeuner. Ja-

loux aussi d'un N. N. (*nomen nescio*) et prévenant Constance que c'est un gredin. Surtout, on le verra réagir vivement sans doute avec plus de courage que de raison quand viendra l'offense surprenante de la Cour.

Bien que *Così* ait été repris au mois d'août, que Leopold II ait connu Mozart dès son adolescence et ait songé à se l'attacher, que Mozart soit toujours musicien de la Chambre, que sa réputation enfin soit européenne, Leopold ne l'invite pas aux fiançailles des filles de son beau-frère, le roi de Naples, où Haydn, Salieri et Weigl vont briller. Plus grave encore, il ne l'invite pas, en octobre, pour son couronnement à Francfort, auquel pourtant dix-sept musiciens de Vienne sont conviés. Il ne peut plus s'agir de mode ou de caprice. Pour un tel ostracisme, il faut une raison. Les Massin la cherchent en politique : Leopold n'aurait pas pardonné à Mozart l'esprit libéral dont il aurait fait preuve dans *Les Noces de Figaro*. Peut-être que, ayant entrepris dès son accession au trône de lutter contre l'influence de la franc-maçonnerie acquise grâce à l'amitié de Joseph II et sous son règne, il aurait exclu Mozart en raison de son appartenance à cette société. Si telle est l'explication de l'exclusion, et l'on n'en voit pas d'autre, Mozart demeurant l'un des musiciens les plus célèbres de l'époque, le courage de son défi, devenant alors politique, n'en est que plus grand.

Il décide d'aller de son propre chef à Francfort et d'y organiser un concert pour affronter ceux qui l'ont écarté. Il lui faut de l'argent. Il engage l'argenterie familiale, installe Constance chez sa sœur Josepha, achète une voiture et s'envole plein d'espoir pour Francfort. Toute la noblesse y est réunie : elle ne peut que reconnaître son génie. À peine arrivé, il écrit à sa femme une lettre pleine d'optimisme, vantant un temps splendide et surtout la voiture — « je voudrais lui donner un baiser » — « elle est merveilleuse[8] ». Il songe déjà au retour, après le succès dont il est sûr : « Quelle vie merveilleuse nous mènerons alors ! » Il aime de plus en plus sa femme : « Si les gens pouvaient voir dans mon cœur, je devrais presque avoir honte[9]. » Mais il ajoute aussi — et la note surprend dans son ton, son humeur —, que tout en lui paraît froid, glacé. Pourtant, il a retrouvé nombre d'amis. On envisage de donner en son honneur une représentation de *Don Giovanni* ; un concert sera organisé...

Le concert a bien lieu le 15 octobre au théâtre de la ville mais, de nouveau, ce n'est qu'un demi-succès : « magnifique » du côté des honneurs, maigre pour ce qui est des bénéfices. Un témoin assure cependant que Mozart « brille infiniment dans toute la force de son talent ».

« En écrivant ce qui précède quelques larmes sont tombées sur le papier. Mais maintenant soyons gai ! Attrape... un nombre incroyable de baisers volent. Diable... j'en vois un bon nombre... ha ! ha ! j'en ai attrapé trois. Ils sont délicieux[10]. » Mozart écrit encore à Constance : « Je suis certes célèbre, admiré et aimé ici, mais les gens sont encore plus pingres qu'à Vienne[11]... » Il reprend la route. Dès le 17 octobre il est à Mayence et joue pour le prince mais ne reçoit que « 15 maigres carolins » (165 florins). On donne *Figaro* en son honneur. À Munich, le Prince Électeur le retient pour jouer devant le roi de Naples — Ferdinand IV marié à Marie-Caroline, fille de Marie-Thérèse et sœur de Leopold —, ce qui explique le commentaire ironique de Mozart : « Quel bel honneur pour la cour de Vienne que le roi doive m'entendre en territoire étranger[12]. »

Le voilà de retour : plus endetté que jamais ! Mais, parvenu à emprunter une assez grosse somme, il rembourse les dettes les plus urgentes et respire un peu. Sa situation se trouve confirmée par son voyage dans toute son ambiguïté : célèbre et marginalisé, admiré et dédaigné.

Sa réputation est européenne : le directeur du théâtre italien de Londres, Bray O'Reilly, l'invite pour un séjour de six mois et la composition de deux opéras, rémunérés 300 livres. La lettre paraît être restée sans réponse. Mozart, qui pourtant aime Londres, refuse ce même hiver les offres très intéressantes d'un Johann Peter Salomon, imprésario venu exprès à Vienne pour engager Mozart et Haydn. Celui-ci accepte ; celui-là refuse, résolu à rester à Vienne malgré tous les déboires et avanies qu'il y rencontre, peut-être dans l'espoir de s'en venger. Les adieux avec « papa Haydn » sont déchirants. Mozart veut le retenir, le prévenir contre les dangers d'un grand monde qu'il ne connaît pas, lui rappeler son ignorance des langues. À quoi Haydn aurait répondu fièrement :

« On comprend ma langue dans le monde entier. » Le jour du départ, le 15 décembre 1790, les deux hommes ne se quittent pas, dînent ensemble, pleurent en se quittant : « Nous nous disons sans doute notre dernier adieu… » Haydn était âgé pour l'époque, ayant cinquante-huit ans, Mozart trente-quatre. L'aîné survivra vingt ans à son cadet. Malgré la douleur de perdre son ami, les dettes qui s'accumulent, l'échec de son voyage, Mozart n'est plus le même. Sans doute a-t-il retrouvé, à Mannheim et Munich, ses anciens amis, Cannabich, Ramm, sa réputation intacte, mais il est tout de même singulier qu'il puisse écrire à Constance que le changement d'air lui a réussi « merveilleusement ». Les Massin croient y voir l'action bénéfique de la Révolution française. « Ici commence le pays de la liberté », écrivent-ils en parlant de Strasbourg, ville à l'entrée de laquelle était inscrite cette sentence. La proximité géographique des idéaux révolutionnaires auraient ainsi rendu à Mozart ses raisons de vivre et de créer.

Jean-Victor Hocquard, lui, ne voit dans l'année que « la nuit obscure » qui précède l'issue de la crise mystique. On ne saurait lui donner tort : malgré les concerts, les retrouvailles avec les amis, le bonheur du voyage, l'année demeure marquée par les dettes et les maladies. 1790 est l'année la plus stérile de la maturité de Mozart : il n'y compose que la *Fantaisie pour orgue mécanique*, un duo comique, une sonate, mais aussi deux quatuors (*K 589* et *590*) et un quintette (*K 594*) qui figurent parmi ses chefs-d'œuvre.

À leur propos et dans leur analyse, on retrouve de nouveau l'irritante erreur des musicologues dans leur interprétation de la vie, de l'œuvre et de leur relation. On l'avait dénoncé déjà à propos de l'été 1788, de la crise traversée alors par le musicien et de l'apothéose à laquelle parvenait cependant sa musique — dans les trois grandes symphonies. Il faut la dénoncer de nouveau car ici elle parvient, et chez les meilleurs d'entre eux, à une sorte d'incompréhension. Si les Massin expliquent le retour à la bonne humeur par la proximité des accents de la *Carmagnole*, Hocquard, dans la crise mystique où il découvre Mozart, ne souffre pas d'être interrompu par des *allegretto* inopportuns. Ce qui le conduit à écrire cette phrase étonnante au sujet de l'admirable *Quatuor en* fa (*K 590*) — dont il reconnaît et souligne la beauté : « Il y a une continuité acharnée dans la *désolation totale*, laquelle s'exprime le plus souvent à l'aide d'un *langage radieux* qui augmente cette désolation et engendre chez l'auditeur la stupéfaction. » Chez l'auditeur ? Chez le lecteur aussi ! La désolation, « augmentée » par le langage radieux, paraît bien être celle du critique auquel le musicien se permet de désobéir en devenant « radieux » au pire moment. C'est que le rapport radieux-désolé est bouleversé par l'œuvre. Bien sûr, elle provient toute de la vie, mais elle n'obéit pas à ses règles. Comment expliquer au savant que désolation et jubilation, éprouvées par lui, sont pour l'artiste une matière première qui, quand bien même il les éprouverait encore, devient disponible pour l'œuvre et sera traitée selon les besoins et règles de celle-ci. Le paradoxe du créateur lui permet d'utiliser dans un sang-froid, qui est à l'écoute de l'œuvre et n'entend qu'elle, ses pires douleurs et ses plus grandes joies et de ne les ressentir, comme à distance, que pour lui obéir encore. Le créateur n'est pas indifférent mais il convoque et juge l'épreuve pour lui donner la forme qui convient et la place qui lui revient dans sa composition. Il n'approfondit le souvenir des peines et des joies qu'à cette fin et ne les ressent plus que pour la servir encore. Mozart « désolé » n'est pas celui qui souffre, mais celui qui dans la joie de la création interroge sa souffrance passée pour en communiquer non pas le souvenir, mais l'essence à laquelle chacun, en y retrouvant celle qui fut sienne, peut participer.

Dès avril, Mozart est de nouveau criblé de dettes et obligé de s'adresser à Puchberg pour un emprunt de 20 florins. (Cette fois, une fois n'est pas coutume, le bon Puchberg lui en envoie plus qu'il n'en demande — soit 30 florins.) Mais il a repris l'initiative, retrouvé la confiance et l'espoir. Il songe à cumuler les fonctions et adresse une requête à la municipalité de Vienne le 28 avril pour succéder au maître de chapelle Hoffmann. Sans doute celui-ci, gravement malade, a contre toute attente recouvré la santé ; Mozart souhaite de tout cœur la prolongation de sa vie, mais il serait peut-être avantageux pour le service de la cathédrale qu'il soit nommé son adjoint… « sans rétribution dans un premier temps et pour aider cet honnête homme[13]… » dont il deviendrait ainsi une manière d'héritier. La requête n'est acceptée qu'à moitié : Mozart n'est pas nommé adjoint au *Kapellmeister* de Saint-Étienne, mais on lui promet le poste en cas de décès.

Que l'humeur a changé, on en trouve encore la preuve dans la lettre adressée fin mai à Anton Stall, son ami, instituteur et chef de chœur à Baden auquel il dédie l'admirable *Ave Verum* (*K 618*) — lettre dans laquelle il lui demande de trouver au rez-de-chaussée un deux-pièces pour Constance de nouveau enceinte et malade. Le ton est celui des lettres de jeunesse et le post-scriptum l'illustre : « Cette lettre est la plus bête que j'aie écrite de ma vie : c'est dire qu'elle est pour vous. » Les lettres à Constance témoignent de la même vigueur moqueuse et d'une grande affection. Il veut la faire rire, la protéger, craint pour elle et pour sa santé. Bravo pour l'appétit « mais qui mange beaucoup doit aussi beaucoup ch… Ma chérie, mon unique… 2999 de mes baisers et un demi volent vers toi, et attendent d'être saisis ».

Il a renoué avec Schikaneder, ami de longue date, rencontré en septembre 1780 à Salzbourg où l'imprésario avait installé son théâtre pour la saison. Mozart n'avait pas manqué un seul spectacle de Salzbourg. Les deux hommes s'étaient retrouvés en maçonnerie et avaient coopéré à la composition de la cantate *Laut Verkünde* (*K 623*). Celui qui sera l'inventeur de Papageno et sa première incarnation, après s'être illustré par son interprétation de *Hamlet,* avoir composé quelques *Singspielen*, avait créé son propre théâtre itinérant, puis pris la direction du Theater auf der Wieden. Devenu le promoteur du théâtre allemand, il avait écrit une cinquantaine de pièces avec féeries et magies, servies par une machinerie spectaculaire. Roi du théâtre populaire viennois, librettiste, auteur, chanteur, il était, semble-t-il, en difficulté en ce printemps 1791. Selon Gieseke, acteur et librettiste de la troupe, un beau matin de mars, Schikaneder vient trouver Mozart et lui demande de le sauver car, couvert de dettes, il ne peut trouver de crédit que si Mozart écrit un opéra pour sa troupe. Il a le livret : une féerie tirée de *Lulu oder die Zauberflöte* de Christoph Wieland. L'histoire paraît improbable, parce que Schikaneder n'était pas couvert de dettes et que, rêvant d'écrire un opéra allemand, Mozart n'avait nul besoin d'être convaincu. Bien plutôt l'entreprise fut le produit non des supplications d'un imprésario aux abois, mais d'une entente entre amis.

À en juger par les lettres envoyées à Constance, à Baden, où la jeune femme soigne ses varices et sa grossesse, le travail de l'opéra rend à Mozart sa vitalité, sa gaieté, sa joie de vivre. On devine une entente, une complicité véritable entre Mozart et Schikaneder — et le mot de compère vient à l'esprit. On devine ou l'on imagine, car rien dans les lettres adressées à Constance ne le confirme. Mozart dîne avec Schikaneder, déjeune avec lui. Rien de plus. Dans ces quarante lettres, aucune allusion au travail sur l'opéra, sur les difficultés rencontrées, surmontées, les joies, les déceptions — tous les secrets du *work in progress* — qui avait nourri naguère la correspondance avec Leopold, le père. Quel que soit son amour pour Constance, Mozart ne fait jamais d'elle sa confidente. Un père ne se remplace pas. Le confident s'était identifié à Leopold si étroitement, si longtemps que Mozart ne pouvait plus confier le rôle à un autre bien que, comme son long veuvage et toutes les initiatives qu'elle saura prendre pour défendre la mémoire de son mari et sa musique le démontrent, Constance en eût été digne.

Si Mozart ne trouvait pas en Schikaneder un confident, il avait un complice. D'abord pour le loger : un kiosque de bois situé dans la grande cour du Freyhaus, dans les jardins aménagés, près d'une auberge que les acteurs de Schikaneder fréquentaient et auprès desquels Mozart trouvait joyeuse compagnie. Au centre de la cour, le grand théâtre pouvait accueillir mille spectateurs. Dans son kiosque, transféré aujourd'hui dans les jardins du Mozarteum de Salzbourg, Mozart travaillait à son aise, acteur, chanteur, imprésario ou librettiste toujours disponibles auprès de lui. Il semble qu'il y logeait aussi. Là, il composait. Là, il faisait répéter ses chanteurs, et en particulier Anna Gottlieb qui interprète Pamina à dix-huit ans, après avoir été Barberina à douze ans et dont on dit qu'elle était éprise de Mozart. Tel qu'on le voit aujourd'hui dans les jardins du Mozarteum, le kiosque fait rêver.

La féerie, conçue sous son toit modeste, l'habite encore. Mieux, il lui appartient. Par sa modestie, un naturel pareil à un champignon magique au pied des grands arbres où il est toujours tapi, il rappelle que les plus grands mystères sont les plus humbles et qu'il n'est féerie plus folle que la Nature. Enveloppé dans son silence rustique, il garde, pareil à une fée secrète ou virtuelle, l'écho des grandes voix qui s'élancèrent ici comme vols de cygne, et le souvenir de longs bras blancs chargé de bijoux qui se tordaient, au son du clavecin et de son maître fantasque. On se dit que là Mozart fut heureux, que du bonheur de ce magicien naquit la plus grande musique. Le secret de ce bonheur et les accents de cette musique, survenus comme dans les contes de fées, ont ensorcelé le kiosque, si bien que l'on a l'impression que si l'on parvenait à ouvrir assez vite sa porte, on les entendrait encore.

On imagine le programme que Schikaneder avait tracé à son prisonnier. Le succès de son théâtre était assuré par de grands spectacles où l'on mêlait les genres, où la bouffonnerie, la féerie et le sublime devaient se retrouver pour satisfaire le peuple qui composait le public et éveiller cependant la curiosité d'une élite appelée à transformer le succès en événement mondain. Le « grand opéra » de Mozart (c'est ainsi qu'il l'intitula) obéit à cette double exigence. *Lulu oder die Zauber-*

flöte : Mozart avait toujours gardé le goût de la féerie à l'allemande qui propose au spectateur un monde parallèle, non pas l'Au-delà moralement aimanté et impérieux dans son appel, mais plutôt une imitation du rêve auquel il faut, les yeux ouverts, s'abandonner. La féerie ressemble à la forêt qui accompagne la route, impérieuse, fléchée avec ses deux côtés et ses deux horizons pour lui murmurer la survivance de l'indéchiffrable, de l'impossible et leurs secrets. Elle libère le monde de ses lois, le moi de ses exigences — et, en particulier, de l'obligation d'être soi, avec un âge et une condition.

Le désir et l'imagination entreprennent de remodeler le réel. La féerie, elle, se contente de lui tourner le dos et paraît ne pas s'apercevoir de son existence. Elle a sans doute emprunté son génie au conte populaire, mais elle se méfie de sa moralité. La vie rude, pénible que le conte entreprend de fuir, il ne parvient pas — veillant au triomphe du faible, à la victoire du petit — à l'oublier tout à fait. Rien de tel pour la féerie qui est au conte populaire ce que la bergerie de Trianon est à l'exploitation agricole. Elle ne peut tromper, mais elle séduit par une confusion où les distinctions s'effacent, où la bergère peut rêver du prince puisqu'il ne rêve que d'elle et se déguise en berger pour la séduire en démontrant que le carcan de la société ou du réel n'est qu'un rêve qu'un autre rêve peut dissiper... Une flûte, à condition qu'elle soit enchantée, peut désarmer les lions, les tyrans, tous les monstres. Voilà le thème que l'on propose à Mozart : il est fait pour lui plaire.

Mais il est un autre sujet, sollicitation sinon commande — de nature bien différente —, et qui l'intéresse plus encore. Accusée de jacobinisme, de sympathie ou même de complicité avec la Révolution française qui, en cette année 1791, s'oriente vers la guerre et la Terreur, la franc-maçonnerie viennoise est menacée. Le nouvel empereur, Leopold II, ne partage pas l'engouement de son frère défunt Joseph pour les Lumières et les soupçonne de conduire les peuples à la révolution. Or la maçonnerie viennoise — dominée par la tendance des Illuminés et, en particulier, par la forte personnalité du savant géologue et minéralogiste Ignaz von Born — est dédiée à l'*Aufklärung* et à son libéralisme. Cet été-là, Born est au plus mal. Selon certains, il aurait inspiré l'orientalisme maçonnique de *La Flûte* et des répétitions auraient eu lieu, détails et projets auraient été discutés avec lui au chevet d'un lit dont il ne devait plus se relever. On s'accorde généralement à reconnaître en lui le modèle de Sarastro. C'est dire que le « grand opéra » avait une vocation apologétique pareille à celle de *Thamos, roi d'Égypte*, œuvre d'un autre maçon — le baron Gebler —, pour laquelle Mozart, on s'en souvient, avait composé en 1773 une musique qu'il devait revoir et compléter en 1779. Il entendait faire connaître la maçonnerie sous son vrai jour et lever suffisamment les voiles de ses secrets pour démontrer au public qu'ils n'ourdissaient que le Bien.

Féerie allemande et apologie de la maçonnerie : le Lulu de Wieland épouse Sarastro pour guider les hommes vers la sagesse ! Il fallait le génie de Mozart pour réussir pareil mariage.

Il est un mystère de *La Flûte enchantée*. Nul ne doute qu'il s'agisse d'un chef-d'œuvre ; mais nombreux sont ceux qui saluent en lui l'accomplissement du génie mozartien, et rares ceux qui en acceptent le livret, bien qu'il soit démontré que Mozart y a collaboré plus qu'à tout autre. On a vu le Tragique par l'invraisemblance et l'incohérence insulter la Raison pour lui enseigner ou lui rappeler qu'elle est dépendante du Destin, le véritable auteur de la tragédie. Ici, ce n'est plus la Raison qu'on insulte, mais l'Intelligence. Pourquoi faut-il qu'un prince, d'origine inconnue, vienne chasser en Égypte où les forêts, comme chacun sait, sont particulièrement giboyeuses, en tenue *obligée* de chasseur *japonais* ? Imperturbables, les Massin expliquent que l'universalité du propos est ainsi signifiée. J'éprouve de l'admiration pour ceux qui parviennent à s'en convaincre. Quant à moi, il me semble que, pour citer une formule chère à un jeune philosophe de mes amis, Raphaël Decé, c'est « du n'importe quoi ! ». À peine entré en scène, poursuivi par un serpent (!), Tamino s'évanouit de frayeur : mauvais début pour la carrière d'un héros. Sarastro, qui a enlevé Pamina à sa mère pour son bien, et pour la soustraire à la mauvaise influence de la Reine de la Nuit et parfaire son éducation, la confie à un sauvage qui ne peut que la violer... Des lions qui sortent de la forêt, y retournant quand on leur joue de la flûte, etc. Surtout, comme le dit bien Salomon Maynard, l'opéra fait un demi-tour où tous les bons deviennent méchants, tous les méchants, bons : la merveilleuse Reine de la Nuit se transforme en une harpie que rien dans ses inoubliables vocalises n'annonçait ; le méchant Sarastro se révèle un prince de sagesse. Il ne faut pas attacher grand crédit aux confidences tardives de l'auteur-librettiste Gieseke (premier esclave lors de la « première ») selon lesquelles la première partie de *La Flûte* allait être terminée quand, apprenant que le théâtre rival de Leopoldstadt devait monter un opéra sur le même thème, il s'était précipité pour prévenir Schikaneder et Mozart et les aurait grandement aidés dans le retournement du scénario. L'histoire est fausse sans doute, mais pour quel autre opéra aurait-on pu, avec l'espoir de convaincre, l'inventer ? Féerie dont le but serait une apologie de la franc-maçonnerie, le livret ne peut qu'être extravagant et chercher sa cohérence serait perdre son temps.

Si l'histoire est absurde, aucun des personnages qu'elle met en scène ne peut avoir de vérité, et il faudrait donc se résigner à ne voir dans le dernier opéra de Mozart — l'un des sommets de son œuvre et son accomplissement — qu'un chef-d'œuvre de musique et seulement de musique. Nombreux sont les auteurs, de Kierkegaard à Jouve, de Bonnefoy à Starobinski, qui ont analysé les profondeurs humaines et psychologiques des *Noces* ou de *Don Giovanni*. Tenter la même analyse pour *La Flûte* serait absurde. L'expression immédiate de l'humanité de l'homme et de ses caractères ou destin qui faisait la force des opéras antérieurs, serait ici absente. Il serait vain de la chercher entre les lions, les hommes-oiseaux, les flûtes enchantées, les coups de tonnerre... Mais alors par un bien curieux et amer destin, le dernier opéra de Mozart, effaçant les conquêtes antérieures, redeviendrait simplement un *oratorio*.

Pourtant, chacun s'accorde pour y saluer un chef-d'œuvre. Un conte de fées, de gros effets comiques, un peu de rêve, de la magie et le tonnerre : sans doute. Une apologie, presque une œuvre de propagande et de vulgarisation plus certainement encore. Combien nécessaire et combien inefficace, soit dit en passant, une rumeur ne devait pas tarder à le démontrer. Parce qu'il avait violé leurs secrets, les maçons auraient privé Mozart de leur soutien. On retrouve ces insanités dans les fables du couple Shaffer-Forman. Même eux, toutefois, ont hésité à suivre la calomnie jusqu'au bout. Car elle va jusqu'à affirmer que les maçons, pour se venger, auraient assassiné Mozart : le meurtre rituel ! Un livre récent a été consacré à ces infamies — bien que leur absurdité sautât aux yeux. Schikaneder, auteur du livret, reste et vivant (jusqu'en 1812) et maçon (jusqu'à la dissolution des loges). Ce sont les maçons qui ont soutenu la veuve de Mozart dans son malheur et pris sur eux les frais des funérailles de Mozart. Un éloge funèbre particulièrement émouvant fut prononcé en loge. De plus, alors que *La Flûte* triomphe et devient, elle et ses secrets trahis, l'événement de la saison, Mozart, déjà malade, compose la *Petite Cantate maçonnique* (*K 623*) et, le 17 novembre, la dirige lui-même pour l'inauguration du temple de la loge « À l'espérance nouvellement couronnée » — avec un tel succès, obtenant un tel accueil qu'il en revient bouleversé, ragaillardi et pendant quelques jours croit avoir recouvré la santé... Pourtant, il ne saurait y avoir chef-d'œuvre si, en dépit du chaos apparent destiné à satisfaire en même temps tous les publics et tous les goûts, il n'existe une cohérence profonde qui donne un sens à ce qui en paraît dépourvu. Comment la retrouver ? On propose ici une lecture destinée à mettre en évidence, sous l'absurdité logique, une cohérence psychologique. On devinera sans peine son inspiration. Elle ne se propose pas de nier les autres interprétations. Elle pourra peut-être les compléter.

Il doit y avoir un sens. Si la musique est belle, si elle sonne juste en nous parlant des hommes, de leurs amours, de leur destin, ce qu'elle dit ne saurait être faux. Papageno, par exemple, est bien un artifice inventé pour donner à Schikaneder un rôle où il peut briller. Mais son chant est beau... donc vrai de cette vérité esthétique qui exprime des aspirations ou des besoins que la morale refoule ou condamne, que le réel interdit. Entre le réel et la vérité, s'étend une zone douloureuse de souhaits, de désirs... Il se peut que ce soit là que se trouve la cohérence de l'opéra et qu'elle est de celles que l'on refuse, choisissant de les renvoyer à l'absurdité plutôt que de les reconnaître et épouser. On préfère Don Giovanni dans sa culpabilité héroïque plutôt que Tamino dans ses épreuves. C'est Tamino pourtant qui accomplit le destin du fils, c'est-à-dire celui de Mozart, et parvient à se réconcilier avec cette figure paternelle dont Don Giovanni croyait se libérer d'un coup d'épée, et accéder ainsi à la maturité et à la sagesse.

Le rideau se lève. Le prince Tamino est poursuivi par un serpent. Sans revenir sur le symbole que peut suggérer le reptile, sa taille, la frayeur qu'il provoque, il faut bien remarquer que le prince se présente à nous de singulière façon. Ses premiers mots sont les appels au secours de l'effroi enfantin. Ensuite, il perd connaissance — conduite d'autant plus étrange que la tradition a inventé le monstre pour permettre au héros de s'affirmer comme tel en le tuant. Tamino n'est pas un héros. Incapable de surmonter la peur juvénile que son imagination a projetée devant lui sous la forme d'un serpent, il s'annonce par l'échec. Le fantasme de l'adolescent demeure naturellement sans pouvoir sur les femmes : le serpent n'oppose aucune résistance aux « Trois Dames », messagères de la Reine de la Nuit qui surgissent, et meurt gentiment à la première sommation.

Tamino, en se réveillant, bercé par les Trois Dames dont les voix tissent autour de lui le réseau de la tendresse féminine, est reconduit au paradis de l'enfance. Il a échoué dans son combat avec le monstre pour devenir un homme, mais il demeure au pays des Dames « un garçon charmant » qu'elles se proposent d'offrir à leur souveraine. Quand, revenant à lui, découvrant le portrait de Pamina, il croit rêver encore — « *Dies Bildnis ist bezaubernd schœn*[*] » — il ne se trompe pas, réalisant, entouré de femmes et par elles protégé de la rivalité des hommes, l'archétype de l'onirisme adolescent.

Ce moment de grâce reconduit Tamino vers la figure maternelle. Elle n'a pu connaître d'autres hommes que contrainte et forcée. Ce vœu inavoué de l'adolescent, la Reine de la Nuit le comble par le récit de ses malheurs qui en ont fait une victime de Sarastro. Il lui a ravi sa fille. La mère est bien une victime que le fils doit venger du tyran qui garde les femmes en son pouvoir. La fantasmagorie du fils se trouve ainsi confirmée, légitimée, et le voilà rêvant d'être « d'une mère le vengeur, d'une fille le sauveur ! ». Il a retrouvé le chemin de l'héroïsme, car le héros qui traverse contes et légendes, pour citer Freud, « se révolte toujours contre un père et finit, d'une manière quelconque, par le tuer ». À cet héroïsme, on le sait, Mozart n'a jamais pu consentir.

Le demi-tour que fait alors l'opéra révèle une logique intime et oblige le spectateur à s'interroger pour la retrouver. Il était parti lutter contre le tyran ! Le chant majestueux du prêtre l'arrête devant les trois temples de la Nature, de la Sagesse et de la Raison et le contraint à une véritable

[*] « L'image est un bel enchantement. »

345

révolution intérieure. Si le prêtre de Sarastro a de si nobles accents, les plus nobles de Mozart où l'on devine l'écho de la voix du Commandeur, les sentiments éveillés par la Reine de la Nuit, et le projet de vengeance qu'ils inspirent, sont criminels. C'est ici que le spectateur atteint dans son intimité, blessé dans ses habitudes et désirs, préfère penser que l'opéra fait demi-tour. Il y avait un opéra, en voici un autre, alors que la grandeur et l'originalité de *La Flûte* résident dans ce passage d'une vision à une autre, d'un âge psychologique à un autre, du matriarcat au patriarcat et dans la révolution que ces passages exigent.

La foi en un monde héroïque dans sa simplicité est d'autant mieux ancrée qu'elle assure à son sectateur un rival sans mérite et un amour sans partage. Tamino veut croire à son bon droit : Sarastro ne peut être qu'un tyran, « *ein unmensch* ». Sa voix pour le dénoncer trouve l'énergie de celle de Don Giovanni. Mais quand le ton change et que le chant se transfigure, on crie à la contradiction alors qu'il s'agit d'un propos qui est logique autant que psychologique. En place du tyran, Tamino découvre le père. Il ne lui refuse pas Pamina : ce n'est que dans l'imagination du fils révolté que le père accapare les femmes. Mais pour obtenir Pamina, le jeune homme doit se soumettre à des épreuves, et quand le prêtre rappelle à Sarastro que Tamino est prince, celui-ci lui répond qu'il est bien davantage : un homme ! Ou il doit le devenir : non pas prince, princeps, le premier, le premier né par extension, chéri des femmes et détenteur de tous les pouvoirs et droits que confère aveuglément l'amour, mais homme parmi les hommes. Pour le devenir, il devra supporter les épreuves et surmonter l'effroi qui le lie à l'enfance.

L'origine maçonnique des épreuves, ponctuée par les triples sonneries, paraît évidente. Démontrer leur gravité, leur noblesse, leur sens était certainement le but que Mozart et Schikaneder se proposaient dans cette époque où la maçonnerie était menacée et calomniée. Restent pourtant des différences notables. Sans doute, initiation maçonnique et accession du fils ont-elles une origine commune dans la psyché et sont-elles inspirées par les mêmes archétypes. Il convient de souligner cependant que le but ultime est autre : le candidat, admis à l'initiation, ne subit pas les épreuves avec sa bien-aimée et ne les subit pas pour mériter son amour et sa main. De même la règle du silence : dans le rite maçonnique, elle se propose de protéger le secret qui assure la cohésion et l'identité de la loge, alors que l'épreuve imposée à Tamino doit le conduire au contraire à la conquête et au contrôle de soi.

Il doit se taire devant les messagères de la Reine de la Nuit et, bien que ce soit elles qui l'aient sauvé, garder sa confiance en l'homme et en sa sagesse. Les Trois Dames cherchent à le reprendre, à le prévenir que celui qui refuse la passion et lui oppose le contrôle de soi sera « maudit ». C'est-à-dire qu'il ne connaîtra pas l'amour. La menace n'est pas vaine : Tamino peut craindre que la mutation que Sarastro exige de lui — et le père, du fils — ne compromette ce bien précieux. Pourtant Tamino se tait. Il se tait même quand Pamina mendie un mot, et que le silence la réduit au désespoir.

L'interdiction d'adresser la parole au bien-aimé se répète dans les contes et légendes. Son sens devient plus clair par l'incontinence de Papageno condamné aux mêmes interdits, mais incapable de leur obéir. L'oiseleur n'a pas seulement pour fonction de donner à Schikaneder le rôle burlesque où il excelle. Il propose une alternative comique et fait rire du dur chemin de la maturité. L'échec de Tamino conduirait au drame ; celui de Papageno, à la musique la plus drôle et la plus malicieuse. Enfant incontinent, incapable de se taire, de se passer d'amour, d'en reculer le moment, d'en retarder l'accomplissement pour atteindre à sa maturité, il demeure le fils que fut Mozart dans ses lettres de jeunesse, aussi incapable d'affronter le père que d'accepter son autorité. Il aura pour récompense une horrible vieille et ne verra Papagena — « âgée de dix-huit ans et deux minutes » — que le temps de comprendre qu'il l'a perdue en manquant aux impératifs du contrôle de soi et doit craindre de ne jamais la retrouver. En substituant à la parole le rapport plus intime qu'elle symbolise, on comprendra mieux le sens de l'interdiction de Sarastro. L'oiseleur, en refusant l'épreuve et le progrès qu'elle exige, se condamne à la répétition — si bien que, comme l'indique Kierkegaard, il est toujours une même chanson qu'il recommence quand elle finit et ainsi continuellement. Papagena lui sera rendue, mais ils resteront ensemble des elfes charmants et n'accéderont jamais à la dignité d'homme.

Tamino sortira vainqueur de l'épreuve. Il saura résister à la passion qui avait emporté pour leur malheur les héros précédents, Don Giovanni ou les amis de *Così*. Le projet de dépassement de soi, à plusieurs reprises esquissé dans l'œuvre, se trouve ici réalisé. Aimer Pamina selon la passion, selon Éros, serait l'aimer en pécheur qui s'enivre et cherche dans la violence du sentiment sa fureur et son bruit, à étouffer la voix de la conscience et de la faute, soit de l'animalité vécue ou retrouvée dans la honte. Aimer Pamina selon la vérité, dans la lumière qui doit régir et ennoblir tous les rapports humains, c'est accepter l'épreuve qui permet au fils d'accéder à un amour que la sagesse illumine, que l'intelligence contrôle et auquel le père consent.

L'ascèse de Tamino est d'autant plus douloureuse que Pamina ne le comprend pas et, se croyant rejetée, qu'elle s'abandonne au désespoir. La Reine de la Nuit exige de sa fille la mort de Sarastro. Si elle refuse, elle sera maudite et proscrite. La conscience infantile, plutôt que de s'affranchir, préfère se persuader qu'elle ne peut conserver l'amour maternel que par le sacrifice du père. Ce meurtre étant impossible, se tuer devient l'issue. Pamina se saisit du poignard que la Reine lui a confié : « Sois mon époux ! »

Alors surgissent, comme ils l'avaient fait pour guider Tamino, les Trois Enfants, esprits d'une innocence préœdipienne pour désigner à Pamina la voie étroite de la mutation intérieure. Se vaincre est un combat douteux dont on risque de sortir vaincu. Pamina l'accepte. Ensemble, reprenant le rite maçonnique qui exprime une psychologie profonde, Pamina et Tamino vont traverser l'eau pour se libérer des liens de la mère, le feu pour s'affranchir du pouvoir du père. Le prince brandit la flûte enchantée que les Trois Dames lui avaient confiée... Mieux vaut oublier le symbole facile, pour expliquer une incohérence. Elle n'est, comme les autres, qu'apparente.

La flûte enchantée, dès que paraissent les prêtres ou Sarastro, est oubliée. Il est à cette distraction une raison : la flûte, on s'en souvient, fut donnée par les Trois Dames à l'apprenti héros. Il ne peut en faire usage devant la majesté du père ou de ses représentants parce qu'ils la réduisent à l'état de jouet, capable d'enchanter l'enfance, de faire sortir les animaux de la forêt et de les apprivoiser comme on désarme ou innocente le désir, mais dénué de tout pouvoir sur Pamina qui sera la récompense d'un amour mature ou sur Sarastro — pour la raison qu'on ne peut charmer, masculin ou féminin, l'âge adulte, mais seulement le convaincre. Si au cours des épreuves finales Tamino brandit sur scène la flûte, tandis que, de l'orchestre, exorcisant les charmes qu'il doit vaincre, elle accompagne son voyage filial et maçonnique, c'est que Sarastro la lui a fait rendre par les Trois Enfants et que, devenue le don du père, restituée par l'innocence, elle est absoute et sanctifiée.

Dans une œuvre géniale, tout est transfiguré par le génie. Il fallait à Schikaneder, pour compléter son spectacle, un Maure. Mozart en fit Monostatos, tyran sans force vraie, cruel et luxurieux : pareil à l'image que, convaincu par la Reine de la Nuit, Tamino se faisait de Sarastro, c'est-à-dire du père. Poussé par les femmes, et conformément au projet héroïque, c'est lui qu'il partait vaincre. Le Maure sera vaincu, mais expliquer pourquoi Sarastro lui a confié Pamina, pourquoi il ne la protège pas des désirs de son esclave alors qu'une fois déjà il l'a surpris sur le point de la violer, demanderait une analyse si complexe et perverse que mieux vaut y renoncer. Monostatos peut-être, sa sauvagerie aidant, incarne le désir brut, Éros animal, que la jeune fille doit connaître pour le surmonter et le refuser : il fait partie des ténèbres que la lumière triomphante ou un orage musical, parent de celui qui accompagnait la chute de Don Giovanni, va précipiter dans le néant.

Tamino et sa bien-aimée montent vers Sarastro. C'est de la main du père que le fils, devenu homme, doit recevoir sa femme pour un mariage dont Kierkegaard assure qu'il reflète « l'amour dominé par l'éthique ». Le fils a su reconnaître le père, faire alliance avec lui et reçoit, en récompense de la sagesse découverte et de l'abandon du projet héroïque, la femme et le bonheur. Par là, s'écartant du modèle héroïque, il se rapproche d'un personnage qui va naître et s'imposer bientôt. Le personnage central du roman que l'on appelle à tort le *héros romanesque* (car il serait plutôt un antihéros), dont le changement intérieur — composé d'expériences et d'épreuves qui poursuivent désormais le bonheur, et non le salut, c'est-à-dire la résolution de la culpabilité par l'apaisement des monstres issus de l'enfance — résume toute l'histoire.

Kierkegaard a souligné que l'intrigue de *La Flûte enchantée* tend « vers la conscience » et entreprend le récit de son développement. Pour lui, ce projet constitue une faiblesse de l'opéra ou même un contresens, parce que la musique revient en partage à celui qu'il a baptisé « l'homme esthétique », ignorant la médiation d'autrui ou la refusant. Langue maternelle de l'immédiateté, elle appartient à Don Giovanni. Tamino, au contraire, est déjà l'homme de l'éthique auquel ni chant ni musique ne conviennent, encore qu'il paraisse bien être le héros du passage du stade « esthétique » au stade « éthique » tels que Kierkegaard les conçoit.

On peut les concevoir autrement, rappeler que si la musique est bien le langage des émotions, puisque c'est l'émotion qui commande le progrès et que l'homme ne parvient à la maturité que par un changement de la gamme, de l'intensité et de l'échelle des valeurs de ses émotions, c'est bien à elle qu'il appartient de nous guider sur le chemin de la majorité. En l'engageant à la sagesse, en lui refusant une imagerie facile, en rétablissant l'égalité — « plus qu'un prince », dit Sarastro de Tamino, « il est un homme » —, en lui interdisant la foi en un père omnipotent et omniscient — à deux reprises les prêtres assurent que la sagesse fait des mortels les égaux de Dieu —, en l'obligeant à reconnaître son humanité, homme parmi les hommes —, la maçonnerie mise en scène dans l'opéra propose à la société la mutation que la psychologie exige du fils, et le progrès personnel, devenant une image du progrès social, lui impose les mêmes épreuves symboliques et le même itinéraire intérieur. Les deux ascèses tendent à se confondre. Ici, il convient de rappeler que Kant avait donné pour but à l'*Aufklärung* dont les maçons de Vienne sont les militants de parvenir à une majorité humaine et de libérer l'homme de toute servitude si bien intentionnée qu'elle fût. L'apologie entreprise par Mozart n'est parvenue au chef-d'œuvre que parce qu'elle répondait à un besoin personnel profond et que, en décrivant le maçon et son voyage, il exprimait par la musique, en même temps que ce voyage, un périple intérieur qui étant celui du fils fut, est ou sera celui de chacun.

En cherchant comme on l'a fait à rendre à *La Flûte* sa cohérence, on n'a pas voulu la désenchanter, mais seulement dissiper l'obscurité pour mettre en lumière le mystère. Ce n'est pas compromettre ses attaches maçonniques, et cela d'autant moins qu'on entend Sarastro prier Isis et Osiris, que de rappeler que l'emblème solaire qu'il porte est celui d'Akhénaton. À son côté brille un astre rival que jamais fils de l'homme n'a pu regarder en face : dans les souterrains du temple de la Sagesse, méditant sa perte et la nôtre, rôde la Reine de la Nuit qui ne menace pas seulement la maçonnerie mais l'équilibre mental, souveraine d'un royaume où notre regard ne discerne rien mais qui s'impose à nos rêves.

On a cru pouvoir lire dans les opéras de Mozart quelque chose comme le portrait d'une vie intérieure qui double, commente, explique une biographie. Certainement dans telle aria de *Figaro* ou de *Don Giovanni*, la personnalité de Mozart apparaît mieux que dans ses lettres à Leopold ou à Constance. Pour *La Flûte*, nous nous sommes aventurés plus loin, jusque dans l'inconscient de son auteur : l'opéra aurait représenté jusqu'aux structures de sa psychologie. Que cette œuvre fût intime et qu'elle le fût plus que d'autres, on en trouve la preuve dans l'amour qu'il lui portait.

Si *La Flûte* avait pour Mozart la signification secrète que l'on a cru deviner, si elle répondait bien à la transfiguration du fils, on comprendra mieux l'intérêt très particulier qu'il portait à son succès. Il était grand — mais Mozart en avait connu d'aussi grands. Il était populaire, mais Mozart avait entendu les fiacres de Prague siffler les airs de *Figaro*. Il se félicitait alors, il était heureux, il se vantait... surtout à son père. Mais jamais comme pour *La Flûte* il n'avait assisté à toutes les représentations ou, s'il s'en trouvait empêché par la maladie ou quelque obligation, il n'avait consulté sans cesse l'heure, fredonnant : « Maintenant Pamina entre en scène... En ce moment Papageno doit être muselé. » Il ne se lasse pas d'écrire à Constance, toujours à Baden, que le théâtre est comble. Il a conduit « maman » au spectacle

(Mme Weber) ; il a joué un tour à Schikaneder en improvisant un *arpeggio* sur le Glockenspiel au moment où il faisait une pause ; et « comme il est charmant d'entendre la musique d'une loge située près de l'orchestre[14] !... ».

Il y conduit Salieri et l'on a déjà cité les exclamations d'enthousiasme que l'opéra devait tirer du rival conquis. Sa dernière lettre parlera de l'opéra et l'on dit que le dernier air que l'on entendit Mozart chantonner fut « *Der Vogelfänger bin ich...* »

Pourtant dans ce travail qui lui tenait tant à cœur, Mozart fut interrompu par deux fois, par deux commandes séduisantes ou impérieuses. La première, en date du 12 juillet, émanait de Domenico Guardasoni, l'imprésario de Prague qu'il avait connu lors de son précédent séjour en 1789, qui lui commande un opéra solennel pour le couronnement de Leopold II à Prague, reprenant l'histoire de la clémence de Titus telle qu'elle était contée par Métastase. Les délais sont très brefs puisque les fêtes du couronnement sont prévues pour la première semaine de septembre. Le successeur de Da Ponte au poste de poète officiel de la Cour est chargé de remettre l'œuvre de Métastase, inspirée de *Cinna* de Corneille au goût du jour — et semble-t-il à celui de Mozart qui exprime sa satisfaction : « *vera opera* ». Il touche 200 ducats — le double de la somme habituelle —, mais il lui reste moins d'un mois pour composer l'œuvre.

Mozart se met aussitôt au travail, interrompant *La Flûte enchantée*, à laquelle manquent encore la marche des prêtres et l'ouverture. Il parvient à écrire l'opéra en trois semaines, travaillant encore au cours du voyage qui, du 25 au 28 août, le conduit à Prague accompagné par Constance, par son disciple Süssmayer, chargé de composer tous les récitatifs *secco*, et par le clarinettiste Anton Stadler. Mozart, surmené, est déjà malade, mais il ne peut interrompre son travail : le 2 septembre, l'empereur et toute la Cour assistent au National Theater à une représentation de *Don Giovanni* que, probablement, Mozart dirige. Ce n'est que le 5 septembre qu'il termine *La Clémence de Titus* (*K 621*) qui est créée le 6 au théâtre Nostitz sous la direction de Mozart en présence de l'empereur Leopold II et de son épouse.

Le succès est honorable, Mozart avait déjà retenu l'attention des souverains puisque c'est accompagné par sa *Messe du couronnement* dirigée par Salieri qu'a lieu, dans la cathédrale Saint-Guy, la cérémonie du couronnement. Mais pour citer Niemetschek, parce qu'il s'agissait d'un opéra sérieux sur un sujet simple, il plut moins que ne le méritait sa musique « véritablement divine ». Le bruit courut, et court encore, que l'impératrice Marie-Louise d'Espagne, détestant l'opéra, se serait exclamée : « *una porcheria tedesca* », bruit que confirme la demande de Guardasoni pour une compensation de la médiocrité des recettes due en particulier à l'aversion préconçue de la Cour pour l'œuvre de Mozart.

Sans suivre l'impératrice dans ses jugements, la critique contemporaine paraît éprouver un malaise devant cet opéra. Hocquard va jusqu'à se demander s'il s'agit d'une pièce d'apparat officielle et conventionnelle. Sans doute l'amateur de Mozart est surpris par un *opera seria* soucieux de n'enfreindre jamais le rituel du couronnement auquel il est destiné. On a l'impression de revenir au Mozart d'*Idoménée* comme si le compositeur reniait ses créations géniales d'un genre nouveau. Le sujet a déjà été traité une quarantaine de fois, et notamment par Gluck en 1752. Il s'agit de nouveau de glorifier la clémence des puissants, homme ou dieu, Sélim ou Neptune, dont la vogue paraît extraordinaire — « à la veille du déferlement révolutionnaire qui mit fin à l'éloge de la clémence en même temps qu'au pouvoir des tyrans[15] » pour citer les Massin. Voilà donc l'empereur Titus aimé de tous, mais haï par la fille de l'ex-empereur Vitellius qu'il a détrôné. Vitellia aimée par Sextus, elle le pousse à ourdir une conspiration. Titus cependant, ayant renoncé à Bérénice, songe à épouser Vitellia et lui fait demander sa main au moment même où Sextus, pour lui plaire, fomente une émeute et un incendie dans Rome. Découvert, arrêté, condamné à mort par le Sénat, il sera, après l'intervention de Vitellia, gracié par Titus.

L'opéra est tragique. L'alternance de la parole, du chant, de la parole accompagnée par la musique et dialoguant avec elle, obéit à un rythme rigoureux qui exprime la grandeur romaine que l'on illustre. Il est dans *La Clémence* comme une règle d'or qui est partout sensible et fait le vide autour du chanteur, dressé dans sa solitude. Pour la première fois, depuis *Idomenée*, pas un sourire, pas un clin d'œil, aucune complicité. La distance est maintenue, glaçante mais éblouissante, et comme armée de pied en cap. Aucune sympathie, aucune identification n'est possible. Seulement le respect d'une beauté inhumaine qui ne consent à aucune sympathie. C'est le même *opera seria* qu'il y a dix ans et, compte tenu des circonstances, le couronnement, plus *seria* que jamais. Mais ce n'est plus le même compositeur. Le Mozart qui écrit *La Clémence* a derrière lui *Figaro*, *Don Giovanni*, *La Flûte*, tous les modes d'expression, tous les styles par lui inventés. *La Clémence* est comme un *opera seria* au second degré, c'est-à-dire ayant pris clairement conscience non pas seulement de ce qu'il est, mais aussi de tout ce qu'il n'est pas — bref de sa signification originale ou de son rôle dans l'ensemble de la musique et dans la sensibilité musicale. Nous le voyons raide et doré. Se dressant à trois mois de la mort du compositeur, il enrichit encore cette impression et la renforce.

Aborder l'histoire du *Requiem*, c'est déjà entrer dans l'agonie. Son mystère, entièrement éclairci, a tendance à se refaire tant sont fortes les images qu'il impose. Une fois de plus, et cette fois, hélas, sera la dernière, la vie quotidienne de Mozart se transforme en mythe et paraît représenter tout naturellement la condition humaine. Le fait devient événement et oriente le cours des choses. L'incident prend une forme inoubliable, brosse une image qui s'imprime dans la sensibilité et se grave dans la mémoire. Donc... un après-midi de juillet, un inconnu vient sonner à la porte de Mozart porteur d'une lettre sans signature pour lui demander de composer une messe des morts. S'il acceptait, quel serait son prix et dans quel délai ? Mozart accepte, donne son prix, reste vague sur les délais, veut connaître l'adresse à laquelle il devra livrer l'ouvrage. Le texte de Johann Friedrich Rochlitz est ici particulièrement vivant :

Inconnu d'un certain âge, sérieux, imposant, très digne d'aspect...
— Je viens vous trouver en messager d'un homme très en vue.
— De la part de qui venez-vous ?
— L'homme ne désire pas se faire connaître.
— Très bien. Qu'attend-il de moi ?
— Une personne est morte, qui lui est et lui sera toujours très chère ; il souhaite tous les ans célébrer le jour de sa mort... Il vous demande à cette fin de composer un requiem.
Mozart, étant donné son esprit, était déjà ému en son for intérieur par ces paroles, par l'obscurité dans laquelle baignait l'affaire, par le ton solennel de l'homme et promit...
— Travaillez avec tout le soin possible : l'homme est un connaisseur.
— Tant mieux.
— Combien de temps ?...
— Quatre semaines environ.
— Je reviendrai chercher la partition. Quels honoraires ?
Mozart répondit à la légère :
— 100 ducats.
— Les voici !
L'homme poussa le rouleau sur la table et s'en fut. Mozart sombre dans de profondes pensées... réclame une plume, de l'encre et du papier. Il commença à travailler. Son intérêt croissait à chaque mesure : il écrivit jour et nuit[16]...

Voilà qui est moins sûr : Mozart terminait *La Flûte*, recevait l'offre pour *La Clémence de Titus*, préparait son voyage pour Prague. Il compose, semble-t-il, l'*Introït*, le *Kyrie*, mais doit partir et Niemetschek raconte qu'au moment où il montait en voiture, l'inconnu surgit « telle une apparition » pour demander où en était le *Requiem*, mais accepta les excuses de Mozart, et sa promesse de terminer le travail dès son retour de Prague. Qu'il se mit au travail, tout en témoigne, bien que la lettre prétendument adressée en italien à Da Ponte à cette même époque que l'on a tenue longtemps pour révélatrice soit un faux. Robbins Landon, dans son *1791, la dernière année de Mozart*, ne la mentionne même pas. Mozart explique qu'il a la tête dérangée — « *Ho il capo frastornato* » — et qu'il ne peut chasser de ses yeux l'image de l'inconnu qui lui avait commandé le *Requiem*. « Je le vois sans cesse, et il me prie... me demande impatiemment mon travail... Je n'ai plus à avoir peur... Je le sens à quelque chose qui me prouve que l'heure sonne, je suis sur le point d'expirer... La vie était pourtant si belle, la carrière s'ouvrait sous de si heureux auspices... Il faut se résigner... je termine mon chant funèbre que je ne dois pas laisser imparfait [ou inachevé : *imperfetto*]. »

La lettre est un faux : elle est de septembre, le mois où Mozart triomphe avec *La Flûte* et peut écrire : « Le soir où l'on donnait pour la première fois mon nouvel opéra avec tant de succès, ce même soir, on interprétait pour la dernière fois à Prague le *Titus* avec un égal succès extraordinaire[17]. »

On aimerait connaître le faussaire et ses raisons. Il voyait l'avenir mieux que son héros. C'est sans doute que pour lui c'était du passé. Que Mozart ait été habité par le *Requiem*, la musique est là pour le prouver. Que cette commande l'ait fait penser à la mort… Et à quoi d'autre penser quand on compose un Requiem ? Quoi de plus naturel, de nécessaire. Que réfléchir à la mort, en musique ou autrement, c'est penser à la sienne, surtout quand on est comme l'était Mozart, malade et épuisé, relève aussi de l'évidence. Mais il n'est jamais question d'hallucination et les dernières lettres sont pleines de bon sens, de présence, de verve et de vie. Une seule fois dans un incident déjà cité, alors que malade et déprimé Constance l'avait emmené se reposer au Prater, après avoir affirmé qu'on l'avait empoisonné, Mozart aurait ajouté qu'il écrivait la messe des morts pour lui-même. Constance croyait que le *Requiem* irritait sa « sensibilité nerveuse ». Nissen témoigne aussi du fait qu'à son retour de Prague Mozart travailla avec un acharnement extraordinaire jusqu'à tomber évanoui, comme *obsédé*.

Pourtant Mozart avait quitté son « obsession » pour *Titus*, pour Prague, et si, à son retour, il entreprit « avec acharnement » la composition du *Requiem*, il paraît pourtant ne s'intéresser qu'à *La Flûte* et à son succès. Il interrompt encore son travail pour se consacrer à la composition de l'admirable *Concerto pour clarinette en* la *majeur* (*K* 622), et l'interrompt encore pour composer la *Petite Cantate maçonnique* (*K 623*), la dernière œuvre qu'il ait pu terminer, et diriger, le 17 novembre, pour l'inauguration du nouveau temple de la loge « À l'espérance nouvellement couronnée ». Pour une obsession, que de distractions !

Le secret dont le *Requiem* devait être entouré l'intéressait moins encore et il ne le mentionne, semble-t-il, jamais. En revanche, il n'est pas de question musicale qui ait fait couler plus d'encre que celle-là — des milliers de pages jusqu'au jour où en 1964 furent publiés les *Mémoires* d'un certain Anton Herzog, proche serviteur et musicien du comte Franz von Walsegg, grand seigneur et amateur passionné de musique. Il aurait aimé en composer et achetait en secret des pièces de musique qu'il recopiait pour les faire exécuter par son quatuor. Après le concert, on posait la question : qui est l'auteur ? Il convenait de se tromper une fois ou deux, puis d'attribuer la pièce au comte qui souriait sans dire ni oui ni non. Quand son épouse mourut en 1791, il décida de commander un requiem à Mozart, dans des conditions de secret qui lui permettraient, lorsque l'œuvre serait exécutée à chaque anniversaire de la mort de son épouse, de s'en prétendre l'auteur. Curieux homme : « Nous savions tous que monsieur le Comte cherchait à nous mystifier avec le *Requiem* comme il l'avait fait avec les quatuors, écrit Herzog qui avait participé au concert, en notre présence, il disait toujours que c'était son œuvre, mais en disant cela il souriait[18]. »

Le mystère du *Requiem* est ailleurs. Malgré sa hâte, la fièvre, le travail dont témoignent amis et familiers, Mozart n'est pas parvenu à terminer le *Requiem*. Constance, qui ne pouvait certainement pas rembourser les avances consenties par le mystérieux commanditaire, se hâte de le faire achever par amis et disciples. Le principal acteur fut Franz Süssmayer, élève et disciple, et qui n'est certainement « un âne » que dans le vocabulaire ironiquement affectueux de Mozart. Intervint aussi Joseph Eybler, compositeur ami de Mozart et de Haydn et auteur de nombreuses messes et *Te Deum*. Mais avant de tenter de résumer l'état de la critique en la matière, il convient, nous semble-t-il, de la préfacer par l'argument irréfutable qu'oppose Constance aux prétentions des coauteurs et en particulier à celles de Süssmayer : s'ils avaient été capables d'un tel chef-d'œuvre, comment se faisait-il que, ni avant ni après, ils ne fussent jamais parvenus à des hauteurs comparables ? Tout le *Requiem* est l'œuvre de Mozart, en ce sens qu'il est tout entier inspiré par lui — et porteur de son esprit. Il paraît établi aujourd'hui que seul l'*Introït* et le *Kyrie* ont été achevés par Mozart. Pour le *Dies Irae*, seules les parties vocales et la basse continue sont achevées. Il en va de même pour la suite de la séquence jusqu'au *Lacrymosa* dont Mozart écrit seulement les huit premières mesures. Pour l'Offertoire, pour le *Domine Jesu* et l'*Hostias*, parties vocales et basses continues sont entièrement notées. Pour le *Sanctus*, *Benedictus* et *Agnus Dei* devaient exister des esquisses perdues dont Süssmayer a pu discuter encore avec Mozart. Süssmayer, tout en prétendant être le coauteur de l'œuvre, assure que Mozart l'avait souvent entretenu de la manière dont elle devait être achevée et initié au déroulement et aux principes de son instrumentation. Pour la Communion, Süssmayer a repris la musique du *Requiem* initial... Le résultat ? Nul doute qu'il est admirable et que le *Requiem* tel qu'il nous est parvenu représente un des sommets de la musique. Rarement ou jamais le sentiment du sacré, celui de la faute, de l'espoir, du pardon, de la peur de la colère divine, de l'alliance à Dieu que le pécheur même peut invoquer, jamais tant d'orgueil et tant d'humilité n'auront été exprimés avec une telle vigueur, ou une si adorable tendresse. Ce sont orages — agitation désespérée et révolte — suivis d'accalmies paradisiaques, d'appels pathétiques à la miséricorde. « *Oro supplex* » — « suppliant et prosterné... Je vous prie, prenez soin de ma dernière heure » — bouleversant, sublime — les mots manquent et l'on ne peut qu'évoquer ce que Mozart paraît avoir dit, à savoir que c'était pour lui qu'il écrivait ce *Requiem*. Et il en est digne.

Sublime, mais quelle terrible angoisse exprimée après la sérénité que la doctrine maçonnique avait enseignée en innocentant la mort ! Sublime ! Et pourtant on ne peut y adhérer tout à fait. Quel étrange enfer habite ici l'âme filiale. Où donc a-t-elle trouvé pareilles terreurs ? Sublime ! Mais les flammes sataniques, quelle que soit leur beauté, ont éclairé d'un jour trop terrible l'histoire des hommes autant que leur psyché pour que l'on puisse leur accorder une admiration totale. Trop de crimes contre soi-même ou contre d'autres perpétrés à la lumière et par la flamme de cet incendie interdisent de le voir flamber à nouveau, flamber comme il ne fit jamais ou seulement sur les murs de la chapelle Sixtine et sous le pinceau de Michel-Ange — sans une réserve radicale. Trop d'âmes humbles et innocentes, « pauvrettes et anciennes — qui rien ne scait oncques livre ne lu », telle la mère de Villon — ont été épouvantées par ces images « d'enfer où damnez sont boullus », plastiques, musicales, verbales pour que l'on puisse leur pardonner jamais, ni accepter la main qu'elles nous tendent, si belle, parée ou ornée soit-elle. Sans doute, et l'on en conviendra volontiers, il est dans cette terreur catholique une force supérieure à la sagesse de Sarastro. Est-ce assez pour la préférer — même à l'oreille ? Elle, son aspiration au châtiment, la faute soudain si concrète — et l'on se demande pourtant ce qu'elle fut ! L'humilité, presque insupportable par ses accents déchirants, a pour source la panique. Elle ment pour la cacher, pour réintroduire dans l'humain — quitte à lui prêter un masque affreux — ce qui ne peut plus lui appartenir. « *The fear of something after death* », « la peur de ce qui vient après la mort » qui transformait Hamlet en un « pleutre » — « *a coward* ». La peur des « rêves qui habitent la nuit de la mort » — « *the dreams that in that night of death* ». C'est en ces rêves que demeure la couardise. Tout plutôt qu'un néant insensé. Mieux vaut inventer l'enfer et trembler qu'accepter le néant. Tout vaut mieux, même, par un redoutable sacrilège, prêter à Dieu une cruauté infamante. Ce n'est qu'avec ce soupçon, avec cette réserve que l'on admire *Le Jugement dernier* de Michel-Ange. Avec le même soupçon, avec la même réserve, on admire le *Requiem* de Mozart.

« Berceuse de la mort », disait Hocquard à son propos. De fait, elle est proche. Je ne sais pas de page plus bouleversante que la page 256 du tome V de la *Correspondance*. La page précédente et le début de la page 256 racontent un homme de verve et de vie, que le succès enchante, qui a amis et ennemis, que son fils Karl, âgé de six ans, inquiète, parce qu'il ne paraît riche que de sa bonne mine, « le reste est misérable... », qui projette de retrouver dimanche, aux eaux où elle se trouve, sa « très chère et excellente petite femme », lui reproche de ne pas lui avoir écrit depuis deux jours... On sourit... Un blanc !... Mais qu'est ceci ? Que signifie ce « époux chéri ! Mozart immortel pour moi et pour toute l'Europe ». On comprend enfin : Mozart est mort ! Le texte 781 est écrit par Constance le 5 décembre dans le livre d'or de son mari. La lettre précédente 780 était du 14 octobre. Entretemps... La lettre 780 se termine par « Adieu », en français dans l'original, mais Mozart terminait souvent ainsi et rien ne laissait prévoir... Il allait avoir trente-six ans !...

À son retour de Prague, Mozart, on l'a dit, s'est dépensé sans compter. Jusqu'à sa dernière lettre, il paraît la vigueur même. On l'a vu très fatigué au Prater, par un après-midi de la fin octobre, mais il se reprend vite et achève le 15 novembre sa *Petite Cantate maçonnique*. Il la dirige le 17. Il se sent mal, mais l'amitié qui l'entoure, le succès qu'il remporte fait qu'il rentre tout ragaillardi pour reprendre le travail du *Requiem* !

Embellie de courte durée : bientôt Mozart, pâle, faible, est obligé de garder le lit. Dans le journal du couple Novello qui était venu le voir de Londres en 1829, et que cite Robbins Landon, Constance raconte que, recevant de l'empereur le décret de sa nomination comme directeur musical de Saint-Étienne, il pleure amèrement, disant : « Maintenant que je suis nommé à un poste où je pourrai me faire plaisir avec mes compositions et que je sens que je pourrai faire quelque chose de digne, je dois mourir[19]. » Sa maladie s'aggrave, les médecins se consultent. Le 4 décembre, la veille de sa mort, une répétition du *Requiem* avec soprano, ténor et basse, Mozart tenant l'alto, est organisée au chevet de son lit. Constance raconte qu'à plusieurs reprises il fut ému aux larmes, qu'il fit venir Süssmayer pour lui indiquer comment remplir les parties déjà esquissées, et lui dit que la fugue du commencement devait être répétée à la fin de la messe. Le témoignage le plus émouvant nous vient de sa jeune belle-sœur, Sophie Haibel. Elle raconte comment Mozart prenait plaisir à faire des cadeaux à celle qu'il appelait « maman » — Mme Weber ; comment celle-ci lui fit une veste de nuit qu'il pouvait enfiler par-devant, lui évitant des mouvements douloureux, ainsi qu'une robe de chambre ouatée ; comment elle venait tous les jours le voir — sauf le dimanche 4 décembre, où elle resta auprès de sa mère. Elle lui faisait du café, regardait la lampe qu'elle avait allumée, se disait qu'elle voudrait savoir ce que faisait Mozart — quand la flamme s'éteignit. Pressentant le malheur, elle se précipita chez Mozart où elle trouva Constance en pleurs. Mozart lui dit : « Il faut que vous restiez cette nuit et me voyez mourir », ajoutant : « j'ai déjà le goût de la mort sur la langue ». Elle court à Saint-Pierre chercher un prêtre, parvient à persuader l'un d'entre eux. Quand elle revient, elle trouve le *Requiem* posé sur le couvre-lit et Mozart expliquant à Süssmayer comment il fallait l'achever. Le docteur arrive, décide de placer des cataplasmes froids sur la tête brûlante du mourant... qui meurt en voulant mimer « avec sa bouche les timbales de son *Requiem* ». On dit aussi que Mozart pleura amèrement en sentant la mort approcher songeant à la pauvreté dans laquelle il laissait son épouse et ses enfants : « Je vous laisse dans le besoin ! »

0 h 55, lundi 5 décembre 1779, Mozart est mort dans une souffrance physique autant que morale. Son corps est enflé. Il pouvait à peine bouger. Fièvre rhumatismale marquée par une inflammation

et une douleur aiguë des articulations, polyarthrite, œdème, la moitié du corps paralysé. Souffrance morale : il laissait une veuve désespérée qui voulait enlacer son cadavre pour être contaminée et mourir avec lui, un garçon de six ans, un autre de quelques mois à peine. Il les laissait sans ressources. Il les laissait criblés de dettes. Sans parents, sans appui... la misère... Tout son travail n'avait servi à rien. Il restait 30 florins dans la maison. On en devait 3 000... Mozart est mort désespéré.

Vie inachevée, œuvre inachevée : destin du fils. Les maçons furent fidèles — mais économes. Le baron van Swieten, bien qu'on l'ait démis le matin même de ses fonctions, vint présenter ses condoléances à la veuve. C'est lui, semble-t-il, qui conseille l'économie, peut-être parce qu'il assure les frais : ce sera un enterrement de troisième classe et la fosse commune... Rappelons toutefois l'hommage rendu par le Grand Maître de la loge « À l'espérance nouvellement couronnée » : « Il a plu à l'Architecte éternel de l'Univers d'arracher à notre chaîne fraternelle l'un de nos membres les plus aimés et les plus méritants. Qui ne l'a connu, qui ne l'a aimé notre digne frère Mozart ? L'équité exige de rappeler à notre mémoire son habileté pour l'art ; tout autant, ne devons-nous pas oublier d'apporter une légitime offrande à son excellent cœur. Il était un adhérent zélé de notre ordre. L'amour pour ses frères, la bonne humeur, l'accord dans le travail commun pour la bonne cause, la bienfaisance, un sentiment sincère et profond de plaisir quand il pouvait porter secours à l'un de ses frères — tels étaient les traits principaux de son caractère... »

L'histoire de l'enterrement de Mozart est curieuse et, une fois encore, ultime, symbolique. Peut-être en raison des milliards que Mozart a rapportés, rapporte et rapportera, on tient à démontrer que tout fut « correct » le concernant. C'est bien la première fois qu'on lit dans des notes des assurances sur la qualité d'un enterrement. En page 30 de la chronologie, tome V de la très officielle *Correspondance*, on assure que l'enterrement à 8 florins était usuel pour les membres de la bourgeoisie moyenne dont Mozart faisait partie... C'est faux ! C'est l'enterrement le meilleur marché, donc celui des pauvres. Mais surtout : « *we thinks the man protest, too much* », disait Shakespeare... On proteste trop : si tout avait été usuel, pourquoi se donner le souci de le préciser ? Enterré la nuit ou le lendemain » (tiens ! on dit le règlement strict ?) « dans un tombeau *communautaire* » ! Admirable cet esprit communautaire jusqu'en la tombe... tellement ou si bien communautaire (et si peu commune) que l'on n'a jamais pu la retrouver pour y planter une croix et que l'on ne connaît qu'« à peu près » la section où Mozart repose. Mieux encore : toute l'avidité déchaînée autour de Mozart, toute la cupidité qui l'a transformé en chocolats, bonbons, tee-shirts et autres disques, festivals, etc., n'a jamais pu inventer le plus petit bout de terre où le pieux touriste aurait pu se recueillir, et se lamente depuis lors sur les milliards de pfennigs ainsi perdus... Le tout conforme aux « règles très strictes des enterrements à Vienne » ! Qui connaît les cimetières de cette bonne ville ne peut que se féliciter du nombre d'exceptions à la fosse communautaire (et non commune) qu'on a accordées à ce « très strict règlement ». On aurait peut-être pu faire une exception... pour Mozart ! De même quand on nous précise — « *the man goes on protesting* » — qu'il n'était pas usuel que les amis et la famille accompagnent les dépouilles au cimetière, on a tout de même envie d'insinuer que la dépouille en cause ce jour-là n'était peut-être pas tout à fait « usuelle », et valait bien quatre kilomètres de trajet (moins d'une heure de marche). Contrairement à la légende — légende l'enterrement des pauvres, légende la fosse commune, légende le corbillard suivi par personne —, il n'y avait pas de tempête de neige ce jour de décembre. On tient de source sûre que le temps était doux. Voilà qui nous rassure sur le sort des deux canassons (car ils étaient deux malgré le coût supplémentaire de 3 florins), qui ont pu faire le trajet dans de bonnes conditions. Ils doivent rester chers à nos cœurs. Car ils nous représentaient et ils étaient les seuls — ils nous représentaient tous.

Il est dans ce convoi une dernière métaphore encore, maîtresse ou guide, que cette vie exemplaire nous aura léguée pour illustrer notre condition commune et devenir un symbole de notre destin. Il n'est pas d'image plus poignante ni plus exacte de la solitude humaine que ce corbillard qui s'avance paresseusement dans le vide du boulevard, soulevant sa poussière ou troublant ses flaques d'eau, dans un silence où résonnent seuls les sabots épelant leur fatigue. Mais là haut, au-dessus du ciel gris et doux de l'hiver, dans la lumière immense, comment ne pas entendre un concert à sa mesure où, tandis que mille violons, pianos, hautbois, flûtes, clarinettes se lamentent et que l'orgue qu'il aimait tant prie pour lui, Suzanne et la comtesse, Elvira, Fiordiligi, Pamina aux côtés de Figaro, Ferrando, Don Giovanni et même Osmin et Papageno chantent leur douleur d'avoir perdu Mozart et leur joie de l'avoir connu. C'est vers cette douleur et cette joie que j'aurais voulu savoir conduire le lecteur. Kierkegaard assurait qu'il se sentait indescriptiblement heureux d'avoir compris Mozart bien que ce ne fût que de loin et d'avoir deviné son bonheur. Puissions-nous le suivre et l'imiter.

Ainsi le père n'avait pas tort. À enfreindre la Loi, on ne trouve que solitude, misère et fosse commune. Le fils avait raison : il ressuscite chaque fois que le chef monte à son pupitre, le frappe de son bâton et que l'orchestre... mais le reste n'est que musique.

ANNEXES

1756. *27 janvier* : naissance à Salzbourg, Autriche, de Wolfgang Theophilus Mozart.

1761. *Janvier* : Mozart compose sa première œuvre, *Menuet pour clavecin en sol majeur KI.*

Septembre : Mozart se produit pour la première fois en public à l'université de Salzbourg.

1762. *Janvier* : accompagné par son père Leopold, Mozart se produit avec sa sœur Nannerl à Munich devant le prince Électeur Maximilien III.

Septembre-décembre : la famille Mozart part pour Vienne. Wolfgang et Nannerl se produisent à Schönbrunn.

1763. *Juin* : départ de la famille Mozart pour une tournée en Europe en commençant par Munich, Augsbourg, Francfort où Goethe, âgé de quatorze ans, assiste à un concert des enfants.

Novembre : la famille Mozart arrive à Paris où elle loge dans l'actuelle rue François-Miron.

1764. *Janvier* : invité pour deux semaines à Versailles, Mozart joue devant Louis XV.

Avril : les Mozart arrivent à Londres où les enfants donnent de nombreux concerts et sont reçus par le roi George II, se lient avec Johann Christian Bach. Premières symphonies *K 16* et *19*.

1765. *Juillet* : la famille est à La Haye. Nannerl puis Wolfgang sont gravement malades.

1766. Voyage de retour avec les étapes à Amsterdam, Paris, Dijon, Genève, Munich.

29 novembre : arrivée à Salzbourg.

1767. Mozart compose la cantate *Du premier commandement K 35, Apollon et Hyacinthe « comédie latine » K 38* et ses premiers concertos pour piano.

1768. Les Mozart sont à Vienne où ils sont reçus par la Cour. Commande du premier *opera buffa : La Finta Semplice*.
Septembre-octobre : représentation de *Bastien et Bastienne* chez le docteur Anton Mesmer. Retour à Salzbourg.

1769. *Mai* : représentation à Salzbourg de *La Finta Semplice*.
Novembre : Mozart est nommé *Konzertmeister*.
Décembre : père et fils se rendent en Italie.

1770. *Janvier-mars* : à Milan, grâce au compositeur Sammartini, Mozart obtient commande de l'opéra *Mitridate, rè di Ponto*.
Avril : à Rome, Wolfgang entend le *Miserere* d'Allegri, le transcrit de mémoire et reçoit du pape Clément XIV le grade de chevalier de l'Éperon d'or.
Mai : Naples. Visite de Pompéi et d'Herculanum.
Juillet : Bologne. Rencontre du père Martini qui donne à Mozart des leçons de contrepoint.
Octobre : il est admis à l'Académie philharmonique.
Décembre : Mitridate, rè di Ponto, est créé au Teatro de Milan.

1771. *Février* : Venise. Nombreux concerts. Commande de *Lucio Silla*.
Mars : commande de *Betulia liberata*. L'impératrice Marie-Thérèse commande à Mozart l'opéra *Ascanio in Alba*, créé à Milan (août).
Décembre : échec de la candidature auprès de l'archiduc Ferdinand. Retour à Salzbourg.

1772. *Mars* : Hieronymus Colloredo, devenu prince-archevêque, confirme Mozart dans ses fonctions de *Konzertmeister*.
Octobre : voyage à Milan pour répétitions et présentations de *Lucio Silla*.

1773. *Mars* : retour à Salzbourg.
Juillet : voyage à Vienne dans l'espoir déçu de trouver un poste. Compose quatuors, concertos, symphonies.

1774. *Décembre* : ayant reçu de Munich commande d'un opéra *La Finta Giardiniera*, Mozart part pour cette ville.

1775. *Janvier* : création de *La Finta Giardiniera*. Mozart participe au carnaval.
Mars : retour à Salzbourg.

1776. Salzbourg. Mozart compose concertos, sérénades, messes solennelles.

1777. *Janvier* : concerto *Jeunehomme* (*K 271*).

Août : Colloredo refuse l'autorisation aux Mozart, père et fils, de quitter Salzbourg.

Septembre : Mozart part avec sa mère pour Paris.

Octobre : étape à Augsbourg et liaison avec Maria Anna Thekla, la « cousinette ». Étape à Mannheim où Mozart tombe amoureux d'Aloysia Weber.

1778. *Mars* : arrivé à Paris, Mozart renoue avec le baron Grimm.

Juin : la musique de ballet de Mozart est jouée au théâtre du Palais-Royal, sa symphonie *Paris* (*K 297/300a*) au Concert spirituel. Anna Maria, la mère de Mozart, tombe gravement malade.

3 juillet : Anna Maria meurt. Elle est enterrée à l'église Saint-Eustache.

Septembre : le baron Grimm renvoie Mozart. Après des étapes à Strasbourg, il gagne Munich où, en décembre, il est éconduit par Aloysia Weber.

1779. Retour à Salzbourg, Mozart signe un contrat de *Konzertmeister* et organiste.

Mars : création de la *Messe de couronnement K 317*.

1780. Commande d'*Idoménée, roi de Crète*. Mozart gagne Munich en novembre.

1781. *Janvier* : création d'*Idoménée*.

Mars : Mozart rejoint Colloredo à Vienne.

Juin : Mozart est chassé à coups de pied par le chef du personnel de l'archevêque. Il s'installe à L'Œil de Dieu, dans la famille Weber, et s'éprend de la sœur cadette d'Aloysia, Constance.

Juillet : commande d'un opéra, *L'Enlèvement au sérail*.

Décembre : Mozart avoue à son père ses projets de mariage.

1782. Juillet, *L'Enlèvement au sérail* est créé au Burgtheater.

Août : le mariage de Wolfgang et Constance est célébré à la cathédrale de Saint-Étienne.

1783. *Mai* : Mozart fait la connaissance de Lorenzo Da Ponte.

Juin : naissance d'un premier enfant : Raimund Leopold.

Juillet : le jeune couple va rendre visite au père à Salzbourg.

Août : mort du petit Raimund Leopold.

1784. Composition de concertos pour piano et quintette. Mozart donne dix-sept concerts.

Septembre : naissance de Karl Thomas.

Décembre : Mozart est initié à la loge maçonnique « À la bienfaisance ».

1785. *Janvier* : *Quatuors à Haydn*.

Février : Leopold vient rendre visite à son fils. Il est initié à la loge à laquelle appartient son fils qui compose la *Cantate maçonnique*.

Novembre : composition des *Noces de Figaro*.

1786. *Février* : le *Singspiel Le Directeur de théâtre* est créé à Schönbrunn devant l'empereur Joseph II.

Mai : *Les Noces de Figaro* sont créées au Burgtheater.

1787. *Janvier* : voyage à Prague avec Constance. *Les Noces* triomphent au théâtre Nostitz. Commande du nouvel opéra, *Don Giovanni*.

Avril : de retour à Vienne, Mozart reçoit le jeune Beethoven.

28 mai : Leopold Mozart meurt à Salzbourg.

Octobre : les Mozart retournent à Prague pour les répétitions de *Don Giovanni*.

29 octobre : première de *Don Giovanni*.

Décembre : de retour à Vienne, Mozart est nommé musicien de la chambre à la Cour, succédant à Gluck.

1788. *Mai* : première de *Don Giovanni* à Vienne.

Juillet-août : Mozart compose les symphonies 40 (*K 550*) et 41 « *Jupiter* » (*K 551*).

1789. *Avril* : voyage en Allemagne avec une étape à Dresde. Le roi Frédéric-Guillaume II lui commande quatuors et sonates.

Août : reprise des *Noces de Figaro* à Vienne. Commande de *Così fan tutte*.

Décembre : première répétition en présence de Haydn.

1790. *26 janvier* : création de *Così fan tutte* au Burgtheater.

20 février : mort de Joseph II. Son frère Leopold II lui succède.

Septembre : Mozart part pour Francfort à ses frais pour y assister aux fêtes du couronnement de Leopold II.

Octobre : Mozart est de retour à Vienne, criblé de dettes.

1791. *10 mars* : commande de *La Flûte enchantée*.

Juin : Constance est en cure à Baden avec Karl Thomas.

Juillet : visite du mystérieux émissaire et commande du *Requiem*. Commande de *La Clémence de Titus*, pour le couronnement de Leopold II comme roi de Bohême.

26 juillet : naissance de Franz Xavier.

Août : les Mozart se rendent à Prague.

Septembre : représentation à Prague devant l'empereur de *Don Giovanni* et création de *La Clémence de Titus*. Retour à Vienne.

30 septembre : création de *La Flûte enchantée* au Theater auf der Wieden.

Octobre : malgré son état de santé, Mozart compose le *Concerto pour clarinette* (*K 322*).

Novembre : *Petite Cantate maçonnique* (*K 623*). La maladie s'aggrave. Mozart poursuit la composition du *Requiem*.

4 décembre : Mozart organise une répétition du *Requiem*.

5 décembre : Mozart meurt à trente-cinq ans.

RÉFÉRENCES BIBLIOGRAPHIQUES

OUVRAGES GÉNÉRAUX

Bertrand Dermoncourt (sous la dir. de), *Tout Mozart, encyclopédie de A à Z*, Paris, Robert Laffont, 2005.

W. A. Mozart, *Correspondance*, traduite de l'allemand par Geneviève Geffrey, Paris, Flammarion, 1992, 7 vol.

— *Lettres des jours ordinaires, 1756-1791*, présentées par Annie Paradis et Bernard Lortholary, Paris, Fayard, 2005.

H. C. Robbins Landon (sous la dir. de), *Dictionnaire Mozart*, Paris, Fayard, 1997.

AUTRES OUVRAGES

Belinda Canone, *Philosophie de la musique. Musique et littérature au XVIIIᵉ siècle*, Paris, PUF, 1998.

Jacques Chailley, *La Flûte enchantée, opéra maçonnique*, Paris, Robert Laffont, 1968.

Alfred Einstein, *Mozart*, Paris, Gallimard, coll. « Tel », 1991.

Norbert Élias, *Mozart, sociologie d'un génie*, Paris, Seuil, 1991.

Henri Ghéon, *Promenades avec Mozart*, Paris, Desclée de Brouwer, 1957.

Jacques Henri, *Mozart, frère maçon*, Paris, Éditions du Rocher, 1997.

Jean-Victor Hocquard, *La Pensée de Mozart*, Paris, Seuil, 1958.

— *Mozart, l'amour, la mort*, Paris, Séguier, 1987.

Pierre Jean Jouve, *Le Don Juan de Mozart*, Paris, PUF, 1942.

Søren Kierkegaard, *Ou bien... ou bien...*, Paris, Gallimard, 1943.

Georges Liebert, *Wolfgang Amadeus Mozart, génie et réalité*, Paris, Éditions du Chêne, 1985.

Jean et Brigitte Massin, *Wolfgang Amadeus Mozart*, Paris, Fayard, 1990.

H. C. Robbins Landon, *Mozart et les francs-maçons*, Paris, Gallimard, 1991.

— *1791, la dernière année de Mozart*, Paris, Fayard, 2005.

Jean Starobinski, *Les Enchanteresses*, Paris, Seuil, 2005.

Rémy Stricker, *Mozart et ses opéras*, Paris, Gallimard, 1980.

André Tubœuf, *Mozart, chemins et chants*, Arles, Actes Sud, 2005.

En langue anglaise :

Volkar Braunbekrens, *Mozart in Vienna, 1781-1791*, New York, Grove Weidenfeld, 1990.

Maynard Salomon, *Mozart*, New York, Harper Perennial, 1995.

DISCOGRAPHIE ET FILMOGRAPHIE

La discographie de Mozart est immense puisqu'elle porte sur les 626 numéros du *Köchel* dont la plupart ont été enregistrés un grand nombre de fois. On se limitera à signaler les tentatives d'intégrales et les enregistrements qui ont constitué une date ou un événement.

INTÉGRALES

Intégrale des symphonies sous la direction de Karl Böhm, Deutsche Grammophon, 1968.

Intégrale des quatuors, Quaterto italiano, Philips, 1973.

Intégrale des quatuors, Quatuor Amadeus, Deutsche Grammophon, 1977.

Intégrale des concertos pour piano. Daniel Barenboïm, English Chamber Orchestra, 1974.

Sonates pour piano, Alfred Brendel, Philips, 2000.

Édition Mozart Philips, 1991.

L'œuvre intégrale, Gesamtwerk, 2006.

MORCEAUX CHOISIS

Concertos pour piano n° 19 et n° 27 par Clara Haskil, dir. Ferenc Fricsay, Orchestre philharmonique de Berlin, Deutsche Grammophon, 1957.

Concertos pour violon n° 3 et n° 7 par Yehudi Menuhin, dir. George Enescu, Orchestre symphonique de Paris, EMI, 2000.

Les Grandes Sonates pour piano par Walter Gieseking, Archipel, 2005.

Sonate et concerto n° 23 par Vladimir Horowitz, dir. Carlo Maria Giulini, Orchestre de la Scala de Milan, Deutsche Grammophon, 1989.

Concertos n° 10, n° 12, n° 14, n° 17, n° 19, Rudolph Serkin, dir. Eugene Ormandy, Alexander Schneider, George Szell, Sony, 1962.

OPÉRAS

Così fan tutte, dir. Herbert von Karajan, Philharmonia Orchestra, EMI, 1954.

Così fan tutte, dir. Karl Böhm, Philharmonia Orchestra. EMI, 1989.

Don Giovanni, dir. Fritz Bush, Glyndebourne Festival, EMI, 1936.

Don Giovanni, dir. Wilhelm Furtwängler, Orchestre philharmonique de Vienne, EMI, 1954.

L'Enlèvement au sérail, dir. Georg Solti, Orchestre philharmonique de Vienne, Decca, 1984.

La Flûte enchantée, dir. Georg Solti, Orchestre philharmonique de Vienne, 1969. Decca.

Idoménée, dir. Nikolaus Harnoncourt, orchestre de l'Opéra de Zurich, Teldec, 1979.

Les Noces de Figaro, dir. Fritz Bush, Glyndebourne Festival, HMV, 1934.

Les Noces de Figaro, dir. Herbert von Karajan, Orchestre philharmonique de Vienne, EMI, 1950.

FILMOGRAPHIE

Amadeus (États-Unis. 160/180 minutes, 1984)

Le film majeur demeure celui de Milos FORMAN et Peter SHAFFER, *Amadeus*, dont on a déjà dit tout le mal qu'on en pensait. Excellent en soi, il n'a pour défaut que de présenter une image de

Mozart qui insulte sa mémoire et se fonde sur une conception grotesque de la musique et du génie.

La Flûte enchantée (Suède, 1975, 135 minutes)

Ingmar BERGMAN, malgré la faiblesse de l'interprétation musicale, donne dans ce film une image de l'opéra pleine de poésie et fidèle à son esprit féerique.

Don Giovanni (France-Italie-Grande-Bretagne-RFA, 1979, 179/184 minutes)

Joseph Losey donne une vision glacée de Don Giovanni qui n'est pas toujours convaincante et emprunte davantage à la politique qu'à Éros ou Psyché. Les interprétations vocale et musicale sont, en revanche, remarquables, complétées par la beauté, un peu artificielle, des images.

On peut citer encore *Mozart auf der Reise nach Prague* de Peter WEIGEL : (1988) et *The Mozart Story* de Karl HARTL et Franz WISBAR, commencé en Autriche en 1939, achevé aux États-Unis en 1948.

NOTES

AUX ORIGINES

1. Alfred Einstein, *Mozart*, Gallimard, 1954.
2. Cité par Jean et Brigitte Massin, *Wolfgang Amadeus Mozart*, Fayard, 1990.
3. Mozart, *Lettres des jours ordinaires, 1756-1791*, traduites de l'allemand par Bernard Lortholary, Fayard, 2005.
4. *Ibid.*
5. *Ibid.*
6. *Ibid.*
7. *Ibid.*
8. *Ibid.*
9. *Ibid.*
10. *Ibid.*
11. *Ibid.*
12. *Ibid.*
13. *Ibid.*
14. Beaumarchais, *Le Mariage de Figaro*, Gallimard, 1999.
15. Maynard Salomon, *Mozart*, Harper Perennial, 1995.
16. Alfred Einstein, *op. cit.*
17. *Ibid.*

1. *Lettres des jours ordinaires, op. cit.*
2. *Ibid.*
3. *Ibid.*
4. *Correspondance*, traduite de l'allemand par Geneviève Geffrey, Flammarion, 1992, 7 vol., lettre du 30 juillet 1768.
5. *Lettres des jours ordinaires, op. cit..*
6. Cité par Jean et Brigitte Massin, *op. cit.*
7. *Lettres des jours ordinaires, op. cit.*
8. *Ibid.*
9. *Ibid.*
10. Cité par Jean et Brigitte Massin, *op. cit.*
11. *Lettres des jours ordinaires, op. cit.*
12. Grimm, in *Correspondance littéraire, philosophique et critique*, Paris, 1829-1831.
13. *Lettres des jours ordinaires, op. cit.*
14. *Ibid.*
15. Cité par Jean et Brigitte Massin, *op. cit.*
16. *Ibid.*

IL CAVALIERE FILARMONICO

1. Cité par Jean et Brigitte Massin, *op. cit.*
2. *Lettres des jours ordinaires, op. cit.*
3. *Ibid.*
4. *Ibid.*
5. *Ibid.*
6. *Ibid.*
7. *Ibid.*
8. Cité dans *Tout Mozart, encyclopédie de A à Z*, Robert Laffont, 2005.
9. *Correspondance, op. cit.*, vol. I, lettre du 14 décembre 1768.
10. *Lettres des jours ordinaires, op. cit.*
11. *Ibid.*
12. Cité dans *Tout Mozart, op. cit.*
13. *Correspondance, op. cit.*, vol. II, lettre du 17 février 1770.
14. *Ibid.*, lettre du mardi gras, 1770.
15. *Ibid.*

16. *Lettres des jours ordinaires, op. cit.*

17. *Ibid.*

18. *Ibid.*

19. *Ibid.*

20. *Ibid.*

21. *Ibid.*

22. *Correspondance, op. cit.*, vol. II, lettre du 7 juillet 1770.

23. *Ibid*, lettre du 22 septembre 1770.

24. *Ibid*, lettre du 5 décembre 1772.

25. Alfred Einstein, *op. cit.*

26. *Lettres des jours ordinaires, op. cit.*

27. Jean-Jacques Rousseau, *Les Confessions*, Gallimard, coll. « Folio », 1995.

28. *Lettres des jours ordinaires, op. cit.*

29. *Ibid.*

30. *Correspondance, op. cit.*, vol. II.

31. *Ibid.*, lettre du 7 novembre 1772.

CHERUBINO *ALLA GLORIA*

1. *Lettres des jours ordinaires, op. cit.*

2. Lettre du 14 août 1773 *in* Massin, *op. cit.*

3. *Lettres des jours ordinaires, op. cit.*

4. Cité par Jean et Brigitte Massin, *op. cit.*

5. *Ibid.*

6. *Ibid.*

7. *Ibid.*

8. *Lettres des jours ordinaires, op. cit.*

9. Cité par Jean et Brigitte Massin, *op. cit.*

10. *Lettres des jours ordinaires, op. cit.*

11. *Ibid.*

12. *Ibid.*

13. Cité par Jean et Brigitte Massin, *op. cit.*

14. *Ibid.*

15. *Ibid.*

16. *Ibid.*

17. Niemetschek cité par Maynard Salomon, *op. cit.*

18. Cité par Jean et Brigitte Massin, *op. cit.*

19. *Ibid.*
20. *Ibid.*
21. *Ibid.*
22. *Ibid.*
23. *Ibid.*
24. *Ibid.*
25. *Lettres des jours ordinaires, op. cit.*
26. *Ibid.*
27. *Ibid.*
28. *Ibid.*
29. *Ibid.*
30. *Ibid.*
31. *Correspondance, op. cit.*, vol. II.
32. *Ibid.*
33. *Ibid.*
34. *Correspondance, op. cit.*, vol. II, lettre du 9 février.
35. *Ibid.*
36. *Ibid.*
37. *Ibid.*
38. *Ibid.*
39. *Correspondance, op. cit.*, vol. III.
40. *Correspondance, op. cit.*, vol. II.
41. *Ibid.*
42. *Ibid.*
43. *Ibid.*
44. *Correspondance, op. cit.*, vol. VI.
45. *Correspondance, op. cit.*, vol. III.
46. *Ibid.*
47. *Ibid.*
48. *Ibid.*
49. *Ibid.*

L'APOLOGIE DU FILS

1. Alfred Einstein, *op. cit.*
2. *Correspondance, op. cit.*, vol III.
3. Alfred Einstein, *op. cit.*
4. *Correspondance, op. cit.*, vol III.
5. *Ibid.*

6. *Ibid.*
7. *Ibid.*
8. *Ibid.*
9. *Ibid.*

VIVA LA LIBERTÀ

1. *Correspondance, op. cit.,* vol. III.
2. *Ibid.*
3. *Ibid.*
4. *Ibid.*
5. *Ibid.*
6. *Ibid.*
7. *Ibid.*
8. *Ibid.*
9. *Ibid.*
10. *Ibid.*
11. *Ibid.*
12. *Ibid.*
13. *Ibid.*
14. *Ibid.*
15. *Ibid.*
16. *Ibid.*
17. *Ibid.*
18. *Ibid.*
19. *Ibid.*
20. *Ibid.*
21. Alfred Einstein, *op. cit.*
22. Correspondance, *op. cit.,* vol. IV.
23. *Ibid.*
24. *Ibid.*
25. *Correspondance, op. cit.,* vol. III.
26. *Ibid.*

FRÈRE

1. *Correspondance, op. cit.,* vol. III.
2. *Ibid,* vol. IV.

3. *Ibid.*

4. *Ibid.*

5. *Ibid.*

6. *Ibid.*

7. *Ibid.*

8. *Ibid.*

9. *Ibid.*

10. *Ibid.*

11. *Ibid.*

12. *Ibid.*

13. *Ibid.*

14. *Ibid.*

15. *Lettres des jours ordinaires, op. cit.*

16. *Allgemeine Musikalische Zeitung* du 15 avril 1801. Cité in *Tout Mozart...*, *op. cit.*

17. *Lettres des jours ordinaires, op. cit.*

18. *Ibid.*

19. Lettre du 31 octobre 1783 citée par Jean et Brigitte Massin, *op. cit.*

20. *Tout Mozart, op. cit.*

21. Johann Friedrich Rochlitz, citée par Jean et Brigitte Massin, *op. cit.*

22. Cité par Jean et Brigitte Massin, *op. cit.*

LE PRIX DE LA LIBERTÉ

1. Norbert Élias, *Mozart, sociologie d'un génie*, coll. « Librairie du xxe siècle », Seuil, 1991.

2. *Ludwig van Beethoven, samtliche Briefe*, Julius Kopp, Leipzig, 1923.

3. *Correspondance, op. cit.*, vol. IV.

4. *Ibid.*

5. *Ibid.*

6. *Ibid.*

7. *Ibid., op. cit.*, vol. V.

8. Jean-Victor Hocquard, *La Pensée de Mozart*, Seuil, 1958.

9. Cité par Jean et Brigitte Massin, *op. cit.*

OPÉRAS

1. *Correspondance, op. cit.*, vol. IV.
2. *Ibid.*
3. Arkadi Vaksberg, *L'inspiration n'est pas à vendre*, Meskva Kniga, 1990, p. 172 et suiv.
4. Jean Starobinski, *Les Enchanteresses*, Seuil, 2005.
5. Cité par Jean et Brigitte Massin, *op. cit.*
6. Jean Starobinski, *op. cit.*
7. *Ibid.*
8. *Correspondance, op. cit.*, vol. V.
9. *Ibid.*
10. *Ibid.*
11. *Ibid.*

ÉROS CONTRE *AGAPÈ*

1. *Correspondance, op. cit*, t. V.
2. Pierre Jean Jouve, *Le Don Juan de Mozart*, PUF, 1946.
3. Jean-Victor Hocquard, *op. cit.*
4. Pierre Jean Jouve, *op. cit..*
5. *Correspondance, op. cit.*, t. V.
6. Pierre Jean Jouve, *op. cit..*
7. *Ibid.*
8. Maynard Salomon, *op. cit.*
9. *Ibid.*
10. Alfred Einstein, *op. cit.*, vol. V.
11. *Correspondance, op. cit.*
12. *Ibid.*
13. *Ibid.*
14. *Ibid.*
15. *Ibid.*
16. *Ibid.*
17. Jean-Victor Hocquard, *op. cit.*

1. Jean-Victor Hocquard, *op. cit.*.
2. Correspondance, *op. cit.*, vol. V.
3. *Correspondance, op. cit.*, vol. V, 20 janvier 1790.
4. *Ibid.*, 20 février.
5. *Ibid.*
6. *Ibid.*
7. Jean et Brigitte Massin, *op. cit.*
8. *Ibid.*
9. *Ibid.*
10. *Ibid.*
11. *Ibid.*
12. *Ibid.*
13. *Correspondance, op. cit.*, vol. V.
14. *Ibid.*
15. Jean et Brigitte Massin, *op. cit.*
16. Johann Friedrich Rochlitz, *Allgemeine Musikalische Zeitung*, 1798.
17. *Correspondance, op. cit.*, vol. V.
18. H. C. Robbins Landon, *1791, la dernière année de Mozart*, Fayard, 2005.
19. *Ibid.*

ANNEXES

Composition Nord compo
Impression Maury Imprimeur
45330 Malesherbes
le 20 avril 2021
Dépôt légal : avril 2021
1ᵉʳ dépôt légal dans la collection : mai 2008
Numéro d'imprimeur : 253341

ISBN 978-2-07-033827-6. / Imprimé en France.

394428